MANUEL

DES

ATELIERS DANGEREUX,

INSALUBRES

OU INCOMMODES,

PAR M. L. MACAREL,

AVOCAT AUX CONSEILS DU ROI ET A LA COUR DE CASSATION.

PARIS.

AU BUREAU DE L'ADMINISTRATION

DU RECUEIL DES ARRÊTS DU CONSEIL D'ÉTAT,

RUE DES GRANDS-AUGUSTINS, N. 28.

M. DCCC. XXVII.

F

MANUEL

DES

ATELIERS DANGEREUX,

INSALUBRES OU INCOMMODES.

IMPRIMÉ CHEZ PAUL RENOUARD
Rue Garancière, n° 5, F.-S.-G.

MANUEL

DES
ATELIERS DANGEREUX,

INSALUBRES OU INCOMMODES;

OU
RECUEIL

DE LA LÉGISLATION ET DE LA JURISPRUDENCE
EN CETTE MATIÈRE,

PRÉCÉDÉ DE NOTIONS PRÉLIMINAIRES;

PAR M. MACAREL,

Avocat aux Conseils du Roi et à la Cour de cassation

✦

PARIS.

AU BUREAU DE L'ADMINISTRATION
DU RECUEIL DES ARRÊTS DU CONSEIL D'ÉTAT,
RUE DES GRANDS-AUGUSTINS, N° 28.

M. DCCC. XXVII.

NOTIONS PRÉLIMINAIRES.

SOMMAIRE.

38. Ce dernier comité est saisi, lorsque les conditions imposées n'ont pas été remplies.

39. Il existe également une voie de recours contre l'inexécution des conditions imposées aux ateliers de deuxième classe. — Il doit se porter devant les Conseils de préfecture en première instance.

40. De nouvelles conditions peuvent être imposées, quand les premières sont reconnues insuffisantes.

41. Ces règles sont applicables aux ateliers de troisième classe.

42. Il est besoin d'une nouvelle autorisation, pour transférer un atelier d'un emplacement dans un autre.

43. Cette autorisation est nécessaire pour les ateliers formés *depuis* comme pour ceux formés *avant* le décret du 15 octobre 1810.

44. C'est au roi seul qu'il appartient de l'accorder, pour les ateliers de première classe.

45. — aux préfets, si l'établissement est de deuxième classe.

46. — aux sous-préfets, s'il est de troisième classe.

47. Les oppositions contre la translation doivent suivre la marche indiquée pour celles élevées contre la demande en formation.

48. Une interruption de six mois oblige le fabricant à se pourvoir d'une autorisation nouvelle.

49. Les autorités chargées de statuer sur la demande en translation, sont également compétentes pour statuer sur le fait de l'interruption.

50. Il en est de même, pour les oppositions, dans ce cas.

51. Une interruption judiciaire ne mettrait pas dans la nécessité d'obtenir une autorisation nouvelle.

52. De la question d'antériorité au décret du 15 octobre 1810. — C'est au préfet qu'il appartient de statuer sur ce fait.

53. Du droit de classer les établissemens nouveaux.

54. Il appartient au roi pour les ateliers de première
    classe. — aux préfets pour tous les autres.
55. Les questions de propriété qui s'élèvent à l'occa-
    sion de cette matière sont du ressort des tri-
    bunaux.
56. Il en est de même des questions de dommages et
    de leur réparation.
57. Les tribunaux ne peuvent connaître que de la de-
    mande en réparation des dommages matériels.

1. Nous nous proposons d'examiner rapidement à quel ordre de lois appartiennent les réglemens sur les ateliers dangereux, incommodes
et insalubres ; quel est leur esprit et leur but,
et quelles sont les règles établies jusqu'ici par
la jurisprudence de l'administration et des tribunaux en cette matière.

Les dispositions réglementaires et l'analyse détaillée de toute la jurisprudence, qui suivront
cet exposé, pourront alors être mieux comprises
et leur application deviendra plus facile.

2. Selon le droit naturel, chacun est libre
d'exercer ses facultés morales ainsi qu'il lui
convient, et d'appliquer par conséquent son
travail et son industrie à toutes les branches
des connaissances humaines.

Mais chacun ne peut jouir de cette liberté,
que sous la condition de ne pas nuire à autrui.

De là deux systèmes différens dans la confection des lois qui touchent à cet ordre de choses.

Des législateurs ont pensé qu'il était préférable de laisser chacun exercer son industrie,

ainsi qu'il l'entendrait, sauf à lui à réparer le dommage qu'il pourrait causer à ses semblables.

D'autres législateurs ont cru nécessaire de soumettre l'exercice de l'industrie humaine à certaines restrictions qui ont pour but de prévenir le mal qui pourrait en résulter.

Dans le système de ces derniers, le maintien de l'ordre public exige que l'administration surveille l'exercice de certaines professions qui pourraient troubler la société.

Tels sont, en particulier, les ateliers qui sont connus sous le nom de dangereux, insalubres ou incommodes.

Ces ateliers peuvent porter préjudice aux particuliers, soit dans leur santé, soit dans leurs biens ; ils peuvent aussi diminuer ou détruire ces commodités de la vie qui la rendent plus douce. Tous ces besoins de première et seconde nécessité appellent donc une protection spéciale contre les dangers qui les peuvent menacer.

De là, les réglemens sur les établissemens d'industrie que nous venons de désigner et qui soumettent ces établissemens à la surveillance de l'administration.

Ainsi, les dispositions obligatoires qui régissent la matière des ateliers dangereux, incommodes et insalubres, appartiennent à cet ordre de lois qui imposent à l'administration publique, organe de la société, le devoir d'une active surveillance pour protéger la santé, la

a.

propriété de chacun de ses membres, et jusqu'aux jouissances ordinaires de la vie.

De là aussi les droits qui lui sont conférés.

Ces droits consistent, 1° à autoriser l'établissement de tous les ateliers dans l'exploitation
desquels la prévoyance administrative a reconnu certains dangers, certaine incommodité,
certains inconvéniens pour les voisins qui les
entourent ;

2° A leur imposer des précautions, des procédés et des restrictions qu'ils doivent subir;

3° A ordonner la fermeture de ceux qui
seraient créés sans sa permission, ou dont les
propriétaires n'exécuteraient pas rigoureusement les conditions que l'administration leur
aurait prescrites.

3. Jusqu'ici ces dispositions obligatoires
n'ont pas été portées par des lois; elles ne sont
inscrites que dans des réglemens d'administration publique.

C'est un mal, parce que cette matière touche
de toutes parts à la propriété, et que rien de
ce qui peut la restreindre ou la modifier ne
devrait être établi que par des lois.

Nous disons que cette matière touche de
toutes parts à la propriété, et nous croyons
qu'en effet le grand problème à résoudre dans
cet ordre de choses, est de déterminer les restrictions que la loi doit apporter, d'une part,
à la jouissance de la propriété dans l'intérêt

de l'industrie, et d'autre part, à l'exercice de l'industrie dans l'intérêt de la propriété.

4. La législation française, antérieure à 1790, ne contient pas une seule disposition générale sur cette matière; tout était réglé, à cet égard, par les ordonnances des intendans des provinces et surtout par les arrêts des parlemens, qui prenaient souvent alors le caractère de réglemens généraux pour la province où s'étendait leur juridiction.

Il faut dire aussi que, jusqu'au milieu du siècle dernier, la chimie n'avait été qu'une collection de recettes, de secrets et d'expériences isolées. Ce fut vers cette époque que des découvertes intéressantes, faites par des savans étrangers, excitèrent l'émulation des chimistes français. Lavoisier, Berthollet et Fourcroy laissèrent bien loin derrière eux tous leurs rivaux. Ils découvrirent la chaîne secrète qui rattachait à des principes communs les divers phénomènes relatifs à la composition et à la décomposition des corps. Les docteurs de l'ancienne école adoptèrent une théorie fondée sur l'évidence des faits, et la chimie obtint une place honorable parmi les sciences exactes.

La nouvelle science, plus rapprochée que la plupart des autres des besoins de la société, donna naissance à des branches d'industrie inconnues jusqu'alors, et l'on vit s'élever de toutes parts des manufactures de produits chimiques.

Mais le voisinage de ces ateliers causa quelques dommages et surtout de l'incommodité. Les spéculateurs prudens les placèrent loin des villes et des villages ; mais ceux qui osèrent les établir près ou au milieu des habitations, eurent à subir de nombreuses contradictions et d'actives poursuites.

Les parlemens en accueillirent la plus grande partie.

5. La révolution survint. Mais la législature de cette époque, au milieu de la liberté générale qu'elle proclamait et qu'elle voulait fonder, crut pourtant ne pas devoir donner pleine carrière à l'établissement des ateliers incommodes ou insalubres.

C'est dans cet esprit que, le 13 novembre 1791, l'Assemblée nationale décréta le maintien et l'exécution provisoire des *anciens réglemens de police*, relatifs à l'établissement ou à l'interdiction, dans les villes, des usines, ateliers ou fabriques qui peuvent nuire à la sûreté et à la salubrité de la ville.

A l'application de cette loi il n'y avait qu'un obstacle : c'est qu'il n'existait point d'anciens réglemens de police, qui méritassent vraiment ce nom. Quelques dispositions isolées, et qui n'avaient été portées que pour des cas spéciaux, ne pouvaient être rangées dans cette catégorie.

6. Toute cette matière resta donc au pouvoir

du magistrat chargé de la police, dans tous les lieux où des fabricans voulurent s'établir.

Mais des plaintes s'élevèrent fréquemment contre des ateliers de diverses natures ; et l'autorité sévissait quelquefois sans trop de mesure.

L'administration supérieure fut ainsi portée à chercher des moyens de concilier tant et de si graves intérêts. En l'an XIII, elle consulta l'Institut ; et la classe des sciences physiques et mathématiques de ce corps savant lui répondit :

« Tant que le sort des fabriques ne sera pas
« assuré ; tant qu'une législation purement ar-
« bitraire aura le droit d'interrompre, de sus-
« pendre, de gêner le cours d'une fabrication ;
« en un mot, tant qu'un simple magistrat de
« police tiendra dans ses mains la fortune ou
« la ruine du manufacturier, comment conce-
« voir qu'il puisse porter l'imprudence jusqu'à
« se livrer à des entreprises de cette nature ?
« Comment a-t-on pu espérer que l'industrie
« manufacturière s'établît sur des bases aussi
« fragiles ? Cet état d'incertitude, cette lutte
« continuelle entre le fabricant et ses voisins,
« cette indécision éternelle sur le sort d'un éta-
« blissement, paralysent, rétrécissent les efforts
« du manufacturier, et éteignent peu-à-peu
« son courage et ses facultés. — Il est donc de
« première nécessité, pour la prospérité des
« arts, qu'on pose enfin des limites qui ne

« laissent plus rien à l'arbitraire du magistrat,
« qui tracent au manufacturier le cercle dans
« lequel il peut exercer son industrie librement
« et sûrement, et qui garantissent au pro-
« priétaire voisin qu'il n'y a danger ni pour sa
« santé ni pour les produits de son sol. »

Ainsi, les lois étant l'expression des besoins
de la société, jamais des dispositions législatives
n'avaient été plus nécessaires que dans cette
matière.

Mais, au lieu d'une loi, parut un décret qui
ne fit que réglementer ce que la loi elle-même
aurait dû établir.

Au surplus, cette réflexion a été si bien sen-
tie que, depuis long-temps, une loi a été préparée, qui sera sans doute portée à l'une des
prochaines législatures.

7. Jusqu'à cette époque, le décret du 15 octobre 1810 formera la seule base des dispositions obligatoires en cette partie. L'esprit qui a
présidé à sa rédaction nous semble reposer tout
entier dans les expressions suivantes, que nous
empruntons au rapport du Ministre de l'intérieur qui a précédé son adoption :

« S'il est juste que chacun puisse exploiter
« librement son industrie, le gouvernement ne
« saurait, d'un autre côté, voir avec indiffé-
« rence que, pour l'avantage d'un individu,
« tout un quartier respire un air infect, ou
« qu'un particulier éprouve des dommages dans

« sa propriété. En admettant que la plupart
« des manufacturiers dont on se plaint n'occa-
« sionent pas d'exhalaisons contraires à la sa-
« lubrité publique, on ne niera pas non plus
« que ces exhalaisons peuvent être quelquefois
« désagréables, et que, par cela même, elles
« ne portent un préjudice réel aux propriétaires
« des maisons voisines, en empêchant qu'ils ne
« louent ces maisons, ou en les forçant, s'ils
« les louent, à baisser le prix de leurs baux.
« Comme la sollicitude du gouvernement em-
« brasse toutes les classes de la société, il est
« de sa justice que les intérêts de ces pro-
« priétaires ne soient pas plus perdus de vue
« que ceux des manufacturiers. Il paraîtra
« peut-être, d'après cela, convenable d'arrêter
« en principe que les établissemens qui répan-
« dent une odeur forte, et gênant la respira-
« tion, ne seront dorénavant formés que dans
« des localités isolées. »

8. L'art. 1er du décret du 15 octobre 1810
a donc établi, comme *principe général*, que
« les manufactures et ateliers qui répandent une
« odeur insalubre ou incommode, ne peuvent
« être formés *sans une permission* de l'auto-
« rité administrative. »

Nous devons faire observer que, d'après le
texte ici transcrit, l'attention du législateur ne
s'est portée, dans l'origine, que sur les ateliers
répandant de l'*odeur*, et qu'ils ont seuls fait

l'objet des règles qu'il a établies et des mesures qu'il a prescrites.

Peu-à-peu, le besoin s'est fait sentir d'étendre la prohibition légale à des ateliers qui ne répandaient point de gaz, plus ou moins infects ou malsains, mais qui offraient des dangers d'explosion ou d'incendie, ou même encore qui étaient seulement d'une incommodité notable et continue.

C'est ainsi que nous avons vu les nomenclatures légales embrasser successivement les ménageries d'animaux féroces (ordonnance du 14 janvier 1815), les chantiers de bois à brûler dans les villes (*ibid.*), les fabriques de poudres ou matières détonnantes et fulminantes, et les fabriques d'allumettes, d'étoupilles ou autres objets du même genre (ordonnance du 25 juin 1823), les fabriques de bougies de blanc de baleine (9 février 1825), et jusqu'aux ateliers de dessication et conservation des châtaignes. (Ordonnance du 14 janvier 1815.)

Les réglemens de la matière ont donc désormais frappé les établissemens *dangereux*, et ce titre a même été ajouté dans l'énoncé des dernières ordonnances intervenues (celles des 9 février 1825 et 5 novembre 1826) : ainsi la dénomination légale est désormais *ateliers dangereux, insalubres ou incommodes.*

9. Ces établissemens sont divisés en trois classes :

La première classe comprend ceux qui doivent être éloignés des habitations particulières.

La seconde, les manufactures et ateliers dont l'éloignement des habitations n'est pas rigoureusement nécessaire, mais dont il importe néanmoins de ne permettre la formation qu'après avoir acquis la certitude que les opérations qu'on y pratique seront exécutées de manière à ne pas incommoder les propriétaires du voisinage ni à leur causer des dommages.

Dans la troisième classe, sont placés les établissemens qui peuvent rester sans inconvénient auprès des habitations, mais doivent rester soumis à la surveillance de la police. (Même art., § 2, 3, 4 et 5.)

Nous verrons tout-à-l'heure de quelle manière la jurisprudence a fait l'application de ce texte.

Examinons maintenant comment ces établissemens peuvent se former; à quelles autorités les fabricans doivent adresser leurs demandes; quelles formalités devront être observées; par quel tribunal les oppositions seront jugées.

10. Des autorités différentes sont chargées du soin d'accorder les autorisations nécessaires, selon que les ateliers appartiennent à l'une ou à l'autre des catégories légales.

S'agit-il d'ateliers de première classe?

L'autorisation ne peut émaner que d'une ordonnance royale, délibérée en Conseil d'État.

(Art. 2, § 1ᵉʳ du décret du 15 octobre 1810, arrêt *Robert*, pag. 77.)

Il importe d'observer à cet égard que, dans la pratique, ce n'est pas l'assemblée générale du Conseil d'État qui délibère ; la section de ce grand corps qui porte la dénomination de *comité de l'intérieur* est la seule qui connaisse des demandes en autorisation pour les ateliers de première classe. Peut-être, dans l'esprit du décret, avait-on voulu donner aux intérêts respectifs de l'industrie et de la propriété, une plus large garantie. Quoi qu'il en soit, comme cet ordre de choses tient à des mesures purement réglementaires, elles pourraient être changées, s'il était reconnu, par la suite, que la délibération de l'assemblée générale du Conseil d'État pût être utile en cette matière.

Du reste, il n'y a point à s'étonner de ce que le droit d'autoriser ou de défendre les ateliers de cette classe a été réservé à l'administration suprême. Leur importance est si grande ! leur établissement est, en général, de nature à exciter tant de résistances ! Le législateur a donc été fondé à vouloir que le gouvernement restât seul juge, en pareille occurrence, pour statuer sur les prétentions respectives, dans l'intérêt combiné des particuliers et de la prospérité publique.

Recherchons quelles formalités doivent être

suivies pour atteindre le but que nous venons de marquer.

11. L'art. 3 du décret du 15 octobre 1810 veut que la demande en autorisation soit présentée au préfet.

Cet administrateur doit donner des ordres pour qu'elle soit affichée.

Les réglemens ne disent pas dans quel délai ces ordres doivent être donnés; mais l'intérêt pressant de l'industrie exige qu'ils soient retardés le moins possible : et il n'est pas probable que des fonctionnaires, aussi élevés que le sont les préfets dans l'ordre administratif, apportent la moindre entrave au développement des facultés industrielles; car les demandes qui sont présentées en cette matière sont toutes dignes de faveur, jusqu'à ce que l'instruction qu'elles vont ouvrir fasse reconnaître des inconvéniens ou des dangers.

La connaissance de ces demandes doit être portée à tout le voisinage.

On sent combien il était difficile de déterminer avec précision l'étendue de la circonférence dans laquelle pourraient se faire présumer le danger, l'incommodité ou l'insalubrité d'un atelier quelconque.

En conséquence, un assez large espace a dû être fixé : le législateur a voulu que les affiches fussent apposées dans toutes les communes qui se trouvent à cinq kilomètres de rayon.

Quel est le but de cette disposition ? Il est évident : c'est d'offrir, à chaque personne qui se croira intéressée à repousser l'atelier, les moyens de s'opposer à son établissement, et les avertissemens nécessaires pour qu'elle puisse adresser l'expression de ses craintes à l'autorité.

Une omission cependant nous paraît avoir été faite ici : c'est la fixation du délai de l'affiche. Il ne peut être arbitraire, et fera certainement l'objet d'une des dispositions de la loi que l'on prépare dans les bureáux du ministère de l'intérieur. (1)

Au surplus, c'est aux portes des mairies que ces affiches doivent être apposées.

Le maire doit en tenir registre, et certifier le fait de cette apposition, dès que le terme en est expiré.

L'affiche doit être immédiatement suivie d'une information *de commodo et incommodo*.

La nécessité de cette importante formalité n'avait pas été déclarée par le décret du 15 octobre 1810. Elle n'avait été établie que pour les ateliers de deuxième classe ; mais il y avait plus de raison encore à la prescrire pour les ateliers de première classe ; et l'expérience n'a pas tardé à en marquer les avantages et la né-

-----

(1) Ce délai a été provisoirement fixé à *un mois* par l'instruction ministérielle du 22 novembre 1811. (Voy. ci-après, p. 253.)

cessité. L'art. 2 de l'ordonnance du 14 janvier 1815 a donc statué : « Le procès-verbal d'in-« formation *de commodo et incommodo*, exi-« gé par l'art. 7 du décret du 15 octobre 1810, « pour la formation des établissemens compris « dans la deuxième classe de la nomenclature, « sera pareillement exigible, en outre de l'af-« fiche de la demande, pour la formation de « ceux compris dans la première classe. »

Chacun sait comment se font ces sortes d'enquêtes ; la législation administrative les prescrit dans une foule de cas analogues. Voici toutefois les règles qu'en a tracées M. le conseiller d'Etat de Gérando, dans l'une de ses savantes leçons sur le droit administratif. (1)

« L'information *de commodo et incommodo* doit avoir lieu toutes les fois qu'il s'agit d'une chose dont tous les habitans peuvent ressentir ou apprécier l'utilité ou les inconvéniens : parce qu'elle a pour but un avantage commun........

« Elle consiste à appeler chacun à exprimer avec sincérité ses observations ou son vœu ; mais on ne voit que trop souvent les administrations locales méconnaître le véritable esprit de cette formalité et la diriger d'une manière vicieuse.

« Le commissaire chargé d'y présider doit être surtout impartial, doit être, par-là même,

____

(1) *De la Procédure administrative*, insérée dans la *Thémis*, 16e livraison.

étranger à la localité où les intérêts privés sont
en jeu ; il doit être envoyé *ad hoc*, et choisi de
manière à être supérieur à toutes les influences.
C'est donc à tort qu'on choisit quelquefois le
maire du lieu. On fait sagement, lorsqu'on choisit le juge-de-paix du canton, si la commune
n'est pas celle où il réside, et s'il n'y est pas
propriétaire.

« Ce commissaire ne doit point appeler, auprès de lui, *tel* ou *tel* individu de son choix,
présenter des questions vagues, chercher à influer sur l'opinion des personnes qu'il entend.
L'avis étant donné à tous les habitans, il doit
se borner à attendre, dans le lieu et pendant le
temps déterminé, ceux qui voudront se présenter, et à consigner fidèlement, sur son procès-verbal, leur dire, quel qu'il soit, fût-il
même absurde.

« Certains commissaires, chargés de cette
fonction, s'imaginent qu'ils ont à faire eux-
mêmes un rapport sur l'utilité ou l'inconvénient
qu'ils croient apercevoir dans la mesure. C'est
une erreur ; ils ne sont pas même chargés de
donner leurs observations sur le fond ; ils ne
sont appelés qu'à recueillir et constater le vœu
des habitans.

« Le Conseil d'Etat a fait souvent et fait encore recommencer des informations *de commodo et incommodo*, entachées de ces différens vices.

« Lorsque les habitans ne se présentent point à l'appel suffisamment publié, ou bien lorsqu'ils ne s'y présentent qu'en petit nombre, on présume avec fondement que les absens n'avaient point d'objections à faire. »

La demande, les plans qui lui ont été joints, l'affiche et les certificats qui attestent son apposition, enfin le procès-verbal de l'information doivent être ensuite transmis, par le préfet, au Ministre de l'intérieur. Le préfet doit avoir le soin d'y joindre son avis personnel sur les avantages ou les inconvéniens de l'atelier ; et c'est sur tous ces documens que le Ministre doit dresser un rapport qu'il soumet au Conseil d'État. (Art. 4 du décret du 15 octobre 1810.)

Là, c'est-à-dire au comité de l'intérieur, un rapporteur est délégué, par le conseiller d'État, présidant cette section, pour examiner l'affaire et prendre des conclusions pour l'adoption ou le rejet de la demande.

Ce rapporteur est choisi parmi les maîtres des requêtes ou les auditeurs attachés à ce comité. C'est lui qui est toujours chargé de rédiger l'ordonnance que le Ministre soumet ensuite à la sanction du roi.

Les parties n'ont jamais connaissance de la délibération du comité ; et ils n'obtiennent celle de l'ordonnance préparée, que lorsqu'elle a été revêtue de la signature de Sa Majesté.

Voilà pour les établissemens rangés dans la première classe.

12. S'agit-il d'un atelier de la seconde classe?

L'art. 7 du décret du 15 octobre 1810 veut que la demande soit adressée au sous-préfet de l'arrondissement dans lequel l'atelier sera formé.

Quant aux formalités, celle des affiches n'est point ordonnée par les réglemens.

Le sous-préfet doit seulement transmettre la demande au maire de la commune où l'on projette de former l'établissement, en le chargeant de procéder à des informations *de commodo et incommodo*.

Ces informations terminées, le sous-préfet prend un arrêté qu'il transmet au préfet.

C'est le préfet qui statue, c'est-à-dire qui a le pouvoir de refuser ou d'accorder l'autorisation. Le Conseil de préfecture excéderait les bornes de sa juridiction s'il statuait sur une demande en autorisation; il ferait un acte qui est essentiellement réservé à l'administration active. (*Lion*, p. 133, *Thollet*, p. 134, art. 7 du décret du 15 octobre 1810.)

13. S'agit-il enfin d'un établissement de troisième classe?

Aucune formalité préalable d'affiche ou d'information n'est prescrite, et la demande n'a pas besoin de passer par les divers degrés de la hiérarchie administrative. Elle est adressée *de plano* à l'autorité qui doit *statuer*; et cette autorité est le sous-préfet dans les départemens (1), et le préfet de police à Paris. (2)

Les sous-préfets sont seulement tenus de prendre l'avis des maires et de la police locale. (3)

Enfin, il est à remarquer, 1° que, pour que le préfet de police, à Paris, soit compétent pour autoriser un atelier, il faut qu'il soit rangé parmi ceux de la troisième classe, ou qué, du moins, il y soit assimilé par une décision du Ministre de l'intérieur (*Lebel*, p. 90);

2° Que, lorsqu'il s'agit d'autoriser un établissement de troisième classe dans l'arrondissement du chef-lieu du département, le préfet est compétent pour prononcer, comme sous-préfet, sur la demande en autorisation. (*Basire*, p. 223, *Potrais*, p. 228.)

14. Telles sont, suivant leur classification particulière, les formalités à suivre pour l'établissement des ateliers compris dans les nomenclatures légales; et jusqu'ici nous avons supposé qu'il ne s'élève aucune opposition contre leur formation. Mais si des voisins se plaignent; si

______

(1) Art. 2 et 8 du décret du 15 octobre 1810, art. 3 de l'ordonnance du 14 janvier 1815.—*Holland*, p. 221, *Potrais*, p. 228, *Châtelet*, p. 248.

(2) Art. 8 du décret du 15 octobre 1810, et 4 de l'ordonnance du 14 janvier 1815.

(3) Art. 2 du décret du 15 octobre 1810, et 3 de l'ordonnance du 14 janvier 1815. — *Nausé*, p. 232.

des réclamations surviennent, devant quelles autorités seront-elles portées ? quel tribunal aura le droit de prononcer entre les intérêts de la propriété et ceux de l'industrie ?

C'est un point sur lequel il convient d'entrer dans quelques détails.

Les autorités chargées d'apprécier les oppositions, de les admettre ou de les rejeter, sont différentes, selon que l'établissement qui les fait naître est de première, de deuxième ou de troisième classe.

15. Pour la première classe, il n'y a point, à proprement parler, de débat régulier sur les oppositions formées.

Le Conseil de préfecture du département où l'atelier s'établira doit seulement donner *son avis* : la décision appartient au Conseil d'Etat (art. 4 du décret du 15 octobre 1810); et de fait, elle est toujours portée par l'ordonnance royale qui intervient en vertu de l'art. 2.

Devant le Conseil, sans doute, une espèce de contradiction peut bien s'engager; mais les fabricans, d'ordinaire si peu soigneux de leurs intérêts, négligent le plus souvent d'y venir combattre les oppositions qui s'élèvent presque toujours contre leurs demandes. Quelques-uns le font pourtant; mais comme, pour la plupart du temps, ils sont éloignés de Paris, ils n'ont pas, des motifs des réclamations, une connaissance suffisante; ils peuvent même ignorer jusqu'à leur existence, si elles n'ont été adressées qu'en dernier lieu au Ministre de l'intérieur.

Les réglemens leur ont donné des défenseurs dans l'ordre des avocats aux Conseils du roi et à la Cour de cassation, dont les membres sont exercés à la pratique de cette nature d'affaires et versés dans la connaissance de cette législation spéciale : c'est donc aux fabricans qu'il appartient de veiller à la régulière défense de leurs intérêts.

16. Nous avons dit que les Conseils de préfecture doivent donner *leur avis*, quand il s'agit d'ateliers de première classse.

Mais nous faisons remarquer, 1° que le Conseil de préfecture ne doit être consulté que dans le cas où la demande a fait naître des oppositions, et que c'est dans ce sens que doivent être entendus les arrêts que nous allons ci-après indiquer, savoir : *Robert*, p. 77, *Le Bel*, p. 90, et *Barbatier*, p. 101;

2° Que, n'exerçant alors aucune juridiction, et n'étant appelé à délibérer, dans ce cas, que comme simple Conseil, ce tribunal administratif n'a point d'arrêté à prendre ; et que, s'il statuait comme juge, il commettrait un excès de pouvoir (arrêt *Grosjean*, p. 111);

3° Que ces mêmes *avis*, que les Conseils de préfecture doivent donner sur les opposi-tions aux ateliers de première classe, ne sont pas susceptibles de recours devant le Conseil d'Etat. Ces *avis* ne sont que des instructions ou des renseignemens pour l'autorité supé-rieure (*Barlatier,* p. 101);

4° Et qu'enfin les Conseils de préfecture ne sont appelés à donner ces avis, que lorsque les oppositions sont fondées sur les dangers, l'in-salubrité ou l'incommodité que les ateliers peu-vent occasioner, et non sur le préjudice qu'ils pourraient causer à des établissemens du même genre. (*Giraucourt,* p. 88.)

Vainement les opposans mettraient-ils en avant des motifs d'utilité publique, si leurs moyens ne sont, en réalité, fondés que sur la crainte d'une concurrence nuisible à leurs in-térêts personnels. (*Ibid.*)

17. La jurisprudence a également établi, pour les oppositions relatives aux ateliers de cette classe, une règle qu'il importe beaucoup d'ex-pliquer ici.

Nulle opposition n'est recevable contre une ordonnance royale qui autorise, après toutes les formalités remplies, un atelier de cette classe. (Arrêts *Lez* c. *Paillard,* p. 97, *Bar-latier,* p. 102, *Tourrand,* p. 104.)

Lorsqu'un particulier se propose de former l'un des établissemens qui font l'objet du dé-cret du 15 octobre 1810 et de l'ordonnance du 14 janvier 1815, deux intérêts divers vont se trouver en présence : d'un côté, celui des voisins, qui pourraient être incommodés par les émanations de la fabrique, et dont les propriétés pourraient éprouver des dommages ou une diminution de valeur; d'autre côté, l'intérêt du libre développement de l'industrie, qui se lie à l'intérêt général de la société.

Lorsque la demande est formée, le particulier peut, dans un refus, voir sa ruine ou sa prospérité décidées.

Ce résultat surtout peut arriver pour les établissemens de première classe, qui comportent des opérations et des procédés dont la découverte n'est due qu'à de longues études et de grandes dépenses.

Aussi, la décision entre de si graves intérêts a-t-elle été confiée à l'administration suprême.

L'art. 4 du décret du 15 octobre 1810 veut que ce soit le Conseil d'Etat qui *statue sur les oppositions* survenues à l'occasion des établissemens de la première classe.

Mais il ne prononce qu'après l'accomplissement de nombreuses formalités, tracées par l'art. 3 de ce décret et l'art. 2 de l'ordonnance royale du 14 janvier 1815.

Toutes dispositions sont donc prises pour que la religion du Conseil d'Etat de Sa Majesté soit éclairée; et lorsque sa décision est rendue, en pleine connaissance de cause, et après avoir entendu toutes les parties, elle forme un *droit acquis* pour celui en faveur de qui elle a prononcé.

Bien que nul réglement d'administration publique n'ait encore donné à ces sortes d'affaires le nom de *contentieuses*, il n'en est pas moins vrai qu'elles sont telles, puisqu'elles présentent une opposition de droits, d'intérêts, de prétentions diverses.

La décision royale qui intervient sur l'avis éclairé du Conseil d'Etat ne peut donc plus recevoir d'atteinte. Elle forme un acte définitif, et par lequel tous les intérêts ont été pesés dans la balance de la justice administrative.

Les particuliers qui s'étaient portés opposans à une autorisation accordée ensuite de cette manière, ne peuvent donc revenir devant le Conseil d'Etat, par la voie du comité du contentieux, contre la décision royale.

N'est-ce pas contradictoirement avec eux qu'elle a été rendue?

N'a-t-elle pas prononcé sur leurs moyens d'opposition?

Ils ne feraient donc que reproduire un litige déjà jugé en leur présence. Evidemment, ils n'y sont pas recevables.

Si ce principe était méconnu, les plus graves atteintes seraient portées à l'industrie et au commerce.

N'est-il pas, en effet, possible (et cela arrive chaque jour) qu'un manufacturier, un chimiste, un artisan, se reposant sur la foi d'un acte aussi solennel qu'une ordonnance royale, acte qu'il a dû croire définitif, puisqu'il *pro-nonçait le rejet des oppositions formées*, se hâte de construire la fabrique ou l'atelier autorisé, et de le garnir d'instrumens, d'appareils, d'ustensiles, habituellement d'un haut prix?

Ne serait-il pas possible qu'après avoir ainsi engagé sa fortune et son crédit, il se trouvât tout-à-coup ruiné, abîmé sous les efforts renouvelés de ses adversaires, au grave détriment des engagemens qu'il aurait pu prendre et de l'intérêt des tiers qui auraient partagé sa sécurité?

De telles conséquences, possibles et toutes probables, font un devoir de consacrer l'irrévocabilité des concessions, *accordées après jugement sur les oppositions;* car la prospérité des établissemens industriels ne repose que sur l'assurance de leur stabilité.

Tel était, dans l'affaire *Lez* c. *Paillard*, le système que nous avons nous-même proposé, et qui, après avoir été adopté par l'arrêt du 15 décembre 1824, a été depuis consacré par les deux autres arrêts que nous venons également de citer. (Voir encore l'arrêt *Pugh,* dans l'*Appendice.*)

18. Les oppositions aux ateliers de deuxième classe donnent lieu à des débats plus réguliers.

L'art. 7 du décret du 15 octobre 1810 dis-

pose ainsi : « Le préfet statuera, sauf recours
« à notre Conseil d'Etat, par toutes parties
« intéressées. *S'il y a opposition,* il y sera sta-
« tué par le Conseil de préfecture, sauf recours
« au Conseil d'Etat. »

La mauvaise rédaction et l'évidente ambiguïté
de ces dispositions ont donné lieu à de graves discussions et à des décisions contraires. Les observations dont nous avons cru devoir annoter ces
arrêts, dans l'analyse détaillée des espèces, en
exposeront suffisamment les motifs. Au surplus,
la jurisprudence paraît être aujourd'hui fixée.

Ainsi, il est reconnu et déclaré, par un assez grand nombre d'arrêts identiques, que les
Conseils de préfecture sont dépourvus de juridiction pour statuer sur les oppositions à un
établissement de deuxième classe, *avant que
l'autorisation soit accordée.* (*Nausé,* p. 232,
Delevacque, p. 242, *Guyot,* p. 126, *Palangier,* p. 131.)

L'autorisation doit donc être intervenue,
pour que le Conseil de préfecture puisse connaître des oppositions, et nous croyons, en outre, qu'il faut que ces oppositions soient dirigées *contre l'autorisation,* et non pas seulement *contre la demande;* c'est-à-dire que les
oppositions soient *postérieures* à l'arrêté d'autorisation, ou, si l'on veut, *renouvelées;* car
c'est seulement cette autorisation qui peut
nuire aux voisins.

C'est par suite de la règle que nous avons exposée tout-à-l'heure, que le Conseil d'Etat décide encore que, lorsqu'aucune autorisation n'a été accordée, il n'y a pas lieu, par le préfet, de demander *l'avis* du Conseil de préfecture, ni, par le Conseil de préfecture, de statuer sur les oppositions. (*Palangier*, p. 131.)

19. Si la demande comprend deux établissemens, l'un de première et l'autre de seconde classe, le Conseil de préfecture, saisi par suite d'oppositions survenues, peut diviser la demande en autorisation, statuer *comme juge* à l'occasion de la seconde, et délibérer seulement *comme Conseil* sur la première. (*Motel*, p. 155.)

Enfin, et par la raison que le Conseil de préfecture est investi de l'autorité contentieuse, et le préfet de l'autorité active, le préfet de police, à Paris, serait incompétent pour statuer sur des oppositions formées contre des autorisations qu'il aurait accordées. Le Conseil de préfecture seul pourrait en connaître. (*Barré*, p. 121, *Laporte*, p. 124.)

20. Nous avons indiqué le tribunal de première instance où se jugent les oppositions formées contre cette classe d'ateliers; le juge d'appel, c'est le Conseil d'Etat; et ce n'est plus alors à la section que l'on nomme comité de l'intérieur que se portent ces appels, mais bien à celle qui est connue sous la désignation de

comité du contentieux, instituée, par le réglement du 22 juillet 1806, pour statuer sur les recours exercés contre toutes les décisions administratives qui ressortissent au Conseil d'Etat.

21. Au lieu de statuer comme juge, le Conseil de préfecture donnerait-il un simple *avis* au préfet ? — Cet avis ne serait pas susceptible de recours devant le Conseil d'Etat. (*Thollet*, p. 135.)

En général, les délibérations des Conseils de préfecture, prises en forme *d'avis*, ne sont pas susceptibles d'être attaquées devant le Conseil d'Etat. La partie qui se croirait frappée par un tel *avis*, ne devrait donc pas s'en inquiéter : il ne ferait pas obstacle à ce que les formalités tracées par les lois fussent rigoureusement remplies. Le Conseil d'Etat l'a décidé relativement à un atelier de troisième classe ; mais le motif qui l'a déterminé s'appliquerait également aux cas où il s'agirait d'ateliers de deuxième classe.

22. Enfin, il n'est pas indispensable, pour être entendu dans son opposition à l'établissement d'un atelier dangereux, insalubre ou incommode, d'avoir déposé sa plainte dans le procès-verbal *de commodo et incommodo*. Une plus large voie est ouverte à l'exposé des craintes, quelquefois fondées, des propriétaires voisins, et ils sont admis à intervenir jusque devant le

Conseil d'Etat, pour en faire apprécier le fondement et la justice. (*Regnaud*, p. 162.)

23. S'il n'y avait pas d'appel de l'arrêté de Conseil de préfecture qui aurait rejeté d'autres oppositions, c'est devant celui-ci que les réclamations devraient être portées , et c'est alors la voie de la tierce-opposition que les nouveaux plaignans devraient suivre.

24. C'est aussi au Conseil de préfecture du département qu'appartient le droit de statuer sur les oppositions formées contre les ateliers de la troisième classe.

Ici, la juridiction est plus nettement établie : « S'il s'élève des réclamations contre la « décision prise par le préfet de police ou le « sous-préfet, sur une demande en formation « de manufacture ou d'ateliers compris dans la « troisième classe, *elles seront jugées au Con-* « *seil de préfecture* ». (Art. 8 du décret du 15 « octobre 1810.)

Il en résulte que le Conseil de préfecture a le pouvoir de révoquer l'autorisation, lorsqu'il le croit convenable, selon sa conscience de juge, et qu'ainsi les arrêtés du préfet de police à Paris, et du sous-préfet partout ailleurs, peuvent être anéantis, dans ce cas,par ce tribunal administratif. (*Le Bel*, p. 90.)

A tort des administrateurs s'étonneraient de cette règle, aussi bien qu'ils ont long-temps résisté à la jurisprudence que nous avons exposée dans le n° 18. Il suffirait, pour les éclairer, de leur rappeler ces expressions, pleines de justesse, de la circulaire ministérielle du 19 août 1825 : « Quand ils accordent une autorisation sur la requête de la partie intéressée, ils font un acte d'administration qui n'appartient qu'à eux, et qui est étranger au Conseil de préfecture. Mais leur décision administrative peut éprouver une opposition de la part d'un tiers qui intervient, parce qu'il croit lésés ses intérêts privés. *Alors l'affaire change de nature; elle devient litigieuse*, et se porte naturellement en première instance au Conseil de préfecture, avec recours, par la voie du contentieux, au roi, en son Conseil d'Etat. » (p. 261.)

25. Nous parlons de recours, et nous devons signaler, en passant, l'erreur singulière qui a fait l'objet d'un moyen présenté très sérieusement devant le Conseil d'Etat.

On voit, par le texte de l'art. 8 ci-dessus rapporté, que ce réglement du 15 octobre 1810 n'a point exprimé qu'il y aurait *recours au Conseil d'Etat* contre les décisions des Conseils de préfecture qui auraient statué sur les oppositions formées à l'établissement des ateliers de troisième classe. De ce silence, on a conclu que ce recours ne pouvait être exercé, et que, quant à cette classe d'ateliers, les arrêtés de Conseil de préfecture étaient des décisions souveraines et sans appel.

Le Conseil d'Etat a dû faire justice de ce moyen, et il a fait prévaloir la règle générale en matière administrative. (*Nausé*, p. 235, et *Plaisançon*, p. 244.)

26. Au surplus, les réglemens de la matière n'appellent pas les Conseils de préfecture à prononcer sur les intérêts du commerce; il leur est enjoint, au contraire, d'appuyer uniquement leurs décisions sur l'intérêt d'une bonne police.

Un Conseil de préfecture ne pourrait donc, par exemple, admettre des oppositions qui seraient uniquement fondées sur la prétendue nécessité de restreindre, dans le pays, le nombre de fabriques ou d'ateliers du même genre, dans l'intérêt de ceux qui seraient déjà établis (*Seuly*, p. 163); en d'autres termes, les Conseils de préfecture ne peuvent admettre les dangers de la concurrence comme motifs de leurs décisions. (*Blaise*, p. 182.)

27. Jusqu'ici, nous avons exposé les règles qui gouvernent la demande et les oppositions; nous allons voir maintenant quel recours est ouvert aux fabricans contre les actes d'administration qui leur ont refusé les permissions sollicitées.

(Première classe.) Après l'accomplissement de toutes les formalités prescrites, une ordonnance royale a rejeté la demande d'un fabricant; lui sera-t-il permis d'attaquer cette ordonnance devant le comité du contentieux?

Evidemment, il y serait non recevable. Comment qualifiera-t-il son action?— d'appel?— Mais le comité du contentieux ne peut être saisi, par cette voie, que du recours contre les décisions des autorités qui y ressortissent : et le Conseil d'Etat ne peut ressortir à lui-même.

D'opposition? — Mais le fabricant a été entendu; il est même censé l'avoir été pleinement; c'est sa faute si tous ses moyens n'ont pas été présentés. Cette autre voie lui est donc également fermée.

De tierce-opposition? — Mais l'ordonnance de refus a été rendue sur sa propre requête : lui-même s'est donc présenté pour recevoir la décision souveraine intervenue.

Ainsi, de toutes parts, le fabricant est non recevable, et c'est ce qu'ont, en effet, décidé les trois arrêts *Millan,* p. 80, *Pernet,* p. 81, *Cochin,* p. 83.

Le fabricant, selon nous, n'a qu'un seul moyen, c'est de perfectionner ses procédés, et de présenter de nouveau sa demande. Sans doute, elle subira d'aussi nombreuses oppositions que la première; mais si ces perfectionnemens sont réels, et si la fabrication n'offre plus de véritables dangers ou inconvéniens, l'autorité, qui a dans sa main tous les moyens proprès à l'éclairer sur l'état des choses, saura bien faire justice de plaintes exagérées ou de terreurs chimériques.

28. L'importance des établissemens de première classe et l'insalubrité de leurs exhalaisons, en général, ont pu motiver la jurisprudence que nous venons d'exposer. Une carrière moins bornée est ouverte aux réclamations des fabricans de la seconde classe. Pour eux, la loi est celle-ci : « Le préfet statuera, sauf le re- « cours à notre Conseil d'Etat par toutes les « parties intéressées. » (Article 7 du décret du 15 octobre 1810.)

Ainsi le fabricant, intéressé au plus haut degré à faire réformer l'arrêté par lequel un préfet lui a refusé l'autorisation demandée, est libre de le déférer au Conseil d'Etat, par la voie contentieuse. (*Herman*, p. 151.)

Il se fourvoierait, s'il se retirait devant le Conseil de préfecture, pour en obtenir l'annulation; et celui-ci commettrait un excès de pouvoir en l'accordant; car il ne peut statuer, dans cette matière, que sur le mérite des oppositions. (*Ibid.*. et surtout *Garet*, p. 208.)

29. La règle est toute différente dans le cas où il s'agit d'un atelier de troisième classe. L'art. 8 du décret du 15 octobre, qui permet de porter devant le Conseil de préfecture les oppositions *contre l'autorisation* du sous-préfet, investit. en même temps, le Conseil de

préfecture du droit de recevoir le recours du fabricant *contre le refus* du même fonctionnaire ; c'est ce que veulent dire ces mots : « *S'il* « *s'élève des réclamations contre la décision* « *prise.....* elles seront jugées *au Conseil de* « *préfecture.* »

Malgré la généralité de ces termes, on a souvent pensé, et le Ministre de l'intérieur lui-même a soutenu que le mot *réclamation* ne devait s'entendre que de l'opposition des voisins, et non du recours du fabricant contre l'arrêté de refus ; le Ministre se fondait sur la division des pouvoirs établie par notre législation administrative : « Deux autorités (disait-il) sont appelées à intervenir, l'administrateur et le juge administratif ; l'administrateur pour régler et disposer ; le juge, pour statuer, non pas sur l'acte de l'administrateur, qu'il ne pourrait approuver ou improuver, mais sur le mérite de la réclamation contre l'établissement, à raison des avantages ou des inconvéniens qui pourraient en résulter. »

Le Conseil d'Etat n'a pas admis cette distinction, et il a décidé que le recours du fabricant contre l'arrêté qui lui refuse l'autorisation d'établir un atelier de troisième classe, peut être légalement porté devant le Conseil de préfecture.

Ainsi, ce tribunal administratif connaît, sans distinction, des réclamations du fabricant qui se plaint du refus d'autorisation, et de celles des opposans qui se plaignent de l'autorisation accordée. (*Nausé*, p. 232 et 235.)

30. En général, le Conseil d'Etat met beaucoup de soin dans l'examen des *garanties* qu'il exige des ateliers de première classe, et il ne les autorise que lorsqu'il reconnaît qu'ils ne présentent aucun inconvénient, et qu'ils ne peuvent nuire à la salubrité des maisons voisines, ni faire craindre aucun danger relativement au feu. (*Herbinier,* p. 84, *Samson,* p. 87.)

Il met aussi beaucoup de sévérité dans l'application de la loi qui veut que les ateliers de cette classe « soient éloignés des habitations « particulières ». Un grand nombre d'ordonnances *de rejet,* déposées aux archives du ministère de l'intérieur, attestent cette vérité, et en même temps la sollicitude de l'administration supérieure.

Quelquefois, le Conseil d'Etat, pour autoriser les établissemens de cette classe, et lorsque, d'ailleurs, leur situation est favorable, prend en considération les témoignages que les autorités locales donnent sur leur utilité. (*Herbinier,* p. 84.)

Mais, lorsque le procès-verbal de l'information *de commodo et incommodo* et tous les documens de l'affaire ont établi que la fabrication dont l'autorisation est demandée serait nuisible aux propriétés voisines, le Conseil d'E-

tat se détermine à repousser la demande. (*Callet*, p. 79.)

31. C'est avec les mêmes soins que, pour
les ateliers de deuxième classe, le Conseil d'E-
tat, saisi, par appel, des recours des fabricans
contre les arrêtés de refus émanés des préfets,
recherche et exige des garanties suffisantes.

(*Auriacombe*, p. 165; *Bardon*, p. 170;
Pain, p. 174; *Labbé*, p.177; *Boulet*, p. 183;
Chaulin, p. 185; *Langlet*, p. 188; *Combe*,
p. 190; *Marchand*, p. 192; *Sarreau*, p. 194;
Paris, p. 153; *Gay*, p. 157; *Regnaud*, p. 162;
Seuly, p. 163; *Julienne*, p. 147.)

Par la même raison, le Conseil de préfecture
est fondé à admettre les oppositions, lorsqu'il
est convaincu que les conditions proposées par
le conseil de salubrité ne donnent pas des garanties suffisantes contre l'insalubrité ou l'incommodité d'un atelier.

Mais si de nouvelles conditions, proposées
par le comité consultatif des arts et manufactures, font disparaître les inconvéniens redoutés, il y a lieu, par le Conseil d'Etat, d'accorder l'autorisation; et si quelques-unes de ces
dispositions ne sont pas assez bien spécifiées, le
Conseil d'Etat les détermine. (*Réguy*, p. 179.)

Dans l'intérêt de la salubrité publique, le
Conseil d'Etat restreint quelquefois l'étendue
de la fabrication. Il a, par exemple, imposé à
un fondeur en bronze l'obligation de ne cou-

ler, dans son atelier, que les bronzes qu'il aurait lui-même modelés. (*Auriacombe*, p. 165.)

En général, le Conseil d'Etat tient à éloigner, des quartiers populeux, les ateliers de seconde classe. (*Dreux*, p. 139; *Duburreaux*, p. 140; *Sylvain*, p. 143; *Lévéque*, p. 144.)

Cependant le Conseil use quelquefois d'indulgence; et si, sur l'appel dont il est saisi, on lui expose que le délai accordé pour supprimer un établissement est expiré, il le proroge, afin de donner au fabricant le temps de chercher un autre local. (*Herbelin*, p. 145.)

C'est tout à-la-fois de l'équité et de l'humanité.

32. Les mêmes soins sont pris à l'égard des ateliers de troisième classe. Ainsi, lorsqu'il résulte, des informations administratives, que l'atelier projeté (une huilerie, par exemple) serait établi dans une rue étroite et au premier étage d'une maison entourée d'édifices plus ou moins remplis de matières faciles à enflammer, et que les secours seraient difficiles à administrer en cas d'incendie, le Conseil d'Etat, saisi par appel de la connaissance des arrêtés des Conseils de préfecture, refuse définitivement l'autorisation. (*Nausé*, p. 235.)

Il a statué de la même manière pour une fabrique de *gélatine*, parce qu'il a été reconnu que le local occupé par le fabricant ne pouvait, à raison de son exiguïté, recevoir un atelier de cette nature, sans incommodité pour les voisins. (*Harmant*, p. 241.)

Enfin, lorsqu'il est constant, en fait, qu'un nouvel atelier peut nuire à un établissement voisin, depuis long-temps en activité, le Conseil d'Etat déclare qu'il y a lieu de refuser l'autorisation demandée. (*Potrais*, p. 228.) — Il s'agissait, dans l'espèce, de la formation d'une teinturerie, à deux mètres au-dessus de la pompe d'un établissement de bains : l'arrêt a déclaré qu'il n'était pas juste de troubler la jouissance antérieurement acquise à cet établissement industriel.

Tout dépend donc des circonstances et des localités. Toutefois, le Conseil d'Etat ne perd jamais de vue, et professe, dans toutes les occasions, qu'il est d'une bonne police d'éloigner, autant que possible, des habitations les établissemens à odeur insalubre ou incommode.

Mais aussi, dès que les précautions auxquelles est soumis un fabricant paraissent suffisantes, le Conseil d'Etat autorise son atelier. (*Delevacque*, p. 242; *Plaisançon*, p. 244.)

Il y a plus : il annulle les conditions inutiles qui lui auraient été imposées, et qui ne seraient autorisées par aucune des dispositions des réglemens. (*Delevacque*, 242.)

Enfin, cette décision peut être prise, alors même que l'établissement a été, dans l'origine, formé sans autorisation. (*Soutra*, p. 246.)

33. Lorsque l'instruction première d'une affaire n'a été ni assez détaillée ni assez éclairée pour que le Conseil d'Etat puisse statuer en connaissance de cause sur le fondement des oppositions, alors le Conseil d'Etat surseoit à prononcer l'annulation ou la confirmation de l'arrêté qui lui est déféré, et ordonne de procéder à une nouvelle information et à de nouvelles expériences. (*Nausé*, p. 232.)

Mais il n'y a pas lieu d'ordonner une contre-enquête sur la demande de l'une des parties, lorsque l'information faite d'après l'ordonnance interlocutoire dont il vient d'être parlé ne laisse rien à desirer sur la connaissance des effets de l'atelier projeté. (*Nausé*, p. 235.)

34. Il existe un grand nombre d'ateliers qui sont rangés dans une classe plus favorable, selon que les procédés qu'on y emploie neutralisent mieux les odeurs et les gaz nuisibles ou incommodes qui s'en échappent.

Il est libre aux fabricans de chercher tous les moyens d'atteindre au perfectionnement de ces procédés.

Supposez donc que des appareils soient tels, qu'ils empêchent les gaz de se répandre hors de l'atelier, d'ordinaire l'établissement appartiendra à la troisième classe. Le fabricant doit donc avoir la faculté de réparer ces appareils. Mais si c'est l'autorité elle-même qui, sur les oppositions, a ordonné la suppression provi-

d.

soire des travaux, le fabricant en sera-t-il vic-
time? — L'équité commande de décider le contraire; et, dans un cas où cette hypothèse se
réalisait, le Conseil d'Etat a accordé, à un fabricant de *cendres gravelées,* un délai de cinq
mois pour construire les appareils qu'il se proposait d'établir pour neutraliser l'odeur des lies-
de-vin brûlées; et, par une disposition subsé-
quente, le Conseil d'Etat a ordonné qu'à cette
époque, il serait constaté par expert si les procédés exécutés par le fabricant étaient satisfaisans, et qu'il serait prononcé, sur le rapport
de ces experts, en conformité des dispositions
du décret du 15 octobre 1810. (*Blanc,* p. 226.)

Ce bienfaisant exemple mériterait d'être plus
souvent suivi : les juges doivent être si heu-
reux, lorsqu'il leur est possible de concilier
les inspirations de l'humanité avec le respect
dû aux lois.....!

35. Ici se présente un ordre de choses tout
différent.

L'administration a usé d'indulgence : elle a
recherché avec soin tous les moyens de remédier aux inconvéniens signalés; elle a autorisé,
mais en prescrivant des conditions : et ces
conditions ne sont pas exécutées!

Il y a plus : malgré sa prévoyance, l'atelier
est insupportable aux voisins.

Que doit-il arriver? — Nous allons, à cet

égard, entrer dans des explications qui nous paraissent avoir beaucoup d'importance.

Toutes les fois que des tiers veulent provoquer la suppression d'un atelier de première classe, à cause des inconvéniens graves qu'il a pour la salubrité publique, il faut qu'ils suivent, dans ce cas, la marche qui leur est prescrite par l'art. 12 du décret du 15 octobre 1810. (*Pinel*, p. 109.) Cet article est ainsi conçu :

« En cas de grave inconvénient pour la salubrité publique, la culture ou l'intérêt général, les fabriques et ateliers de première classe qui les causent pourront être supprimés, en vertu d'un décret rendu en notre Conseil d'Etat, après avoir entendu la police locale, pris l'avis des préfets, reçu la défense des manufacturiers. »

Les personnes intéressées à cette suppression doivent donc adresser une requête au roi, en son Conseil d'État, et cette requête sera déposée dans les bureaux du Ministre de l'intérieur, qui est chargé de lui faire subir tous les degrés d'instruction que nécessite une demande de cette importance.

Dans tous les cas, les manufacturiers sont certains d'être entendus, c'est-à-dire d'être mis à portée de répondre à tous les griefs qui seraient élevés contre leurs ateliers, l'art. 12 le veut ainsi.

On sent bien, au surplus, quelles précau-

tions sont apportées par le Conseil d'Etat, pour
ne pas prononcer, avec légèreté, la suppression d'établissemens presque toujours très importans pour la fortune des fabricans ; aussi,
lorsqu'il est reconnu que, malgré les plaintes
élevées, ces ateliers n'ont pas les graves inconvéniens signalés, et qu'à l'aide de certains
moyens indiqués, on peut corriger ou diminuer ceux qui existent, le Conseil d'Etat rejette les réclamations, et détermine les nouvelles conditions. (*Chaptal*, 106.)

36. Les réglemens ne disent point si cette
action doit être portée devant le comité du contentieux du Conseil d'Etat; et, dans ce silence,
l'usage (attesté au surplus par un très petit
nombre d'exemples) s'est établi d'instruire et
de décider ces sortes d'affaires par la voie du
comité de l'intérieur : voilà pourquoi nous
avons dit que la demande en suppression, quoique adressée au roi, doit être déposée au ministère de l'intérieur. Cette jurisprudence a sans
doute eu pour motif que *la suppression* doit
être accordée, s'il y a lieu, *par les mêmes voies
que l'autorisation.*

37. Mais il serait peut-être à desirer que, dans
l'intérêt si pressant, quoique différent, de l'industrie et de la propriété, ces sortes de débats
ne dussent être introduits que devant le comité
du contentieux du Conseil d'Etat, où il ne
peut être nié que les affaires contentieuses (et

quelles autres que celles-ci ont mieux mérité ce nom!) sont plus mûrement instruites et plus amplement débattues.

Il est à remarquer, au surplus, que le Conseil d'Etat, saisi par la voie contentieuse, a déjà statué sur un semblable recours, après avoir lui-même, par l'organe du Ministre de la justice, ordonné une information *de commodo et incommodo*, et demandé un rapport du conseil de salubrité et l'avis du préfet de police. Nous avons rapporté ci-dessous, p. 106, l'arrêt intervenu dans cette affaire. Cet arrêt est d'autant plus remarquable, qu'il a été rendu à une époque assez rapprochée de la publication du décret de 1810 (en septembre 1813), et il est probable que la commission du contentieux de cette époque aura examiné avec soin sa propre compétence, avant de se livrer à l'examen de fond. On pourrait donc être fondé à prétendre que cet exemple est d'un très grand poids dans cette circonstance, et qu'il serait possible que le comité du contentieux eût été mal-à-propos dépouillé de l'une de ses attributions les plus précieuses, au profit du comité de l'intérieur, sans qu'aucun réglement (à notre connaissance du moins) ait autorisé ce changement.

Pourquoi le comité du contentieux ne serait-il pas réintégré dans son droit, lorsque, dans un cas analogue, il a le pouvoir de pro-

noncer la révocation des autorisations accordées?

38. C'est ainsi que si le fabricant, au lieu
d'user d'un procédé qui a fait ranger son établissement dans une classe inférieure, emploie un
agent chimique au moyen duquel il se trouve
rangé dans la première, le Conseil d'Etat, *saisi
par la voie contentieuse*, déclare que le fabricant ne peut plus jouir de son titre, jusqu'à ce
qu'il ait obtenu une autorisation nouvelle.
(*Guichard*, p. 94.)

C'est par la même raison que, si l'autorisation n'a été donnée, par exemple, que sous la
condition de condenser entièrement les gaz qui
peuvent être produits par les opérations de l'a-
telier, et s'il est prouvé que cette condition
n'est pas remplie, le Conseil d'Etat, toujours
par la voie contentieuse, décide qu'il y a lieu
de révoquer l'autorisation, et la révoque en
effet. (*Lebel*, p. 90.)

Mais, au fond, comme il serait injuste de
fermer toute voie aux améliorations possibles,
le Conseil d'Etat reconnaît, en même temps,
que la révocation de l'autorisation, pour conditions violées ou mal remplies, n'empêche pas
le fabricant d'en solliciter une nouvelle, s'il
parvient à remplir les conditions imposées.
(*Ibid.*)

Dans ces deux exemples, les plaintes des
voisins avaient été portées devant le Conseil de

préfecture, parce que l'inexécution des conditions imposées rangeait, *de plano*, les ateliers dans la seconde classe, sur laquelle ces tribunaux administratifs ont une juridiction incontestable.

Mais, nous pensons qu'en règle générale, les opposans devraient s'adresser au Ministre de l'intérieur pour obtenir la révocation des autorisations, tout aussi bien que pour obtenir la suppression prévue par l'art. 12 du décret du 15 octobre 1810.

L'affaire *Touraud*, que nous avons rapportée ci-dessous, pag. 104, offre, d'ailleurs, un exemple où il a été décidé que, si un atelier n'est pas établi hors de la ville, ainsi que le prescrivait l'ordonnance d'autorisation, c'est *devant l'administration* que les réclamans doivent se retirer pour obtenir l'exécution de cette disposition.

39. Quant aux voisins incommodés par des ateliers de seconde classe, quels moyens ont-ils d'obtenir l'exécution des conditions imposées par les actes d'autorisation ?

A la différence de ce qui concerne les ateliers de première classe, le réglement du 15 octobre 1810 est muet sur ce point ; mais la jurisprudence a suppléé à cette omission. — Dans une première espèce, le Conseil d'État avait dit : « Dans le cas où le fabricant, en négligeant d'observer lesdites conditions, donnerait lieu

à de nouvelles plaintes, les peines par lui encourues pour le fait de contravention seront
prononcées *par qui de droit.*»(*Chaulin,* p. 185.)

Dans deux autres espèces il a déclaré que « si
le fabricant ne se conforme pas aux conditions
qui lui ont été imposées, *toutes les voies de poursuites demeurent ouvertes aux parties plaignantes.* » (*Beaulieu,* p. 167, *Motel,* p. 155.)

Jusque-là tout était vague, et nul recours
positif ne semblait indiquée; peu-à-peu les arrêts se sont plus clairement expliqués.

Dans l'affaire *Sarreau* (Voy. pag. 194), il
a été statué ainsi qu'il suit : « Dans le cas où le
« fabricant contreviendrait aux dispositions ci-
« dessus prescrites, les peines encourues seront
« prononcées par qui de droit, et, de plus, la
« présente autorisation sera *par nous* révo-
« quée. »

De ce premier arrêt, il résulte, d'abord,
qu'il existe une voie de recours contre l'inexécution des précautions ordonnées pour les ateliers de seconde classe.

Mais il semblerait aussi en résulter que c'est
au roi seul qu'il appartient de révoquer les
autorisations données à ces ateliers.

Cette conséquence, selon nous, serait erronée.
L'expression *par nous* est certainement une
incorrection échappée au rédacteur de l'arrêt ;
ou bien l'intention des juges a été de dire que,
par l'effet d'un recours légal, l'autorisation

serait, dans le cas d'inexécution prévu, révoquée par le Conseil d'Etat.

Or, ce recours légal ne peut être autre qu'un appel d'arrêté de Conseil de préfecture. C'est donc à celui-ci qu'il appartient de statuer d'abord sur la plainte résultant d'inexécution.

Au surplus, d'autres arrêts viennent éclaircir ce doute; et ceux rendus dans les affaires *Le Bel* et *Guichard* reconnaissent, de la manière la plus positive, que la révocation peut être prononcée par le Conseil d'Etat, sur le recours des parties intéressées, appelantes des arrêtés des Conseils de préfecture.

D'où nous inférons que, pour cette classe d'ateliers, il est incontestable que les Conseils de préfecture sont compétens pour connaître, au premier degré de la juridiction contentieuse, des réclamations auxquelles donne lieu l'inexécution des conditions imposées aux fabricans.

C'est enfin ce qu'ont déclaré deux autres arrêts, savoir : *Dehollain* (pag. 197) et *Riondel* (pag. 199).

Il n'est qu'un seul cas, à notre connaissance, où le préfet de police, à Paris, ait reçu à l'avance, d'une ordonnance royale, *l'autorisation de suspendre la marche d'un atelier.* (*Régny*, pag. 179), et un autre cas où une ordonnance royale a reconnu qu'il avait été compétent pour prononcer cette suspension, à l'occasion d'un atelier dans lequel étaient employés des procédés qui rangeaient cet établissement dans une classe supérieure à celle dans laquelle il avait été autorisé. (*Guichard*, p. 94.)

Mais cette exception ne détruit pas la règle définitivement établie; et d'ailleurs il est probable que, même dans ce cas spécial et si le fabricant que cette ordonnance concerne était frappé par un arrêté du préfet de police, cet arrêté pourrait, de la part du fabricant, donner lieu à un débat subséquent devant le Conseil de préfecture, si, par exemple, il prétendait que, de fait, il n'a pas commis l'inexécution qu'on lui reprocherait.

Dans le cas où ce fait serait prouvé, il est clair que l'autorisation pourrait être révoquée, et ce débat serait tout – à – fait contentieux. (*Riondel*, pag. 199.)

40. Enfin si, plus tard, il était reconnu que les conditions étaient insuffisantes, il y aurait lieu d'en imposer de nouvelles; et alors, si le fabricant refusait de les exécuter, son atelier pourrait être supprimé.

Cette suppression, dans ce cas comme dans le premier, serait ordonnée par le Conseil de préfecture en première instance et par le Conseil d'Etat en appel. (*Ibid.*)

41. Cette règle s'appliquerait, dans son entier, aux ateliers de troisième classe.

La jurisprudence du Conseil d'Etat n'offre, à cet égard, aucun précédent : celle des Conscils de préfecture pourrait en offrir quelques-uns ; mais jusqu'ici elle n'est pas connue, et il serait possible qu'elle méritât, en général, plus d'estime qu'on ne le pense.

42. Deux autres circonstances peuvent donner lieu à l'exercice de l'autorité administrative, sur tous les ateliers classés dans les nomenclatures : nous voulons parler des cas de *translation* et *d'interruption des travaux.* Le décret du 15 octobre 1810, art. 13, contient, à cet égard, les dispositions suivantes :

« Les établissemens maintenus par l'art. 11
« cesseront de jouir de cet avantage, dès qu'ils
« seront *transférés* dans un autre emplacement
« ou qu'il y aura une *interruption de six mois*
« dans leurs travaux. Dans l'un et l'autre cas,
« ils rentreront *dans la catégorie des établis-*
« *semens à former,* et ils ne pourront être
« remis en activité qu'après avoir obtenu, s'il
« y a lieu, une nouvelle permission. »

43. La question s'est élevée de savoir si ces dispositions sont indistinctement applicables aux ateliers formés *avant* et à ceux formés *depuis* le décret du 15 octobre 1810.

Pour les établissemens antérieurs au décret, cela était incontestable ; et d'ailleurs deux ordonnances *Boivin* (pag. 201), et *Vergèses* (pag. 203) ont, à cet égard, levé tous les doutes.

Mais il s'est présenté des jurisconsultes qui

soutenaient que la règle ne concernait que les établissemens antérieurs au décret ; ils s'appuyaient sur les premiers mots de l'art. 13 qui n'indiquent que les établissemens maintenus par l'article 11 ; or (disaient-ils), cet article porte : « Les dispositions du présent décret n'auront « point d'effet rétroactif. En conséquence, *tous* « *les établissemens qui sont aujourd'hui en* « *activité*, continueront à être librement exploités ». — Donc l'art. 13, qui se réfère textuellement à l'art. 11, n'a eu en vue que les établissemens existans au jour de la publication du décret du 15 octobre 1810. — Recherchant, au surplus, les motifs de cette distinction, ses partisans disaient que la disposition de l'art. 13 n'était que transitoire, et qu'elle ne se rattachait nullement aux établissemens pour lesquels ont été observées les formes prescrites par les nouveaux réglemens; que, dans l'esprit du décret du 15 octobre 1810, cet article n'avait eu pour but que d'atteindre les ateliers qui, dans l'absence de règles précises , avaient pu être formées au grand détriment de la salubrité publique , sans avoir préalablement donné toutes les garanties qu'exigeait le bon ordre ; qu'au surplus, c'était dans ce sens que le Ministre de l'intérieur, en présentant au Conseil d'Etat le projet de ce décret , en avait exposé les motifs : « *Le projet* (a dit Son « Exc.) *ne fait subir la loi commune aux*

« *établissemens en activité*, qu'autant qu'ils
« seront transférés d'un établissement dans un
« autre, ou qu'il y aura dans leur exploitation
« une interruption de six mois : alors il les as-
« simile aux établissemens à former, etc. »

De tout cela, les partisans de cette opinion
soutenaient que l'évènement de la translation
ou de la suspension des travaux pendant six
mois ne pouvait soumettre, *à la loi commune*,
que les ateliers en activité au 15 octobre 1810.

Pour toute réponse, les partisans de l'opinion contraire ont exposé que, dans l'usage,
l'administration avait toujours appliqué les dispositions de l'art. 13 aux établissemens formés
depuis le décret du 15 octobre 1810, comme
à ceux formés *auparavant*; et c'est, en effet,
sur cet usage constant que le Conseil d'Etat a
fondé l'interprétation qu'il a cru devoir adopter, et qui, dans le cas donné, soumet à l'*autorisation nouvelle*, même les ateliers formés
depuis le décret de 1810.

Il faut, au surplus, convenir que cette interprétation est beaucoup plus raisonnable dans
le cas de la *translation* que dans celui de la
suspension des travaux. Car, dans le premier,
l'administration a certainement à surveiller dans
l'intérêt général, le déplacement des fabriques
et ateliers dangereux, insalubres et incommodes, d'autant plus que, pour ceux de la première classe, « l'autorité locale est, par l'ar-

« ticle 9 du décret du 15 octobre 1810, char-
« gée d'indiquer le lieu où ces ateliers pour-
« ront s'établir et d'exprimer sa distance des
« habitations particulières. »

Passons maintenant aux règles que la jurisprudence nous semble avoir établies pour chacun des cas que nous examinons.

44. Quant à la *translation*, un arrêt du 31
juillet 1822 (*Robert*, pag. 77) a déclaré que
c'est aux préfets qu'il appartient de statuer sur
ces sortes de demandes; et que le recours est
ensuite ouvert, devant le Ministre de l'intérieur, contre l'arrêté du préfet.

Il est à remarquer que cette décision souveraine est intervenue à l'occasion d'un atelier de
première classe.

Mais, dans tous les cas, nous ne la croyons
pas juste. L'art. 13, ci-dessus transcrit, dispose
que les ateliers que l'on veut transférer « ren-
« trent dans la catégorie des établissemens à
« former, et ne peuvent être remis en activité
« qu'*après avoir obtenu*, s'il y a lieu, *une*
« *nouvelle permission.* »

D'après des termes aussi positifs, il nous
semble qu'il faut décider que, pour les ateliers
de première classe, le fabricant est tenu de procéder de la même manière que s'il se mettait
pour la première fois en demande, et que par
conséquent la seule décision qui puisse intervenir est une ordonnance royale, délibérée ainsi

qu'il est prescrit par l'art. 2 du décret du 15 octobre 1810.

45. L'atelier est-il de seconde classe?—la décision doit émaner du préfet, et, dans ce cas, ce n'est pas devant le Ministre de l'intérieur, mais bien devant le Conseil d'Etat directement, que le fabricant doit se pourvoir, puisqu'il doit agir ainsi qu'il le ferait, d'après l'art. 7 du décret, pour obtenir l'autorisation primitive.

46. L'atelier enfin est-il de troisième classe? — Ce n'est plus devant le Conseil d'Etat que doit se porter le recours contre l'arrêté de refus d'autoriser la translation : cette réclamation est du ressort du Conseil de préfecture, puisque c'est lui qui doit être saisi dans le cas de recours contre la demande primitive.

Il est donc facile de voir que, pour aucune des classes de l'état général, il n'y a lieu de saisir le Ministre de l'intérieur de l'appel des arrêtés que les préfets rendraient pour refuser d'autoriser une translation. Pour la première classe, l'arrêté du préfet n'aurait d'autre caractère que celui d'un *avis* ; dans le second, sa décision ne ressortirait qu'au Conseil d'Etat ; dans le troisième cas, elle serait un excès de pouvoir, puisque, d'après les articles 2 et 8 du décret du 15 octobre 1810 et 3 de l'ordonnance du 14 janvier 1815, combinés, le droit de statuer appartient en propre aux sous-préfets.

47. Il faut toutefois remarquer que s'il survenait des oppositions contre la translation ,
l'affaire suivrait alors la marche que nous avons
indiquée pour les oppositions élevées contre la
demande en formation.

Et ici s'appliqueraient exactement les règles
que nous avons plus haut retracées, c'est-à-
dire , par exemple, que les Conseils de préfecture ne pourraient connaître des oppositions
aux demandes en translation avant que la translation ait été autorisée. (*Vergèses*, pag. 2o3.)

48. Quant à l'*interruption*, ainsi que nous
l'avons dit, l'art. 13 du décret du 15 octobre
181o oblige les propriétaires d'ateliers à se
pourvoir d'une autorisation nouvelle, lorsque
l'activité de leurs usines a été suspendue pendant six mois. (*Guez* , pag. 2o6.)

Il y a plus : il a été décidé qu'il importait
peu que l'établissement eût été formé *avant* ou
après le décret du 15 octobre 181o. (*Garet*,
pag. 2o8.)

49. A quelle autorité appartient-il d'exécuter
ces dispositions ?

Ici s'appliquent, en entier, les observations
que nous avons faites à l'occasion des demandes
en translation.

Au surplus, nulle décision à l'occasion d'un
établissement de première classe , et deux seulement à l'occasion d'un atelier de deuxième

classe. Par la première (*Marlet*, pag. 205),
il a été statué, 1° que c'est aux préfets qu'il
appartient d'exécuter les réglemens à cet égard.

2° Que cette exécution n'est nullement de
la compétence des Conseils de préfecture.

Par le second arrêt (*Garet*, pag. 206), il a
été positivement reconnu que c'est devant le
Conseil d'État directement que le fabricant est
admissible à recourir contre l'arrêté du préfet
qui lui a refusé d'autoriser la remise en activité
de l'usine.

Ces décisions sont tout-à-fait conformes aux
principes.

50. Ces demandes en nouvelle autorisation
font-elles naître des oppositions ? — C'est toujours la même solution qui doit être donnée.
Partout et dans tous les cas, leur jugement doit
émaner de la même autorité , selon toutefois
la différence des classes.

51. Il s'est présentée, dans une affaire dont
nous avons été chargé, une question fort intéres-
sante, et qui , pour n'avoir pas été jugée, n'en
mérite pas moins l'attention des jurisconsultes
et des magistrats : ce cas est celui d'une interruption par suite d'un procès judiciaire.

Si ce genre d'interruption pouvait soumettre
le fabricant à l'obligation d'obtenir une autorisation nouvelle , il résulterait que le propriétaire du local ou tout autre opposant voisin
qui aurait succombé dans son opposition pri-

mitive, pourrait parvenir à son but, d'une
manière détournée, c'est-à-dire en occasio-
nant à l'atelier une interruption forcée.

En effet, si l'opposant est surtout le propriétaire de la maison occupée par le fabricant,
il supposera des dégradations et des dommages
causés à sa propriété par l'atelier de son loca-
taire : sur cette base il établira une action judiciaire qui pourra faire suspendre l'exploitation de l'atelier ; et dès que cette interruption
aura duré six mois, il n'aura plus à s'inquiéter
du sort de son action judiciaire, il lui suffira
d'avertir l'administration et d'agir auprès d'elle
pour qu'elle ne permette pas de remettre l'a-
telier en activité, sans une nouvelle permission
sur laquelle il s'efforcera encore d'influer. Tout
opposant aurait la même faculté ; leurs motifs
seraient plus ou moins plausibles : mais l'esprit
de chicane est si fécond, qu'il ne serait pas
difficile d'inventer une fable sur laquelle on
fonderait quelque autre action judiciaire.

En d'autres termes, l'interruption qu'ils
pourraient malicieusement causer, serait, dans
la main des opposans, une arme dont ils mena-
ceraient sans cesse le fabricant dont l'atelier leur
porterait ombrage.

Il faut donc tenir pour certain, selon nous,
qu'il n'y aurait pas lieu de contraindre le fabricant à demander une autorisation nouvelle
dans le cas où l'interruption de son atelier, du-

rant six mois, ne serait occasioné que par une interruption judiciaire.

52. Quatre points nous restent à examiner : d'abord, les questions sur *l'antériorité*, ensuite celles qui concernent *le classement* des ateliers non encore compris dans les nomenclatures, celles où *la propriété* elle-même se trouve contestée, et enfin les demandes *en dommages-intérêts* qui peuvent être formées par les voisins. La dernière de ces questions a seule de l'importance : nous passerons rapidement sur les trois autres.

Les questions d'*antériorité* se rapportent à l'art. 11 du décret du 15 octobre 1810, que nous avons déjà transcrit et qu'il est nécessaire de reproduire ici :

« Les dispositions du présent décret n'au-
« ront point d'effet rétroactif. En conséquence,
« tous les établissemens qui sont aujourd'hui
« en activité continueront d'être exploités li-
« brement. »

L'application de cet article a donné lieu à quelques difficultés.

La première était de savoir à quelle autorité il appartenait de déclarer *le fait de l'antério-rité*. Un arrêt du Conseil, du 29 janvier 1814 (*Pinel c. Lefrançois*, pag. 109), a établi que les préfets sont compétens pour décider que l'atelier d'un fabricant existait à l'époque de la publication du décret du 15 octobre, et que cet atelier n'a pas besoin d'autorisation pour subsister.

Le même arrêt a déclaré que si des tiers opposans ont à se plaindre de l'arrêté du préfet sur cette question de fait, c'est devant le Ministre de l'intérieur qu'ils doivent se pourvoir, avant de porter leur réclamation devant le Conseil d'Etat.

Cet arrêt a enfin déclaré que la discussion sur cette question *d'antériorité* ne fait point obstacle à ce que les opposans forment la demande *en suppression* qu'autorise l'art. 12 du décret.

Sur l'ensemble des deux premières dispositions, nous ferons observer qu'il est, au fond, peu conforme aux règles du droit général et même du droit administratif, de faire juger, par un préfet, un grave débat entre un fabricant et des tiers. — Qu'est donc le préfet ? — un administrateur et non point un juge : les principes du droit administratif ne reconnaissent pour tel que le Conseil de préfecture, tribunal d'exception, institué pour décider toutes les contestations au premier degré de la juridiction administrative. — Il nous semble donc que ces sortes de débats auraient dû être attribuées au Conseil de préfecture.

La seconde difficulté qu'a fait naître l'art. 11 du décret de 1810, était celle-ci :

Un atelier avait, de fait, été établi avant sa

publication ; mais, aussitôt, de nombreuses oppositions s'étaient élevées ; et, au moment où
le décret de 1810 avait été publié, ces oppositions n'étaient pas encore jugées.

Les opposans se sont empressés de se faire
un nouveau moyen des dispositions générales
du décret, et ils ont prétendu que le fabricant
était tenu de se pourvoir d'une autorisation en
la forme nouvellement établie.

De son côté, le fabricant invoquait les dispositions de l'art. 11, et soutenait qu'il était
exempt de cette obligation, par cela seul que
son atelier existait avant le décret.

Mais le Conseil d'Etat n'a point adopté ce
système de défense, et il a considéré que les
oppositions survenues, dès le principe, contre
la formation de l'atelier avaient rendu son existence incertaine, et que, par conséquent, il
n'était pas dans la catégorie de ceux qui pourraient réclamer le bénéfice de l'art. 11. (*Grosjean*, p. 111.)

Il s'agissait alors d'un établissement de la
première classe ; mais la même raison de décider se serait présentée pour ceux des autres
classes.

Il est presque inutile d'observer que, pour
qu'un atelier soit conservé sans le soumettre
aux formalités prescrites par les réglemens, il
est de toute nécessité qu'il justifie de son existence avant le décret de 1810, et que, d'a-

f

près ce qui précède, il faut que cette existence ne fût pas contestée à l'époque de sa publication. (*Châtelet*, p. 248.)

53. Sur le *droit de classer* les établissemens non encore désignés dans les catégories légales, le décret de 1810 n'avait porté aucune disposition, et peut-être alors le besoin ne s'en était-il pas encore fait sentir. Voici, à cet égard, ce que l'ordonnance du 14 janvier 1815 a établi par son art. 5 :

« Les préfets sont autorisés à faire suspen-
« dre la formation ou l'exercice des établisse-
« mens nouveaux qui, n'ayant pu être com-
« pris dans la nomenclature précitée, seraient
« cependant de nature à y être placés ; ils
« pourront accorder l'autorisation d'établisse-
« ment pour tous ceux qu'ils jugeront devoir
« appartenir aux deux dernières classes de la
« nomenclature, en remplissant les formalités
« prescrites par le décret du 15 octobre 1810,
« sauf, dans les deux cas, à en rendre compte
« à notre directeur général des manufactures
« et du commerce. »

54. Cet article ne donnant point aux préfets le droit d'autoriser, même provisoirement, les établissemens qui seraient jugés devoir appartenir à la première classe, il en résulte que toutes les demandes qui leur paraîtraient concerner des établissemens de cette nature, devraient être transmises par ces administrateurs au Mi-

nistre de l'intérieur, pour que S. Exc. avisât aux mesures nécessaires dans cette circonstance.

Au surplus, le pouvoir exercé par les préfets, d'après l'article qui vient d'être transcrit, n'a donné lieu qu'à une seule difficulté.

Il s'agissait d'un établissement dont la suppression intéressait, au plus haut point, la salubrité publique, et qui n'a pas tardé à être rangé dans la première classe. Deux arrêtés du préfet du département en avaient ordonné la destruction. Le fabricant réclama, et il se crut autorisé à porter, *de plano*, son recours devant le comité du contentieux du Conseil d'Etat. Mais un décret du 17 mai 1811 (*David*, p. 117) décida que les arrêtés attaqués étaient des *actes de police administrative;* que ces actes étaient dans les attributions des préfets, et qu'ils ne pourraient être réformés que par l'autorité administrative supérieure, c'est-à-dire par le Ministre de l'intérieur.

55. La juridiction administrative, établie pour les ateliers dangereux, insalubres et incommodes, n'a sa source que dans le droit de police et de surveillance, qui est un des devoirs de l'administration envers la société dont elle est l'organe; si donc, à l'occasion de ces ateliers, des formalités qu'ils doivent subir ou des oppositions qu'ils font naître et qu'il faut juger, il s'élève des questions tout-à-fait en de-

hors de la sphère où doit se renfermer l'action administrative, ces questions doivent être renvoyées, avec scrupule, à la juridiction ordinaire.

Telles sont les questions de propriété proprement dites ;

Telles sont celles aussi où la propriété se trouve intéressée, c'est-à-dire celles où il s'agit de la réparation des dommages qui leur sont causés par le voisinage des ateliers.

Quant aux premières, le Conseil d'Etat a donné, dans la seule occasion qui paraisse s'être présentée, l'exemple de son respect pour les droits privés en cette matière.

Les habitans d'une commune prétendaient être *propriétaires* du sol et d'une fontaine sur lesquels un fabricant demandait à établir une blanchisserie. Cette contestation ne pouvant être jugée que sur la production des titres ou d'enquêtes dont la connaissance appartient aux tribunaux ordinaires, l'arrêt du 23 janvier 1820 la leur a positivement renvoyée. (*Legrand*, p. 119.)

56. Quant aux *dommages* qui peuvent être causés par le voisinage des ateliers de toutes les classes, il y a des distinctions à faire, et ce point mérite quelques développemens.

Il nous semble qu'il faut d'abord partir des bases légales. Quant au droit civil, il porte les dispositions suivantes : « Art. 1382. — Tout fait quelconque de l'homme, qui cause à autrui un dommage, oblige celui par la faute duquel il est arrivé à le réparer. — Art. 1383.— Chacun est responsable du dommage qu'il a causé, non-seulement par son fait, mais encore par sa négligence ou son imprudence. — Art. 1384.— On est responsable, non-seulement du dommage que l'on cause par son propre fait, mais encore de celui qui est causé par le fait des personnes dont on doit répondre, ou des choses que l'on a sous sa garde. »

Voilà le droit commun ; voici le droit exceptionnel :

On se rappelle que l'article 11, du décret du 15 octobre 1810, dispose que « les entrepreneurs des ateliers qui préjudicient aux propriétés de leurs voisins sont passibles de dommages, et que ces dommages doivent être arbitrés par les tribunaux. »

Cette disposition, qui semblait n'avoir été établie que pour les ateliers *antérieurs* au décret où elle se trouve inscrite, et qui, en effet, a été appliquée par le Conseil d'Etat dans l'affaire *Chaptal* (Voy., p. 107), à l'occasion d'un atelier de première classe qui datait de l'an ix, a été, depuis, considérée comme également applicable aux ateliers formés en vertu de ce décret. — L'arrêt *Régny* (p. 179) porte, en outre, que « si des tiers éprouvent des dommages par suite des contraventions aux dispo-

f.

sitions prescrites, ils pourront en poursuivre la réparation, et que *ce sera aux tribunaux qu'ils devront s'adresser à cet effet.* »

L'atelier dont il s'agissait, dans cette espèce, appartenait à la seconde classe.

Il ne peut donc être douteux que les tribunaux sont seuls compétens pour apprécier les dommages causés par le voisinage des fabriques, et déjà plusieurs jugemens de Marseille et de Paris, et plusieurs arrêts de la Cour royale d'Aix, ont résolu affirmativement cette question.

Il y a plus : deux arrêts de la Cour de cassation, des 11 et 19 juillet 1826, le premier de la chambre des requêtes, et l'autre de la chambre civile, ont positivement adopté cette doctrine. (*Dalloz*, p. 422 et 425.)

Enfin, un troisième arrêt de la chambre civile, en date du même jour 19 juillet 1826, a déclaré que les juges-de-paix sont compétens pour statuer sur ces dommages, lorsqu'ils ont été causés aux champs, fruits et récoltes. (Voir cet arrêt dans l'*Appendice*, p. 191.)

57. Mais ce n'est pas là que se présente la plus grave difficulté.

Il s'agit de savoir si les tribunaux sont compétens pour prononcer sur toutes les espèces de dommages, c'est-à-dire tout à-la-fois sur les *dommages matériels* et sur la *moins-value des propriétés* ou *dépréciation foncière*, que les voisins prétendraient résulter du voisinage même de l'atelier.

Sur ce point important, la jurisprudence du Conseil d'Etat a été consignée, pour la première fois, dans l'arrêt *Paillard*, du 15 décembre 1824 (p. 97). De cet arrêt, il résulte que les ordonnances qui autorisent les ateliers de la première classe sont présumés avoir statué sur les dangers ou inconvéniens, tant publics que privés, auxquels peut donner lieu la formation de ces établissemens, et, en particulier, la diminution de valeur des propriétés voisines.

Il serait donc contraire aux règles qui ont fixé la séparation des pouvoirs administratif et judiciaire, d'autoriser ou de réserver, devant les tribunaux, un recours qui tendrait à faire juger par eux cette question.

Un autre arrêt, du 27 décembre 1826 (V. *Appendice*, p. 294), a prononcé dans les circonstances suivantes : Un conflit avait été élevé par le préfet de police, à Paris, à l'occasion d'une action judiciaire en dommages-intérêts, intentée par un voisin à un fabricant. Ce conflit était fondé sur ce que « la condamnation « (déjà prononcée) avait en réalité pour cause, « non des dommages *matériels*, mais une *diminution de valeur*, et que le tribunal, en « la prononçant, *avait empiété sur les attributions de l'autorité administrative.* »

Le Conseil d'Etat a considéré « *qu'il ne* « *s'agissait pas, dans la contestation, de la* « *dépréciation des propriétés résultant du* « *voisinage* d'un établissement autorisé par le « gouvernement, mais seulement des domma- « ges matériels causés aux arbres et récoltes « par l'exploitation dudit établissement, et que « les tribunaux sont seuls compétens pour ap- « précier ces dommages; qu'ainsi le juge-de- « paix du canton n'a point excédé les limites « de sa compétence. »

En conséquence, le conflit a été annulé.

Cet arrêt nous semble encore avoir positive-ment jugé que toute action en dommages qui a pour cause la prétendue *dépréciation des pro-priétés voisines d'un atelier dangereux, in-salubre ou incommode,* est de la compétence exclusive de l'autorité administrative, puisque, dans l'espèce citée, le conflit n'a été annulé que parce qu'il s'agissait seulement de dommages matériels.

La même question de compétence se pré-sente aujourd'hui devant la Cour de cassation, au sommet de l'ordre judiciaire. Cette Cour mettra-t-elle sa jurisprudence en opposition avec celle du Conseil d'Etat?..... Dans quelques mois, cette grave question sera résolue.

ATELIERS
DANGEREUX, INCOMMODES OU INSALUBRES.

PREMIÈRE PARTIE.

———

LÉGISLATION.

Extrait du Décret de l'Assemblée constituante pour la constitution des Municipalités.

14-22 décembre 1789.

Art. 49. — Les corps municipaux auront deux espèces de fonctions à remplir : les unes, propres au pouvoir municipal ; les autres, propres à l'administration de l'État, et déléguées par elle aux municipalités.

Art. 50. — Les fonctions propres au pouvoir municipal, sous la surveillance et l'inspection des assemblées administratives, sont.... de faire jouir les habitans des avantages d'une bonne police, notamment de la propreté, de la salubrité, de la sûreté et de la tranquillité dans les rues, lieux et édifices publics.

Loi des 21 septembre - 13 novembre 1791.

L'Assemblée nationale décrète que les anciens réglemens de police, relatifs à l'établissement ou l'interdiction dans les villes, des usines, ateliers ou fabriques qui peuvent nuire à la sûreté et à la salubrité de la ville seront provisoirement exécutés.

Extrait de l'Arrêté qui détermine les fonctions du préfet de police, à Paris.

12 messidor an VIII (1er juillet 1800).

SALUBRITÉ DE LA CITÉ.

Art. 23. — Il assurera la salubrité de la ville.... en

empêchant d'établir, dans l'intérieur de Paris, des ateliers, manufactures, laboratoires ou maisons de santé, qui doivent être hors de l'enceinte des villes, selon les lois et réglemens.

Arrêté relatif aux permissions nécessaires pour l'établissement de presses, moutons, laminoirs, balanciers et coupoirs.

5 germinal an IX (24 mai 1801).

Art. 1er — Les dispositions des lettres-patentes du 28 juillet 1783, qui obligent les entrepreneurs de manufactures, orfèvres, horlogers, graveurs, fourbisseurs, et autres artistes et ouvriers qui font usage de presses, moutons, laminoirs, balanciers et coupoirs, à en obtenir la permission, seront exécutées selon leur forme et teneur.

Art. 2. — Cette permission sera délivrée, savoir : dans la ville de Paris, par le préfet de police ; dans les villes de Bordeaux, Lyon et Marseille, par les commissaires-généraux de police ; et dans toutes les autres communes de la république, par les maires de l'arrondissement.

Art. 3. — Ceux qui voudront obtenir lesdites permissions seront tenus de faire élection de domicile, de joindre à leurs demandes les plans figurés et l'état des dimensions de chacune desdites machines dont ils se proposent de faire usage. Ils y joindront pareillement des certificats des officiers municipaux des lieux dans lesquels sont situés leurs ateliers ou manufactures, lesquels certificats attesteront l'existence de leurs établissemens, et le besoin qu'ils pourront avoir de faire usage desdites machines.

Art. 4. — Aucuns graveurs, serruriers, forgerons, fondeurs et autres ouvriers, ne pourront fabriquer aucune desdites machines pour tout individu qui ne justifierait pas de ladite permission : ils exigeront qu'elle leur soit laissée jusqu'au moment où ils livreront lesdites machines, afin d'être en état de la représenter lorsqu'ils en seront requis par l'autorité publique, sous les peines portées par lesdites lettres-patentes.

Art. 5. — Ceux qui ont actuellement en leur possession des machines de la nature de celles ci-dessus, seront tenus d'en faire la déclaration dans le délai de deux mois, à compter de la publication du présent arrêté, aux préfet et commissaire de police, et d'obtenir la permission de continuer à en faire usage, sous les peines portées par lesdites lettres-patentes.

Décret du 15 octobre 1810.

1° MOTIFS.

Rapport du Ministre de l'intérieur.

Il s'est élevé, à différentes époques, des plaintes très vives contre les établissemens dans lesquels on fond le suif, ou tanne les cuirs et l'on fabrique la colle-forte, le bleu de Prusse, le vitriol, le sel de Saturne, le sel ammoniac, l'amidon, la chaux, la soude, les acides minéraux, etc. : on prétend que leur exploitation occasione des exhalaisons nuisibles à la végétation des plantes et à la santé des hommes. Ces plaintes furent communiquées, en l'an XIII, à la classe des sciences physiques et mathématiques de l'Institut, qui rédigea un travail que mes prédécesseurs ont constamment pris pour règle, toutes les fois qu'ils ont eu occasion de statuer sur des demandes en suppression de fabriques. Tout serait donc terminé s'il n'était parvenu de nouvelles réclamations Ce sont les manufactures de soude qui les font principalement naître. On m'assure que les vapeurs causées par ces manufactures anéantissent les végétaux qui se trouvent dans le voisinage, et oxident en très peu de temps le fer sur lequel elles s'arrêtent. Un pareil état de choses ne saurait être vu avec indifférence. S'il est juste que chacun soit libre d'exploiter son industrie, le gouvernement ne peut, d'un autre côté, tolérer que, pour l'avantage d'un individu, tout un quartier respire un air infect, ou qu'un particulier éprouve des dommages dans sa propriété. J'admets que la plupart des établissemens dont on se plaint n'occasionent pas des exhalaisons contraires à la salubrité publique; mais, à coup sûr, on ne saurait nier que ces exhalaisons ne soient fort désagréables, et que par cela même elles ne préjudicient aux propriétaires des maisons voisines, en empêchant qu'ils ne louent ces maisons, ou en les forçant, s'ils les louent, à baisser le prix de leurs baux. La sollicitude du gouvernement embrassant toutes les classes de la société, il est de sa justice que les intérêts de ces propriétaires ne soient pas plus perdus de vue que ceux des manufacturiers. Un moyen qui me paraît propre à concilier ce qu'on doit aux uns et aux autres, serait d'arrêter en principe que les établissemens qui répandent une odeur forte et gênant la respiration, ne seront dorénavant formés que dans des localités isolées. Une disposition semblable ne saurait nuire à ces établissemens : le seul changement qu'il apporterait à l'état des choses, c'est qu'au lieu d'être dans les villes, où ils font naître des plaintes continuelles, ils se trouveraient dans des emplacemens où ils n'incommoderaient personne. Ces considérations m'ont fait penser qu'il serait sage de dresser un tableau de ceux dont la formation ne sera plus permise dans les communes, et qu'il convient d'éloigner des habitations particulières. La classe des sciences physiques et mathématiques de l'Institut pouvant seule dresser ce tableau d'une manière satisfaisante pour le public et pour l'administration, je l'ai priée de vouloir bien s'en occuper. Le travail qu'elle m'a envoyé à cet égard ne laisse rien à desirer. Il consacre d'abord les principes posés par la lettre que je lui ai écrite pour le lui demander ; il est terminé par la proposition de diviser en trois classes les manufactures et ateliers qui répandent une odeur insalubre ou incommode. Dans la première classe, seraient compris les établissemens qu'il convient d'éloigner des habitations particulières ; dans la seconde, ceux dont l'éloignement des habitations n'est pas rigoureusement nécessaire, mais dont il importe néanmoins de ne permettre la formation qu'après avoir acquis la certitude que les opérations qu'on y pratique sont exécutées de manière à ne pas incommoder les propriétaires du voisinage, ni à leur causer des dommages. La dernière classe renferme les établissemens qui peuvent rester sans inconvenient auprès des habitations.

La division faite par la classe des sciences physiques et mathématiques paraîtra sans doute sage à Votre Majesté. Elle m'a donné lieu de rédiger un projet de décret impérial, dans lequel j'ai tâché de concilier tous les intérêts. D'après ce projet, le Ministre de l'intérieur peut seul délivrer les permissions nécessaires pour la formation des établissemens compris dans la première classe. Ces établissemens étant ceux dont l'activité occasione le plus de réclamations, j'ai pensé que la création devait en être subordonnée à son approbation. Sa décision, qui ne sera prise qu'en connaissance de cause, sera un garant que s'il accorde la permission, c'est qu'il a jugé qu'il ne pouvait en résulter aucun inconvénient, ni pour la salubrité publique, ni pour les propriétés du voisinage. Dans le cas où ces propriétés éprouveraient des dommages, un article du projet permet de demander des indemnités, dont la quotité sera réglée par l'autorité judiciaire. Cette disposition n'a pas besoin d'être justifiée ; les tribunaux statuant sur tout ce qui intéresse la propriété, sa nature et son exercice, il est naturel de leur renvoyer la connaissance des plaintes qui peuvent être adressées.

Il aurait été à desirer qu'il eût été possible de déterminer la distance où les établissemens compris dans la première classe doivent être des habitations particulières. Ce point a beaucoup occupé la classe des sciences physiques et mathématiques de l'Institut, et le résultat de ses méditations a été qu'on ne saurait le décider d'une manière positive. Une manufacture peut, en effet, quoique très rapprochée des maisons, être placée de manière à n'incommoder personne, tandis qu'une autre, qui en est à une distance considérable, va, par sa situation sur une hauteur, les couvrir de vapeurs infectes qui en rendront le séjour insupportable. Il n'a donc pas été possible d'établir la différence dans le projet de décret; et quelque desir que j'eusse d'empêcher qu'on n'agît arbitrairement, il a fallu abandonner ce soin à la sagesse de l'autorité locale.

Ce sont les préfets et sous-préfets qui accordent les permissions qu'exige la mise en activité des établissemens placés dans la seconde et dernière classe, après avoir fait procéder à des informations *de commodo et incommodo*. La formation de ces établissemens cause moins de réclamations que l'exploitation de ceux compris dans la première classe; et il est convenable de leur donner cette attribution, afin d'abréger les délais qui auraient lieu si l'on était forcé de s'adresser au Ministre de l'intérieur. Le projet fait une exception à cette règle pour Paris et les villes où il y a des commissaires-généraux de police. Le préfet de police de la première de ces villes, et les commissaires-généraux, ayant eu, jusqu'à présent, la surveillance des établissemens qui répandent une odeur insalubre ou incommode, il m'a paru qu'il ne fallait apporter aucun changement à ce qui existe. La loi du 22 germinal de

l'an XI, tit. v, les charge d'ailleurs de régler les affaires de police entre les ouvriers et ceux qui les
emploient ; et de cette attribution découle, à certains
égards, celle que je propose ici de leur conserver.

Les derniers articles du projet parlent des établissemens déjà en activité ; d'après ces articles, ils sont
conservés dans l'emplacement qu'ils occupent. Votre
Majesté approuvera sans doute cette disposition. Ils
ont été créés dans la persuasion qu'on ne les trou-
blerait point dans leurs travaux, et il serait contraire
aux principes de l'administration de revenir sur ce
qui a été fait. Seulement, les entrepreneurs de fabriques de soude qui n'opèrent point à vases clos,
sont tenus de se pourvoir d'une permission, ou, s'ils
en ont une, de la faire confirmer. Partout où il a été
établi de ces fabriques, on les a dénoncées comme
anéantissant la végétation et oxidant très promptement
le fer, et il importe d'en subordonner l'exploitation à
l'accomplissement des formalités prescrites par le
projet, afin de prouver aux propriétaires du voisinage
que leurs intérêts ne sont pas plus perdus de vue que
ceux des manufacturiers.

J'ajoute que les plaintes dont elles ont été l'objet
ont déterminé quelques préfets, notamment celui de
la Seine-Inférieure, à ordonner des mesures particulières dont ils sollicitent l'approbation, et que j'ai
ajourné ma décision jusqu'à ce que Votre Majesté ait
pris un parti sur le travail que j'ai l'honneur de lui
soumettre. Le projet ne fait subir la loi commune aux
établissemens en activité, qu'autant qu'ils seront
transférés d'un emplacement dans un autre, et qu'il y
aura dans leur exploitation une interruption de six
mois ; alors il les assimile aux établissemens à former,
c'est-à-dire qu'ils ne peuvent être remis en activité
qu'après avoir obtenu, s'il y a lieu, une nouvelle
permission.

Tels sont, Sire, les motifs qui m'ont dirigé dans la

confection du travail que j'ai l'honneur de présenter à Votre Majesté. J'avais d'abord pensé qu'il convenait d'ordonner l'apposition d'affiches, toutes les fois qu'il serait adressé une demande en établissement d'une manufacture répandant une odeur insalubre ou incommode; mais des réflexions ultérieures m'ont fait changer d'avis. Une disposition semblable aurait donné naissance à des oppositions nombreuses et souvent peu fondées, et empêché par suite la formation des fabriques de produits chimiques, fabriques qui méritent toute la protection et la bienveillance de Votre Majesté, puisqu'elles nous fournissent des produits pour lesquels nous étions auparavant tributaires de l'étranger. Il m'a paru préférable de faire procéder à des informations *de commodo et incommodo*, qui présentent toutes les garanties qu'on peut desirer. J'ai l'honneur de proposer à Votre Majesté de revêtir de son approbation le projet de décret ci-joint.

Extrait des registres de la Classe des sciences physiques et mathématiques de l'Institut.

Du 26 frimaire an XIII.

Le Ministre de l'intérieur vient de consulter la classe sur une question dont la solution intéresse essentiellement notre industrie manufacturière.

Il s'agit de décider si le voisinage de certaines fabriques peut être nuisible à la santé.

La solution de ce problème doit paraître d'autant plus importante, que, par une suite naturelle de la confiance que méritent les décisions de l'Institut, elle pourra désormais former la base des jugemens du magistrat, lorsqu'il s'agit de prononcer entre le sort d'une fabrique et la santé des citoyens.

Cette solution est d'autant plus urgente, elle est devenue d'autant plus nécessaire, que le sort des établissemens les plus utiles, je dirai plus, l'existence de plusieurs arts a dépendu jusqu'ici de simples réglemens de police, et que quelques-uns, repoussés loin des approvisionnemens, de la main-d'œuvre ou de la consommation, par les préjugés, l'ignorance ou la jalousie, continuent à lutter avec désavantage contre les obstacles sans nombre qu'on oppose à leur développement. C'est ainsi que nous avons vu successivement les fabriques d'acides, de sel ammoniac, de bleu de Prusse, de bière, et les préparations de cuir, reléguées hors de l'enceinte des villes, et que chaque jour ces mêmes établissemens sont encore dénoncés à l'autorité par des voisins inquiets ou par des concurrens jaloux.

Tant que le sort de ces fabriques ne sera pas assuré ; tant qu'une législation purement arbitraire aura le droit d'interrompre, de suspendre, de gêner le cours d'une fabrication ; en un mot, tant qu'un simple magistrat de police tiendra dans ses mains la fortune ou la ruine du manufacturier, comment concevoir qu'il puisse porter l'imprudence jusqu'à se livrer à des entreprises de cette nature ? Comment a-t-on pu espérer que l'industrie manufacturière s'établît sur des bases aussi fragiles? Cet état d'incertitude, cette lutte continuelle entre le fabricant et ses voisins, cette indécision éternelle sur le sort d'un établissement, paralysent, rétrécissent les efforts du manufacturier, et éteignent peu-à-peu son courage et ses facultés.

Il est donc de première nécessité, pour la prospérité des arts, qu'on pose enfin des limites qui ne laissent plus rien à l'arbitraire du magistrat, qui tracent au manufacturier le cercle dans lequel il peut exercer son industrie librement et sûrement, et qui garantissent au propriétaire voisin qu'il n'y a danger ni pour sa santé ni pour les produits de son sol.

Pour arriver à la solution de ce problème important, il nous paraît indispensable de jeter un coup d'œil sur chacun des arts qui, jusqu'à ce moment, ont excité le plus de réclamations.

Pour y parvenir, nous les diviserons en deux classes : la première comprendra tous ceux dont les opérations laissent échapper dans l'atmosphère, par suite de la putréfaction ou de la fermentation, quelques émanations gazeuses qu'on peut regarder comme incommodes par leur odeur, ou dangereuses par leurs effets.

La seconde classe comprendra tous ceux où l'artiste, opérant par le moyen du feu, développe et dégage, en vapeur ou en gaz, divers principes qui sont plus ou moins désagréables à respirer, et sont réputés plus ou moins nuisibles à la santé.

Dans la première classe, on peut faire entrer le rouissage du lin et du chanvre, la boyauderie, les boucheries, les amidonneries, les tanneries, les brasseries, etc.

Dans la seconde, la distillation des acides, celle des vins, des matières animales, l'art du doreur sur métaux, les préparations de plomb, de cuivre, de mercure, etc.

Les arts compris dans la première classe, considérés sous le rapport de la santé publique, méritent une attention toute particulière, parce que les émanations qui se dégagent par la fermentation ou la putréfaction, sont réellement nuisibles à la santé, dans quelques cas et dans quelques circonstances particulières : par exemple, le rouissage qu'on pratique dans des eaux tranquilles ou dans des mares, infecte l'air et tue le poisson ; les maladies qu'il occasione sont toutes connues et décrites ; aussi, de sages réglemens ont-ils ordonné, presque partout, que cette opération fût pratiquée hors l'enceinte des villes, à une certaine distance de toute habitation, et dans des eaux dont le poisson n'est pas une ressource pour l'habitant. Sans doute ces réglemens doivent être maintenus ; mais comme leur exécution entraîne, à leur tour, quelques inconvéniens, il est à desirer que le procédé de *M. Brale*, dont MM. *Monge*, *Bertollet*, *Tessier* et *Molard* ont constaté la supériorité, soit bientôt connu et adopté.

Les autres opérations qu'on exécute sur les végétaux ou sur certains produits de la végétation, pour en obtenir des liqueurs fermentées, comme dans les brasseries; pour en extraire des couleurs, comme dans les fabriques de tournesol, d'orseille et d'indigo, ou pour les dépouiller de quelques-uns de leurs principes, comme dans les amidonneries, papeteries, etc., ne nous paraissent point de nature à pouvoir exciter une inquiète sollicitude de la part du magistrat : dans tous ces cas, les émanations qui s'élèvent de ces matières en fermentation, ne peuvent être dangereuses que dans l'enceinte des vaisseaux et appareils qui les contiennent; elles cessent de l'être du moment qu'elles sont mêlées à l'air extérieur : il ne faut donc qu'un peu de prudence pour éviter tout danger. D'ailleurs le danger n'est jamais pour les habitans des maisons voisines; il n'intéresse et ne menace que les ouvriers de la fabrique, de sorte que le réglement qui ordonnerait la translation de ces fabriques au-dehors des villes et loin de toute habitation, serait, de la part de l'autorité, un acte à-la-fois injuste, vexatoire, nuisible aux progrès des arts, et ne remédierait point au mal qu'entraîne l'opération.

Quelques préparations qu'on extrait des matières animales, exigent souvent la putréfaction de ces mêmes matières, comme dans celles qui ont pour objet la fabrication des cordes à boyaux; mais plus souvent l'emploi de ces substances animales expose à voir se corrompre les matières même dont on se sert, par un trop long séjour dans l'atelier, ou par suite d'une température trop chaude : c'est ce qui s'observe surtout dans les teintures en coton rouge, où l'on se sert du sang en abondance. L'infection qu'exhalent les

matières corrompues se répand au loin, et forme pour
tout le voisinage une atmosphère très désagréable à
respirer. Il est d'une bonne administration de faire
renouveler les matières pour prévenir la corruption,
et de faire maintenir assez de propreté dans l'atelier
pour qu'on n'y laisse ni traîner ni pourrir les résidus
des substances animales qu'on y emploie.

Sous ce dernier rapport, les boucheries offrent bien
quelques inconvéniens ; mais ils ne sont pas assez
graves pour qu'on doive les placer hors des villes, et
les concentrer sur un seul point, comme des spéculateurs le proposent journellement à l'autorité. Un
peu d'attention de la part du magistrat, pour que les
bouchers ne répandent pas au-dehors le sang et quelques débris des animaux qu'ils égorgent, suffit pour
remédier pleinement à tout ce que les boucheries présentent de malsain ou de dégoûtant.

La fabrication de la *poudrette* commence à s'établir dans toutes les grandes villes de la France : l'opération par laquelle on ramène les matières fécales à
l'état de poudrette, développe nécessairement et pendant long-temps une odeur très désagréable. Les
établissemens de cette nature doivent donc être formés
dans des lieux bien aérés et éloignés de toute habitation : non que nous regardions les produits gazeux
qui s'en exhalent comme nuisibles à la santé ; mais
on ne peut pas nier qu'ils ne soient incommodes, infects, désagréables, pénibles à respirer, et que, sous
tous ces rapports, ils ne doivent être écartés de l'habitation des hommes.

Il y a une observation, très importante à faire sur
la décomposition spontanée des substances animales :
c'est que les émanations paraissent en être d'autant
moins dangereuses, que les matières qui éprouvent la
putréfaction sont moins humides : dans ce dernier
cas, il se dégage une quantité considérable de carbonate d'ammoniaque, qui donne son caractère prédomi-

nant aux autres matières qui se volatilisent, et corrige le mauvais effet de celles qui seraient délétères. Ainsi la décomposition des matières stercorales en plein air et dans des lieux dont la position et l'inclinaison permettent aux liquides de s'échapper, la décomposition des résidus du cocon du ver à soie, développent une énorme quantité de carbonate d'ammoniaque qui châtre la vertu vénéneuse de quelques autres émanations, tandis que ces mêmes substances, décomposées dans l'eau ou abreuvées de ce liquide, exhalent des miasmes douceâtres et nauséabonds dont la respiration est très dangereuse.

Les arts nombreux dans lesquels le manufacturier produit et répand dans l'air, par suite de ses opérations et à l'aide du feu, des vapeurs plus ou moins désagréables à respirer, constituent la seconde classe de ceux que nous avons à examiner.

Ceux-ci, plus intéressans que les premiers et bien plus intimement liés à la prospérité de l'industrie nationale, sont plus souvent encore l'objet des réclamations portées à la décision des magistrats; et sous ce rapport, ils nous ont paru mériter une attention plus particulière.

Nous commencerons notre examen par la fabrication des acides.

Les acides dont la préparation peut exciter quelques plaintes de la part des voisins de la fabrique, sont le sulfurique, le nitrique, le muriatique et l'acéteux.

Le sulfurique s'obtient par la combustion d'un mélange de soufre et de salpêtre. Il est bien difficile que, dans cette opération, il ne se répande une odeur plus ou moins marquée d'acide sulfureux, autour de l'appareil dans lequel s'opère la combustion; mais, dans les fabriques conduites avec intelligence, cette odeur est à peine sensible dans l'atelier; elle ne présente aucun danger pour les ouvriers qui la respirent journellement, et aucune plainte de la part des voisins ne saurait être fondée. Lorsque l'art de fabriquer l'acide sulfurique a été introduit en France, l'opinion publique s'est fortement prononcée contre les premiers établissemens ; l'odeur de l'alumette qu'on brûle dans nos foyers , ne contribuait pas peu à exagérer l'effet que devait produire la combustion rapide de quelques quintaux de soufre ; aujourd'hui l'opinion est si bien revenue sur leur compte , que nous voyons plusieurs de ces fabriques prospérer paisiblement et sans trouble au milieu de nos villes.

La distillation des eaux-fortes et de l'esprit de sel (acide nitrique et muriatique) ne présente pas plus de danger que la fabrication de l'acide sulfurique. Toute l'opération se fait dans des appareils de grès ou de verre ; et le premier intérêt du fabricant est, sans contredit , de diminuer la déperdition ou la volatilisation autant qu'il est en son pouvoir. Cependant, quelque attention qu'on donne au procédé, l'air qu'on respire dans l'atelier est toujours imprégné de l'odeur particulière à chacun de ces acides ; néanmoins, la respiration y est libre et sûre, les hommes qui y travaillent journellement n'y sont pas du tout incommodés , et les voisins auraient grand tort de se plaindre.

Depuis que les fabriques de blanc de plomb , de vert-de-gris et de sel de Saturne se sont multipliées en France , le vinaigre y est devenu d'un usage plus général.

Lorsqu'on distille cet acide pour le rendre propre à quelques-uns de ces usages , il se répand au loin une odeur très forte de vinaigre, qui ne présente aucun danger ; mais lorsqu'on évapore une dissolution de plomb dans cet acide , les vapeurs prennent alors un caractère douceâtre , et produisent, sur les hommes qui les respirent habituellement , tous les effets particuliers aux émanations du plomb lui-même. Heureusement que ces effets n'affectent que les ouvriers qui travaillent dans l'atelier, et qu'ils sont insensibles pour toutes les personnes qui vivent dans le voisinage.

Les préparations de mercure et de plomb, celles de cuivre, d'antimoine et d'arsenic, les opérations du doreur sur métaux, présentent presque toutes quelques dangers pour les personnes qui habitent les ateliers et concourent aux opérations : mais les effets se bornent dans l'enceinte des ateliers ; tout y est, pour ainsi dire, aux risques et périls des entrepreneurs et fabricans. Il est digne des chimistes de s'occuper des moyens de prévenir ces fâcheux résultats ; déjà même on a obvié à plusieurs inconvéniens à l'aide de cheminées qui aspirent les vapeurs et les portent dans les airs hors de toute atteinte pour la respiration ; et aujourd'hui toute l'attention de l'administration doit se borner à diriger la science vers les moyens de perfectionnement dont ces procédés sont susceptibles sous le rapport de la santé.

La fabrication du bleu de Prusse, l'extraction du carbonate d'ammoniaque par la distillation des matières animales dans les nouvelles fabriques de sel ammoniac, produisent une grande quantité de vapeurs ou exhalaisons fétides. A la vérité, ces exhalaisons ne sont pas dangereuses pour la santé ; cependant, comme, pour être bon voisin, il ne suffit pas de n'être pas dangereux, et qu'il faut encore n'être pas incommode, les entrepreneurs de ces sortes d'établissemens, lorsqu'ils ont à se déterminer sur le choix d'un emplacement, doivent préférer celui qui est éloigné de toute habitation. Mais, lorsque l'établissement est déjà formé, nous nous garderons bien de conseiller au magistrat d'en ordonner la translation ; il suffit, dans ce cas, d'exiger de l'entrepreneur qu'il construise des cheminées très élevées, pour noyer dans les airs les vapeurs désagréables qui sont produites dans ces opérations : ce moyen est surtout praticable pour la fabrication du bleu de Prusse, et c'est en le pratiquant que l'un de nous a fait conserver au milieu de Paris une des fabriques les plus importantes dans ce genre, contre laquelle les voisins et l'autorité s'étaient déjà ligués.

Dans le rapport que nous soumettons à la classe, nous n'avons cru devoir nous occuper que des principales fabriques contre lesquelles de violentes réclamations se sont élevées en divers temps et en divers lieux. Il est aisé de voir, d'après ce qui précède, qu'il en est peu dont le voisinage soit nuisible à la santé.

D'après cela, nous ne saurions trop inviter les magistrats chargés de la santé et de la sûreté publiques, à écarter les plaintes mal fondées qui, trop souvent, se dirigent contre les établissemens, menacent chaque jour la fortune de l'honnête manufacturier, retardent les progrès de l'industrie, et compromettent le sort de l'art lui-même.

Le magistrat doit être en garde contre les démarches d'un voisin inquiet ou jaloux ; il doit distinguer avec soin ce qui n'est qu'incommode ou désagréable, d'avec ce qui est nuisible ou dangereux ; il doit se rappeler qu'on a proscrit pendant long-temps l'usage de la houille, sous le prétexte frivole qu'elle était malsaine ; il doit, en un mot, se pénétrer de cette vérité, c'est qu'en accueillant les plaintes de cette nature, non-seulement on parviendrait à empêcher l'établissement en France de plusieurs arts utiles, mais on arriverait insensiblement à éloigner des villes les maréchaux, les charpentiers, les menuisiers, les chaudronniers, les tonneliers, les fondeurs, les tisserands, et généralement tous ceux dont la profession est plus ou moins incommode pour le voisin. A coup sûr, les arts que nous venons de nommer forment un voisinage plus désagréable que celui des fabriques dont nous avons parlé ; le seul avantage qu'ils ont sur ces dernières, c'est leur ancienneté d'exercice. Leur droit de domicile s'est établi avec le temps et par le besoin : ne doutons pas que lorsque nos fabriques seront plus vieilles et mieux connues, elles ne jouissent paisiblement du même avantage dans la société. En attendant, nous pensons que la classe doit profiter de cette circonstance pour les mettre, d'une manière spéciale, sous la protection du gouvernement, et déclarer que les fabriques d'acides, de sel ammoniac, de bleu de Prusse, de sel de Saturne, de blanc de plomb, les boucheries, les amidonneries, les tanneries, les brasseries, ne forment point un voisinage nuisible à la santé lorsqu'elles sont bien conduites.

Nous ne pouvons pas en dire autant du rouissage du chanvre, des boyauderies, des voieries et généralement de tous les établissemens où l'on soumet une grande quantité de matières animales ou végétales à une putréfaction humide ; dans tous ces cas, outre l'odeur très désagréable qui s'exhale, il se dégage encore des miasmes qui sont plus ou moins malfaisans.

Nous devons ajouter que, quoique les fabriques dont nous avons déjà parlé, et que nous avons considérées comme n'étant pas nuisibles à la santé par leur voisinage, ne doivent pas être déplacées, néanmoins l'administration doit être invitée à exercer sur elles la surveillance la plus active, et à consulter les personnes instruites, pour prescrire aux entrepreneurs les mesures les plus propres à empêcher que les odeurs et la fumée ne se répandent dans le voisinage. On peut atteindre ce but en améliorant les procédés de fabrication, en élevant les murs d'enceinte pour que la vapeur ne soit pas déversée sur les habitations voisines, en perfectionnant la conduite du feu, qui peut être telle que la fumée elle-même soit brûlée dans les foyers ou déposée dans les longs tuyaux des cheminées ; en entretenant la plus grande propreté dans les ateliers, de manière qu'aucune matière ne s'y corrompe, et que tous les résidus susceptibles de fermentation aillent se perdre dans des puits profonds, et ne puissent, en aucune manière, incommoder les voisins.

2.

Nous observerons encore que, lorsqu'il s'agit de former de nouveaux établissemens de bleu de Prusse, de sel ammoniac, de tanneries, d'amidonneries, et généralement de toute fabrication qui produit nécessairement des vapeurs très incommodes pour les voisins ou des dangers toujours renaissans par la crainte du feu ou des explosions, il serait à-la-fois sage, juste et prudent de prononcer en principe que ces établissemens ne pourraient être formés dans l'enceinte des villes et près des habitations qu'avec une autorisation spéciale, et que, dans le cas où les entrepreneurs ne rempliraient pas cette condition indispensable, la translation de leurs établissemens pourrait être ordonnée, sans indemnité.

Il résulte donc de notre rapport,

1° Que les établissemens de boyauderies, de voiries, de rouissage, et généralement tous ceux dans lesquels on amoncelle et fait pourrir ou putréfier en grandes masses des matières animales ou végétales, forment un voisinage nuisible à la santé, et qu'on doit les porter hors de l'enceinte des villes et de toute habitation ;

2° Que les fabriques dans lesquelles on développe des odeurs désagréables par le moyen du feu, comme dans la fabrication des acides, du bleu de Prusse, du sel ammoniac, ne forment un voisinage dangereux que par défaut de précaution, et que les soins de l'administration doivent se borner à une surveillance active et éclairée, pour faire perfectionner les procédés dans la fabrication et la conduite du feu, et pour y maintenir une propreté convenable ;

3° Qu'il serait digne d'une bonne et sage administration de faire des réglemens qui prohibassent pour l'avenir, dans l'enceinte des villes et près des habitations, l'établissement de toute fabrique dont le voisinage est essentiellement incommode ou dangereux, sans une autorisation préalable. On peut comprendre

dans cette classe les poudreries, les tanneries, les amidonneries, les fonderies de métal et de suif, les boucheries, les amas de chiffons, les fabriques de bleu de
Prusse, de vernis, de colle-forte, de sel ammoniac,
de poteries, etc.

Telles sont les conclusions que nous avons l'honneur
de soumettre à la classe.

*Rapport fait à la Classe des sciences physiques et
mathématiques, d'après la demande de Son
Exc. le Ministre de l'intérieur, sur la question de savoir quel parti on doit prendre,
par rapport aux fabriques dont le voisinage
peut porter préjudice aux particuliers. (Par
la Section de Chimie.—1809.)*

En comparant les fabriques qui existaient il y a
vingt ans, avec celles qui aujourd'hui sont en activité,
on est frappé de l'amélioration que les procédés qu'on
suit dans ces dernières ont éprouvée, et en même
temps on est forcé de convenir qu'elles doivent cet
avantage aux lumières qu'elles ont empruntées de la
chimie et de l'heureuse application qu'elles ont su en
faire.

Par une conséquence naturelle de cet état de choses,
le nombre des fabriques a dû nécessairement augmenter, et l'industrie nationale, en se perfectionnant, a
dû nécessairement aussi donner lieu à de nombreuses
spéculations, dont les résultats sont devenus d'autant
plus avantageux, qu'ils ont tourné au profit de la
société.

Mais si d'un côté on doit savoir gré aux fabricans
du zèle qu'ils mettent à poursuivre leurs travaux et
à les multiplier, ainsi que des sacrifices que souvent
ils font avant même d'avoir acquis la certitude d'obtenir des succès, on a aussi quelques reproches à leur
faire sur l'insouciance avec laquelle plusieurs d'entre

eux choisissent les localités où ils établissent leurs fabriques.

Uniquement occupés de l'emploi des moyens qui doivent leur procurer les résultats qu'ils desirent obtenir, ils ne cherchent pas toujours à s'assurer si les matières premières dont ils se servent, ou les produits qu'ils en séparent, donnent, pendant leur traitement, naissance à des vapeurs d'une odeur désagréable, qui, en se répandant plus ou moins promptement, et à des distances plus ou moins éloignées, finissent par incommoder ceux qui les respirent.

C'est sans doute à ce peu de précaution ou à cet oubli qu'on doit attribuer les plaintes formées contre certaines fabriques, et les demandes réitérées tendant à obtenir leur suppression, ou au moins leur éloignement des lieux environnés d'habitations.

S'il est impossible de ne pas reconnaître souvent la justesse de ces plaintes, on est forcé de convenir que quelquefois elles n'ont pour véritable prétexte que des inquiétudes mal fondées, des préventions, des jalousies et des rivalités.

Il devenait donc nécessaire de chercher des moyens qui, en dissipant à cet égard toute espèce d'incertitude, fixassent, d'une manière sûre et constante, les bases sur lesquelles doivent être établies les décisions des magistrats devant qui les plaintes étaient portées.

Déjà, en l'an XIII, le Ministre de l'intérieur, convaincu des difficultés que présentait un travail fait d'après ces vues, avait écrit à la classe des sciences physiques et mathématiques pour l'inviter à s'occuper de cet objet important. Les commissaires qui à cette époque furent nommés, rédigèrent un rapport dans lequel ils proposaient plusieurs des mesures qu'ils croyaient qu'on devait prendre, et indiquaient surtout les manufactures ou fabriques qui leur paraissaient devoir être conservées, et celles qu'il convenait d'éloigner du voisinage des lieux habités. Ce rapport, fait avec beaucoup de soin et rempli d'observations très intéressantes et judicieuses, a été unanimement adopté par la classe, et a souvent guidé le magistrat de police, soit lorsqu'il croyait devoir faire droit aux réclamations qui lui étaient présentées, soit lorsqu'il jugeait convenable de les écarter.

Malheureusement l'expérience ne tarda pas à prouver que ce rapport qui, d'abord, avait paru suffisant pour remplir les vues du Ministre, n'offrant que des données générales, était susceptible de différentes interprétations qui, suivant qu'elles étaient plus ou moins favorables aux réclamans et aux fabricans, donnaient lieu à de nouvelles plaintes que les parties qui se croyaient lésées poursuivaient avec chaleur.

Voulant faire disparaître ces inconvéniens, le Ministre s'est de nouveau adressé à la première classe de l'Institut; et, après avoir exposé dans une lettre très détaillée les motifs qui l'engagent à réclamer encore son avis, il l'invite à prendre sa demande en grande considération.

La classe, à son tour, convaincue de l'importance de l'affaire qui lui était soumise, a pensé qu'elle devait charger du soin de l'examiner ceux de ses membres qui, par la nature de leurs travaux particuliers, étaient plus à portée de connaître, non-seulement les divers produits que les fabriques fournissent au commerce, mais encore les opérations employées pour obtenir ces produits. En conséquence, elle a arrêté que la section de chimie serait invitée à présenter incessamment un rapport sur la demande du Ministre.

Le premier soin de la commission a été de bien se pénétrer des diverses observations insérées dans la lettre du Ministre; elles méritaient en effet de fixer d'autant plus l'attention, qu'elles présentaient un aperçu des motifs qu'on pouvait faire valoir pour éloigner certaines fabriques et en conserver d'autres.

Voici, à cet égard, comment le Ministre s'est exprimé :

« S'il est juste, est-il dit dans sa lettre, que chacun
« puisse exploiter librement son industrie, le gouver-
« nement ne saurait, d'un autre côté, voir avec in-
« différence que, pour l'avantage d'un individu, tout
« un quartier respire un air infect, ou qu'un particu-
« lier éprouve des dommages dans sa propriété. En
« admettant que la plupart des manufacturiers dont
« on se plaint n'occasionent pas d'exhalaisons con-
« traires à la salubrité publique, on ne niera pas non
« plus que ces exhalaisons peuvent être quelquefois
« désagréables, et que, par cela même, elles ne por-
« tent un préjudice réel aux propriétaires des maisons
« voisines, en empêchant qu'ils ne louent ces mai-
« sons, ou en les forçant, s'ils les louent, à baisser
« le prix de leurs baux. Comme la sollicitude du gou-
« vernement embrasse toutes les classes de la société,
« il est de sa justice que les intérêts de ces proprié-
« taires ne soient pas perdus de vue plus que ceux
« des manufacturiers. Il paraîtra peut-être, d'après
« cela, convenable d'arrêter en principe que les éta-
« blissemens qui répandent une odeur forte et gênant
« la respiration, ne seront dorénavant formés que
« dans des localités isolées. »

Il était difficile de se refuser à l'évidence de principes aussi incontestables que ceux établis dans le paragraphe de la lettre qu'on vient de citer. Aussi la
commission s'est-elle empressée de les adopter, et de
les considérer comme devant servir de base aux différentes propositions qu'elle avait à faire.

Toutes les fabriques variant entre elles par la nature des travaux qui les occupent, il était nécessaire
de se procurer une connaissance exacte de celles qui,
étant en activité surtout dans le ressort de Paris,
devaient principalement fixer l'attention. Pour cela,
la commission s'est adressée à M. le préfet de police,
qui, sur-le-champ, a donné des ordres dans ses bureaux, pour qu'il fût rédigé un tableau de tous les

ateliers, fabriques et établissemens qui sont sous sa surveillance.

C'est d'après ce tableau que la commission a opéré, et qu'elle a arrêté qu'il serait divisé en trois classes, dont la première comprendrait les établissemens ou fabriques qui décidément devaient être éloignés des endroits habités ; la seconde, ceux de ces établissemens qui, pouvant rester auprès des habitations, avaient cependant besoin d'être surveillés ; et enfin la troisième, ceux qui pouvaient être placés partout, et dont le voisinage n'offrait aucun inconvénient, soit sous le rapport de la sûreté, soit sous celui de la salubrité.

En lisant ce tableau, qui se trouve annexé au présent rapport, on sera bientôt convaincu, 1º que les établissemens compris dans la première classe ne doivent pas rester auprès des habitations, puisque les matières qu'on y travaille et les produits qu'on en retire, ou répandent une odeur désagréable qu'il est difficile de supporter et qui nuit à la salubrité, ou sont susceptibles de compromettre la sûreté publique par des accidens auxquels ils pourraient donner lieu. Ainsi, par exemple, les boyauderies, dans lesquelles on rassemble les intestins des animaux pour leur faire subir différentes préparations qui les amènent à cet état particulier où ils doivent être pour permettre qu'ensuite on les emploie à divers usages ; les fabriques de colle-forte, dans lesquelles on ne se sert que de débris d'animaux qu'on fait macérer dans l'eau jusqu'à ce qu'ils aient éprouvé une fermentation putride très avancée, et qu'on croit nécessaire pour obtenir la substance qui forme la colle ; les amidonneries, dans lesquelles aussi les grains, les sons, les recoupes, les griots, doivent indispensablement être soumis à la fermentation putride ; les ateliers d'écarrissage et de poudrette ; tous ces établissemens et beaucoup d'autres de cette espèce, considérés sous le rapport de la salubrité, ne peuvent et ne doivent pas, à cause de la mauvaise odeur qu'ils répandent être placés près des habitations. En vain essaie-t-on de prouver par de simples raisonnemens l'innocuité des gaz qui proviennent de ces fabriques, jamais on ne parviendra à persuader qu'on peut les respirer impunément et que l'air qui les contient n'est pas aussi insalubre qu'on le croit. Par d'autres raisons non moins essentielles, on a dû placer dans la première classe des fabriques qu'il convient d'éloigner, celles qui peuvent compromettre la sûreté publique. Tels sont, entre autres, les ateliers d'artificiers et les poudrières, qui, malgré toutes les précautions que prennent ceux qui les dirigent, sont susceptibles d'une foule d'inconvéniens dont malheureusement on n'a que trop d'exemples. Au reste, en demandant l'éloignement des fabriques dont il vient d'être question, on ne fait, pour ainsi dire, que réclamer l'exécution d'anciennes ordonnances de police qui n'ont jamais été abrogées, et d'après lesquelles il est constant qu'il y avait certaines fabriques qu'on ne souffrait jamais dans l'intérieur de la ville. Si alors on se contentait de les reléguer dans les faubourgs, c'est que les faubourgs qui étaient peu peuplés offraient de vastes terreins inhabités sur lesquels les fabricans pouvaient établir des ateliers, sans craindre que leur voisinage pût devenir incommode aux plus proches voisins. Mais aujourd'hui que les fabriques se sont multipliées, et que, dans les faubourgs, les maisons particulières sont presque en aussi grand nombre et presque aussi resserrées que dans l'intérieur de la ville, on ne voit plus, sans inquiétudes, de nouvelles fabriques s'y élever; et si l'on supporte celles qui existent depuis long-temps, c'est que les propriétaires des maisons qui ont été bâties depuis, n'ont pas droit de se plaindre, puisqu'ils ont dû s'attendre aux inconvéniens auxquels les exposait le voisinage de ces établissemens. Quoique, d'après ce qui vient d'être dit, la nécessité d'écarter toutes les fabriques comprises dans la première classe du tableau paraisse bien démontrée, la commission doit néanmoins faire observer qu'elle n'est pas éloignée de croire à la possibilité d'en pouvoir diminuer le nombre par la suite, surtout si les fabricans, abandonnant quelques-uns des procédés qu'ils emploient aujourd'hui, parviennent à en découvrir d'autres qui, sans avoir les mêmes inconvéniens que ceux dont ils se servent, n'en soient pas moins propres à leur procurer les résultats qu'ils cherchent à obtenir.

Déjà même on sait que dans quelques fabriques de soude et de bleu de Prusse, dont le voisinage est si redoutable lorsqu'on emploie les procédés ordinaires, on commence à faire usage d'opérations nouvelles au moyen desquelles les gaz acide muriatique et hydrogène sulfuré sont si bien coercés, absorbés ou dilatés, qu'à peine même sont-ils sensibles dans l'intérieur des fabriques ; mais il reste à savoir si ces opérations faites en grand auront du succès, et si leur emploi n'est pas lui-même sujet à quelques inconvéniens.

2° Les ateliers, établissemens et fabriques compris dans la seconde classe du tableau, n'ont pas été jugés par la commission être dans le cas qu'on exigeât qu'ils fussent aussi éloignés des lieux habités que ceux compris dans la première classe ; mais cependant elle a pensé qu'il était indispensable de les surveiller.

Pour bien sentir les motifs de cette opinion, il suffit de savoir que la plupart des opérations qui se pratiquent dans ces établissemens, ne peuvent produire de vapeurs nuisibles qu'autant qu'on ne prend pas tous les soins qui conviennent pour opérer leur condensation. Or, comme les procédés et les appareils au moyen desquels on parvient aisément à s'en rendre maître, sont aujourd'hui parfaitement connus et presque généralement adoptés, on n'a besoin que de recommander qu'ils soient employés ; et il est indubitable qu'ils le seront, lorsque les propriétaires des fabriques dont il s'agit, sauront qu'on les surveille, et que la moindre négligence de leur part pourrait les exposer à recevoir l'ordre de cesser leurs travaux.

Il faut cependant convenir que, dans plusieurs des fabriques comprises dans cette seconde classe, quelque précaution qu'on prenne pour bien luter les appareils, il y a toujours des gaz qui se séparent, et qui sans doute incommoderaient leurs voisins, si leur quantité n'était pas si peu considérable, que rarement ils dépassent l'intérieur des ateliers. Aussi les ouvriers qui y travaillent seraient-ils les seuls fondés à s'en plaindre, si l'habitude de les respirer ne les rendait pas, pour ainsi dire, insensibles à leur action.

C'est ainsi, par exemple, que lorsqu'on entre dans les fabriques d'acide sulfurique, nitrique et muriatique simple et oxigéné, on est frappé tout-à-coup de l'odeur de ces acides, tandis que les ouvriers s'en aperçoivent à peine, et qu'ils n'en sont incommodés que quand, faute de prévoyance, ils en respirent beaucoup à-la-fois.

Au surplus, peut-être serait-il prudent d'exiger que surtout les grandes fabriques d'acides fussent placées à l'extrémité des villes, dans des quartiers peu peuplés, et qu'elles fussent disposées de manière que, dans le cas où quelques gaz viendraient à s'en échapper, ils pussent être entraînés sur-le-champ par des courans d'air. Cette précaution suffirait pour mettre les voisins à l'abri de toute espèce d'inquiétude.

3° Quant aux établissemens indiqués dans la troisième classe, la commission est d'avis qu'il y a d'autant moins d'inconvénient à permettre qu'ils soient placés près des habitations, que, sous aucun rapport, ils ne peuvent être nuisibles, et que les précautions qu'on a droit d'exiger des propriétaires de ces établissemens sont les mêmes que celles que tous les individus qui vivent en société prennent ordinairement, lorsqu'ils ne veulent pas se nuire réciproquement.

Reste maintenant à s'occuper d'une demande que le Ministre a faite, et qui est relative à la distance des habitations que doivent observer les fabriques dont l'éloignement est jugé nécessaire et indispensable.

La commission ne doit pas se dissimuler qu'en méditant sur cette demande, elle s'est trouvée fort embarrassée pour y répondre.

En effet, on conçoit facilement que toutes les localités n'étant pas les mêmes, si on établissait la distance où doivent être placées les manufactures des lieux habités, il en résulterait que souvent un local assez voisin d'habitations pourrait cependant, par la nature même de sa position, convenir à l'établissement d'une manufacture, sans que les habitans des maisons les plus voisines fussent dans le cas de s'apercevoir des vapeurs qui s'exaleraient de cet établissement. Ainsi, par exemple, on suppose un local placé dans un fond et environné du côté des endroits habités par de hautes montagnes; assurément un local semblable, quoique voisin d'habitations, n'offrirait aucun inconvénient pour y placer une fabrique, puisque les vapeurs, avant de parvenir au sommet des montagnes, auraient été forcées de traverser une grande masse d'air atmosphérique, où elles auraient perdu, en s'y dissolvant, toute leur propriété insalubre. Cette supposition qu'on cite pour exemple, paraîtra d'autant moins déplacée, qu'il est possible de la justifier par un fait dont un des membres de la commission vient tout récemment d'être témoin. Ce fait mérite d'être cité.

Un fabricant de soude artificielle, après avoir été obligé de quitter un emplacement dans lequel il avait fait ses premiers essais, parce que ses voisins se plaignaient de la vapeur acide à laquelle ils étaient exposés, imagina avoir trouvé un endroit qui ne serait pas sujet au même inconvénient que le premier, en

se plaçant dans le fond d'une profonde carrière aban-
donnée, qui, d'un côté, est bordée de montagnes de
la hauteur de quatre-vingt-huit mètres, à partir du
sol de la carrière, et dont le côté opposé donne sur
la campagne. Quelques habitans des maisons construites sur le plateau de ces montagnes, conçurent
des inquiétudes, lorsqu'ils apprirent qu'on allait
s'occuper de l'établissement projeté. Ils mirent aussitôt tout en œuvre pour s'y opposer, et ils vinrent à
bout, à force de tracasseries, de déterminer le fabricant à abandonner le local qu'il avait choisi, quoique,
sous beaucoup de rapports, il eût dû lui convenir.

Une autre raison encore qui prouve la difficulté
d'établir dans un réglement, d'une manière exacte,
la distance qu'on doit assigner aux fabriques qui sont
dans le cas d'être éloignées, c'est que les gaz qu'elles
répandent n'étant ni de même nature, ni également
expansibles, ni délétères au même degré, il ne serait
pas raisonnable d'exiger qu'elles fussent toutes également forcées à s'isoler des villes ou des lieux habités.
Or, comme pour fixer les limites de chaque fabrique,
il faudrait avoir des renseignemens positifs, tant sur les
localités que sur l'extension plus ou moins grande que
chaque fabrique voudrait donner à ses travaux, et
qu'on ne peut pas se les procurer facilement, il en
résulte que, quant à présent, une fixation exacte des
distances que doivent observer ces fabriques est presque impossible. Cependant, pour se tirer d'embarras,
la commission a pensé qu'on pourrait adopter provisoirement les moyens suivans, qui consistent à établir en principe général que toutes les fabriques comprises dans la première classe du tableau ne pourront
être placées qu'à des distances assez éloignées des
villes, pour ne pas incommoder les habitans des maisons les plus voisines, et que, quant au surplus, on
s'en rapportera aux autorités chargées de la surveillance et de la police des fabriques ; attendu que, par

la nature de leurs fonctions, elles sont plus à portée que personne de se procurer des informations sur les avantages ou sur les inconvéniens que pourraient présenter les localités où les fabricans voudront s'établir.

A ces moyens on pourrait encore ajouter la précaution d'exiger de tout fabricant qui voudra s'établir, une déclaration de l'endroit où il a intention de se placer, ainsi que du genre d'opérations qu'il se propose de suivre, et de ne lui accorder la permission de commencer ses travaux qu'après l'avoir prévenu que, dans le cas où il surviendrait des plaintes contre lui, plaintes qui seraient constatées par des personnes en état de juger si elles sont légitimes, il lui serait enjoint de fermer sa fabrique et de la porter ailleurs. On serait bien sûr alors que le fabricant qui ne voudrait pas courir le risque de perdre les dépenses qu'il aurait faites, ne manquerait pas de choisir un emplacement où il serait à l'abri de tout reproche.

La commission est d'autant plus fondée à croire au succès des moyens qui viennent d'être proposés, que déjà l'expérience a prononcé en leur faveur.

Pour en avoir la preuve, il suffit de savoir que depuis trois ans environ, aucune fabrique ne peut s'établir, soit dans Paris, soit aux environs, sans une permission spéciale, laquelle n'est accordée que lorsque des personnes nommées à cet effet se sont transportées sur les lieux, et ont constaté si les fours, les fourneaux, les cheminées, et généralement tous les bâtimens, sont construits de manière à ne donner aucune inquiétude sous le rapport de l'incendie, et si les opérations que le fabricant se propose d'exécuter ne sont pas de nature à nuire aux propriétaires voisins.

C'est, on le répète, avec de semblables mesures qu'on est parvenu à éloigner plusieurs fabriques qui, si elles eussent été placées où on voulait les établir, n'auraient pas manqué de donner lieu à des plaintes

3.

bien fondées, et auxquelles, par conséquent, il aurait été impossible de ne pas faire droit, sans commettre une injustice.

Dans toutes les fabriques actuellement existantes, celles où depuis quelque temps on s'occupe de l'extraction de la soude en décomposant le sel marin, ont excité de vives réclamations qui malheureusement ne sont que trop fondées. Pour s'en convaincre, il suffit de savoir qu'il est de notoriété publique que presque toutes les propriétés voisines de ces fabriques ont tellement été endommagées, qu'il a fallu souvent les abandonner: on cite même, entre autres choses, des récoltes entières, dans l'étendue à-peu-près d'un quart de lieue, qui ont été entièrement détruites.

Assurément des fabriques de cette espèce doivent être plus éloignées que d'autres, et les localités qui leur conviennent sont celles qui, à une très grande distance, sont environnés de terreins inhabités et incultes. Cependant cette condition ne devra être de rigueur qu'autant que les fabricans de soude artificielle persisteront à se servir du procédé qu'ils ont employé jusqu'ici pour se débarrasser de l'acide muriatique qu'ils dégagent du sel marin ; car si, comme on l'a déjà dit, ils en trouvaient un autre, au moyen duquel ils parvinssent à s'opposer à l'évaporation de l'acide, il n'y aurait plus alors le moindre doute que les fabriques de soude pourraient être assimilées à beaucoup d'autres, qui n'exigent pas un éloignement très considérable des lieux habités.

D'après toutes les considérations exposées dans ce rapport, la commission propose à la classe de répondre à S. Exc. le Ministre de l'intérieur :

1° Que toutes les fabriques existantes, soit dans les villes, soit aux environs, n'étant pas également susceptibles de devenir incommodes, de nuire à la salubrité, et de causer des inquiétudes par rapport aux accidens auxquels elles peuvent donner lieu, leur

éloignement des endroits habités n'est pas non plus
également nécessaire;

2° Que pour établir les différences qui existent entre
ces fabriques, considérées sous le rapport des inconvéniens dont elles sont susceptibles, il convient de les
diviser en trois classes;

3° Que dans la première classe on peut placer les
fabriques qui, donnant naissance à des émanations
incommodes et insalubres, doivent nécessairement
être éloignées des habitations;

4° Que les fabriques de la seconde classe, formée de
toutes celles qui ne devenant susceptibles d'inconvéniens qu'autant que les opérations qu'on y pratique
sont mal exécutées, doivent être soumises à une surveillance exacte et sévère, sans exiger qu'elles soient
aussi éloignées que les premières. Seulement il serait
à desirer que les grandes fabriques d'acides minéraux
fussent toujours placées à l'extrémité des villes, dans
des quartiers peu peuplés;

5° Que les fabriques de troisième classe n'étant su-
jettes à aucun inconvénient, n'offre point de motifs
pour qu'on ne consente pas à ce qu'elles soient placées
auprès des habitations;

6° Qu'il est difficile, pour ne pas dire impossible,
de déterminer les distances où il doit être permis aux
fabricans de la première classe de s'établir, mais qu'il
est à propos de leur imposer d'une manière générale
l'obligation de s'éloigner des lieux habités;

7° Que provisoirement on pourrait laisser aux autorités chargées de la police et de la surveillance des
fabriques, le soin de s'assurer si les localités choisies
par les fabricans sont à une assez grande distance des
habitations ou placées de manière à ne pas porter
préjudice à leurs voisins;

8° Que tout fabricant qui voudra s'établir, sera
tenu de demander la permission aux autorités com-

pétentes, et désignera en même temps le genre d'industrie qu'il se propose d'exercer ;

9° Qu'avant de délivrer la permission demandée,
le fabricant sera averti que, dans le cas où l'expérience
prouverait que les localités qu'il a choisies ne sont
pas suffisamment éloignées, et que les vapeurs qui
s'exalent de sa fabrique sont nuisibles sous le rapport
de la salubrité ou autrement, il lui sera enjoint de
porter ailleurs son établissement ;

· 10° Que les fabricans de soude artificielle doivent
être rigoureusement astreints à se placer dans des
endroits inhabités et incultes, tant qu'ils n'auront pas
trouvé d'autre moyen pour se débarrasser de l'acide
muriatique qu'ils séparent du muriate de soude, que
de le laisser perdre dans l'atmosphère ;

11° Enfin, que les mesures à prendre n'auront pas
un effet rétroactif pour les fabriques ou établissemens
déjà en activité, pourvu, toutefois, qu'on ait la certitude qu'il n'y a pas dans leurs travaux une interruption de plus de six mois ou un an, et pourvu aussi
qu'on ait la preuve que les opérations qu'on y pratique
ne sont pas susceptibles de compromettre la salubrité,
et de porter atteinte aux propriétés des voisins.

2° TEXTE

Du Décret du 15 octobre 1810.

Art. 1er — A compter de la publication du présent
décret, les manufactures et ateliers qui répandent
une odeur insalubre ou incommode ne pourront être
formés sans une permission de l'autorité administrative.—Ces établissemens seront divisés en trois
classes.—La première classe comprendra ceux qui doivent être éloignés des habitations particulières.—La seconde, les manufactures et ateliers dont l'éloignement
des habitations n'est pas rigoureusement nécessaire,
mais dont il importe néanmoins de ne permettre la
formation qu'après avoir acquis la certitude que les

opérations qu'on y pratique sont exécutées de manière à ne pas incommoder les propriétaires du voisinage, ni à leur causer des dommages.—Dans la troisième classe seront placés les établissemens qui peuvent rester sans inconvénient auprès des habitations, mais doivent rester soumis à la surveillance de la police.

Art. 2. — La permission nécessaire pour la formation des manufactures et ateliers compris dans la première classe, sera accordée avec les formalités ci-après, par un décret rendu en notre Conseil d'Etat.— Celle qu'exigera la mise en activité des établissemens compris dans la seconde classe, le sera par les préfets, sur l'avis des sous-préfets.—Les permissions pour l'exploitation des établissemens placés dans la dernière classe seront delivrées par les sous-préfets, qui prendront préalablement l'avis des maires.

Art. 3. — La permission pour les manufactures et fabriques de première classe ne sera accordée qu'avec les formalités suivantes : La demande en autorisation sera présentée au préfet, et affichée, par son ordre, dans toutes les communes, à cinq kilomètres de rayons Dans ce délai, tout particulier sera admis à présente. ses moyens d'opposition. Les maires des communer auront la même faculté.

Art. 4.— S'il y a des oppositions, le Conseil de préfecture donnera son avis, sauf la décision du Conseil d'Etat.

Art. 5. — S'il n'y a pas d'opposition, la permission sera accordée, s'il y a lieu, sur l'avis du préfet et le rapport de notre Ministre de l'intérieur.

Art. 6. — S'il s'agit de fabrique de soude, ou si la fabrique doit être établie dans la ligne des douanes, notre directeur général des douanes sera consulté.

Art. 7.— L'autorisation de former des manufacture et ateliers compris dans la seconde classe ne sera accordée qu'après que les formalités suivantes auront été remplies : L'entrepreneur adressera, d'abord, sa de-

mande au sous-préfet de son arrondissement , qui la
transmettra au maire de la commune dans laquelle
on projette de former l'établissement, en le chargeant
de procéder à des informations *de commodo et incommodo*. Ces informations terminées, le sous-préfet
prendra, sur le tout, un arrêté qu'il transmettra au
préfet. Celui-ci statuera, sauf le recours à notre Conseil
d'Etat par toutes parties intéressées. S'il y a opposition, il y sera statué par le Conseil de préfecture, sauf
le recours au Conseil d'Etat.

Art. 8. — Les manufactures et ateliers, ou établissemens portés dans la troisième classe, ne pourront se
former que sur la permission du préfet de police, à
Paris, et sur celle du maire dans les autres villes (1).
S'il s'élève des réclamations contre la décision prise
par le préfet de police ou les maires, sur une demande
en formation de manufacture ou d'atelier compris
dans la troisième classe, elles seront jugées au Conseil
de préfecture.

Art. 9. — L'autorité locale indiquera le lieu où les
manufactures et ateliers compris dans la première
classe pourront s'établir, et exprimera sa distance des
habitations particulières. Tout individu qui ferait des
constructions dans le voisinage de ces manufactures
et ateliers après que la formation en aura été permise,
ne sera plus admis à en solliciter l'éloignement.

Art. 10. — La division en trois classes des établissemens qui répandent une odeur insalubre ou incommode, aura lieu conformément au tableau annexé au
présent décret. Elle servira de règle toutes les fois qu'il
sera question de prononcer sur des demandes en formation de ces établissemens.

Art 11. — Les dispositions du présent décret n'auront point d'effet rétroactif. En conséquence, tous les

____

(1) Voy. l'art. 3 de l'ordonnance du 14 janvier
1815.

établissemens qui sont aujourd'hui en activité continueront à être exploités librement, sauf les dommages dont pourront être passibles les entrepreneurs de ceux qui préjudicient aux propriétés de leurs voisins : les dommages seront arbitrés par les tribunaux.

Art. 12. — Toutefois, en cas de grave inconvénient pour la salubrité publique, la culture ou l'intérêt général, les fabriques et ateliers de première classe, qui les causent, pourront être supprimés, en vertu d'un décret rendu en notre Conseil d'État, après avoir entendu la police locale, pris l'avis des préfets, reçu la défense des manufacturiers ou fabricans. (1)

Art. 13. — Les établissemens maintenus par l'art. 11 cesseront de jouir de cet avantage dès qu'ils seront transférés dans un autre emplacement, ou qu'il y aura une interruption de six mois dans leurs travaux. Dans l'un et l'autre cas, ils rentreront dans la catégorie des établissemens à former, et ils ne pourront être remis en activité qu'après avoir obtenu, s'il y a lieu, une nouvelle permission.

NOMENCLATURE *des manufactures, établissemens et ateliers qui répandent une odeur insalubre ou incommode, dont la formation ne pourra avoir lieu sans une permission de l'autorité administrative.*

Établissemens et ateliers qui ne pourront plus être formés dans le voisinage des habitations particulières, et pour la création desquels il sera nécessaire de se pourvoir de l'autorisation du Ministre de l'intérieur. (Voy. ci-dessus l'art. 2.)

Amidonniers.	Bleu de Prusse.
Artificiers.	Boyaudiers.

---

(1) Cet article n'a été appliqué que deux fois ; l'une,

Charbon de terre épuré.
Charbon de bois épuré.
Chiffonniers.
Colle-forte.
Cordes à instrumens.
Cretonniers.
Cuirs vernis.
Cartonniers.
Eau forte; acide sulfu-
rique, etc.
Ecarrissage.
Echaudoirs.
Fabriques de vernis.
Fabriques d'huile de pieds
ou de cornes de bœuf.

Fours à chaux.
Fours à plâtre.
Ménagerie.
Minium.
Porcheries.
Poudrette.
Rouissage du chanvre.
Sel ammoniac.
Soude artificielle.
Suif brun.
Taffetas et toiles vernis.
Tourbe carbonisée.
Triperies.
Tueries.

Etablissemens et ateliers dont l'éloignement des habitations n'est pas rigoureusement néces-saire, mais dont il importe néanmoins de ne per-mettre la formation qu'après avoir acquis la certitude que les opérations qu'on y pratique sont exécutées de manière à ne pas incommoder les propriétaires du voisinage, ni à leur causer des dommages. Pour former ces établissemens, l'autorisation du préfet sera nécessaire.

Affinage des métaux au
fourneau à manche.
Blanc de céruse.
Blanchîment des toiles par
l'acide muriatique oxi-
géné.
Chandeliers.

Corroyeurs.
Couverturiers.
Dépôts de cuirs verts.
Distilleries d'eau-de-vie.
Fonderies de métaux.
Fabriques de tabac.
Hongroyeurs.

---

par une ordonnance du 20 février 1821, relative à une fonderie de suif établie à Rouen; et l'autre, par une ordonnance du 17 octobre 1826, relative à une fonderie de suif du Mans.

Filatures de soie.
Mégissiers.
Noir d'ivoire.
Noir de fumée.
Plomberies.
Plomb de chasse.

Pompes à feu.
Salles de dissection.
Suif en branche.
Taffetas cirés.
Teinturiers.
Vacheries.

Établissemens et ateliers qui peuvent rester sans inconvénient auprès des habitations particulières, et pour la formation desquels il sera nécessaire de se munir d'une permission du sous-préfet.

Alun.
Boutons.
Brasseries.
Ciriers.
Colle de parchemin et d'amidon.

Cornès transparentes.
Caractères d'imprimerie.
Doreurs sur métaux.
Papiers peints.
Savonneries.
Vitriols.

Décret portant création d'un ministère des manufactures et du commerce.

22 juin 1811.

Décret qui fixe les attributions de ce ministère.

19 janvier 1812.

Art 1er — Les attributions du ministère des manufactures et du commerce se composeront,

1° De la direction et de l'administration du commerce ; de son mouvement dans les ports et dans les diverses places de l'intérieur ; des manufactures, des réglemens de police qui y sont relatifs ; de la nomination des commissaires, courtiers et agens de change ; de la formation et de l'administration des manufactures des produits indigènes ; de l'examen des divers procédés d'amélioration des fabriques.... 3° Une division des fabriques et manufactures, composée de deux bureaux ; l'un, chargé de la direction, du perfectionnement et de la statistique des manufactures, et de la délivrance des brevets d'invention : il aura dans ses attributions le conseil général des manufactures, les agens de l'administration dans les départemens, et le comité consultatif des manufactures. L'autre, chargé des fabriques des produits indigènes destinés à remplacer les produits exotiques.

Avis du Conseil d'État, portant qu'il sera procédé à des enquêtes de commodo et incommodo, pour les établissemens insalubres et incommodes.

5 avril 1813.

Le Conseil d'État, qui, d'après le renvoi ordonné par Sa Majesté, a entendu le rapport de la section de l'intérieur sur celui des manufactures et du commerce, tendant à autoriser la translation, rue Traversière, faubourg Saint-Antoine, d'une amidonnerie existant actuellement rue de Charenton ;

Vu le décret du 15 octobre 1810 ;

Est d'avis qu'avant d'autoriser de pareilles translations de manufactures ou fabriques comprises dans la première classe du tableau annexé audit décret, et même avant d'autoriser un nouvel établissement de ce genre, il soit procédé, outre l'affiche de la demande, à un procès-verbal d'information *de commodo et incommodo*, dans lequel tous les voisins seront entendus.

NOTA. Ce décret s'exécute aujourd'hui. Voy. l'art. 2 de l'ordonnance du 14 janvier 1815.

Ordonnance du 14 janvier 1815.

1° MOTIFS.

Rapport du Ministre des manufactures et du commerce (du 9 février 1814.)

D'après le décret du 15 octobre 1810, les établissemens qui répandent une odeur insalubre ou incommode sont divisés en trois classes, et ne peuvent être mis en activité sans une autorisation du gouvernement. Dans quelques circonstances, les permissions sont accordées par Votre Majesté ; dans d'autres, elles le sont par les préfets, ou par les sous-préfets, après avoir pris l'avis des maires. Si les demandes en formation d'établissemens donnent naissance à des oppositions, ces oppositions sont jugées par les Conseils de préfecture, et, en cas d'appel, par le Conseil d'Etat. L'expérience a fait connaître la sagesse de cette marche, et l'on n'a qu'à se féliciter de l'avoir adoptée.

La formation des établissemens insalubres ou incommodes n'était autrefois assujétie à aucune règle fixe : de cet état de choses il résultait, ou que le propriétaire près duquel ils étaient placés éprouvait des dommages dans sa propriété, ou que les entrepreneurs étaient exposés à des tracasseries souvent suscitées par la malveillance, et même à voir ordonner la clôture de leurs ateliers par l'autorité publique, ce qui entraînait quelquefois la ruine de ces entrepreneurs. Le décret du 15 octobre a fait cesser ces inconvéniens, en présentant aux uns et aux autres une garantie; et, sous ce rapport, il est un grand bienfait pour toutes les classes de la société. Il y avait été d'abord annexé une nomenclature des établissemens qui ne peuvent être formés sans une permission de l'autorité administrative. Depuis, le Ministre de l'intérieur avait senti la nécessité d'en ajouter une seconde. Des réclamations qui me sont parvenues de divers points de l'empire m'ont convaincu qu'elle ne suffisait pas, et qu'une nouvelle était encore nécessaire. Au lieu de rédiger une troisième nomenclature, il m'a paru qu'il était préférable d'en faire une générale, qui comprendrait tous les établissemens, et c'est cette nomenclature que j'ai l'honneur de présenter à Votre Majesté. Si on la compare aux deux précédentes, on y voit que des fabrications nouvelles sont assujéties à l'obligation de remplir les formalités prescrites par le décret du 15 octobre; et qu'il en est quelques-unes qu'on a changées de classe, en les plaçant, dans certains cas, à la première, et, dans d'autres, à la seconde ou à la troisième. Des perfectionnemens qui, depuis la publication du décret du 15 octobre, ont été apportés à des branches d'industrie, ont nécessité cette disposition. Alors on ne connaissait pas les moyens à employer pour absorber les miasmes. Ces moyens ayant été trouvés, la mesure précédemment en vigueur ne pouvait plus être la même; il fallait lui faire éprouver des modifications.

Il n'est pas seulement convenable de faire une nouvelle nomenclature, il importe encore de mettre en harmonie les articles 2 et 8 du décret du 15 octobre, dont l'un décide que les permissions pour la mise en activité des établissemens compris dans la troisième classe seront délivrées par les *sous-préfets*, et l'autre par les *maires*. Ces articles ont donné lieu à plusieurs demandes d'explications. Le projet de décret qui accompagne la nouvelle nomenclature règle ce point, en donnant l'attribution aux sous-préfets, qui ne peuvent statuer qu'après avoir pris l'avis du maire et de la police du lieu.

La nomenclature que j'ai l'honneur de présenter à Votre Majesté a été examinée avec le plus grand soin par le comité consultatif des arts et manufactures attaché à mon ministère. Comme elle est le résultat de l'expérience et des observations suggérés par l'exécution du décret du 15 octobre, Votre Majesté jugera peut-être utile de la faire servir de règle, toutes les fois qu'il sera question de former des ateliers dont l'activité donne lieu à des exhalaisons insalubres ou incommodes. J'ai l'honneur de lui proposer de l'approuver, ainsi que le projet de décret auquel elle est jointe.

2° TEXTE.

LOUIS, etc. ; — Vu le décret du 15 octobre 1810, qui divise en trois classes les établissemens insalubres ou incommodes dont la formation ne peut avoir lieu qu'en vertu d'une permission de l'autorité administrative ; le tableau de ces établissemens qui y est annexé ; l'état supplémentaire arrêté par le Ministre de l'intérieur, le 22 novembre 1811 ; les demandes adressées par plusieurs préfets, à l'effet de savoir si les permissions nécessaires pour la formation des établissemens compris dans la troisième classe, seront délivrées par les sous-préfets ou par les maires ; notre Conseil d'État entendu, nous avons ordonné et ordonnons ce qui suit :

Art. 1er — A compter de ce jour, la nomenclature jointe à la présente ordonnance servira seule de règle pour la formation des établissemens répandant une odeur insalubre ou incommode.

Art. 2: — Le procès-verbal d'information *de commodo et incommodo*, exigé par l'art. 7 du décret du 15 octobre 1810, pour la formation des établissemens compris dans la seconde classe de la nomenclature, sera pareillement exigible, en outre de l'affiche de demande, pour la formation de ceux compris dans la première classe. Il n'est rien innové aux autres dispositions de ce décret.

Art. 3. — Les permissions nécessaires pour la formation des établissemens compris dans la troisième classe seront délivrées, dans les départemens, conformément aux articles 2 et 8 du décret du 15 octobre 1810, *par les sous-préfets*, après avoir pris préalablement l'avis des maires et de la police locale.

Art. 4. — Les attributions données aux préfets et aux sous-préfets par le décret du 15 octobre 1810, relativement à la formation des établissemens répandant une odeur insalubre ou incommode, seront exercées par notre directeur-général de la police, dans toute l'étendue du département de la Seine, et dans les communes de Saint-Cloud, de Meudon et de Sèvres, du département de Seine-et-Oise.

Art. 5. — Les préfets sont autorisés à faire suspendre la formation ou l'exercice des établissemens nouveaux, qui, n'ayant pu être compris dans la nomenclature précitée, seraient cependant de nature à y être placés ; ils pourront accorder l'autorisation d'établissement pour tous ceux qu'ils jugeront devoir appartenir aux deux dernières classes de la nomenclature, en remplissant les formalités prescrites par le décret du 15 octobre 1810, sauf dans les deux cas, à en rendre compte à notre directeur-général des manufactures et du commerce.

NOMENCLATURE.

PREMIÈRE CLASSE.

Établissemens et ateliers qui ne pourront plus être formés dans le voisinage des habitations particulières, et pour la création desquels il sera nécessaire de se pourvoir d'une autorisation de Sa Majesté, accordée en Conseil d'État.

Acide nitrique [eau forte] (fabrication de l').

Acide pyroligneux (fabrique d'), lorsque les gaz se répandent dans l'air sans être brûlés.

Acide sulfurique (fabrication de l').

Affinage de métaux au fourneau à manche, au fourneau à coupelle, ou au fourneau à réverbère.

Amidonniers.

Artificiers.

Bleu de Prusse (fabrique de), lorsqu'on n'y brûle pas la fumée et le gaz hydrogène sulfuré.

Boyaudiers.

Cendres gravelées (fabrique de), lorsqu'on laisse répandre la fumée au dehors.

Cendres d'orfèvre (traitement des) par le plomb.

Chanvre (rouissage du) en grand, par son séjour dans l'eau.

Charbon de terre (épurage du) à vases ouverts.

Chaux (fours à) permanens. (1)

Indépendamment des formalités prescrites par le décret du 15 octobre 1810, la formation des établissemens de ce genre ne pourra avoir lieu qu'après que les agens forestiers, en résidence sur les lieux, auront donné leur avis sur la question de savoir si la reproduction des bois, dans le canton, et les besoins des communes environnantes, permettent d'accorder la permission.

Colle-forte (fabriques de).

Cordes à instrumens (fabriques de)

Crétonniers.

Cuirs vernis (fabriques de).

Ecarrissage.

Echaudoirs.

Encre d'imprimerie (fabriques d').

Fourneaux (hauts).

Les établissemens de ce genre ne seront autorisés qu'autant que les entrepreneurs auront rempli les formalités prescrites par la loi du 21 avril 1810 et par les instructions du Ministre de l'intérieur.

Glaces (fabriques de).

____

(1) Voy. l'ordonnance du 29 juillet 1818.

Indépendamment des formalités prescrites par le décret du 15 octobre 1810, la formation des fabriques de ce genre ne pourra avoir lieu qu'après que les agens forestiers, en résidence sur les lieux, auront donné leur avis sur la question de savoir si la reproduction des bois, dans le canton, et les besoins des communes environnantes, permettent d'accorder la permission.

Goudron (fabrication de).
Huile de pieds de bœuf (fabriques d').
Huile de poisson (fabriques d').
Huile de térébenthine et huile d'aspic (distilleries en grand d')
Huile rousse (fabriq. d'),
Litharge (fabricat. de la).

Massicot (fabriques de).
Ménageries.
Minium (fabrication du).
Noir d'ivoire et noir d'os (fabriques dé), lorsqu'on n'y brûle pas la fumée.
Orseille (fabrication de l').
Plâtre (fours à) permanens. (1)

Indépendamment des formalités prescrites par le décret du 15 octobre 1810, la formation des fabriques de ce genre ne pourra avoir lieu qu'après que les agens forestiers, en résidence sur les lieux, auront donné leur avis sur la question de savoir si la reproduction des bois, dans le canton, et les besoins des communes environnantes permettent d'accorder la permission.

Pompes à feu ne brûlant pas la fumée.
Porcheries.
Poudrettes.
Rouge de Prusse (fabriques de), à vases ouverts.

Sel ammoniac [ou muriate d'ammoniaque] (fabrication du) par le moyen de la distillation des matières animales.
Soufre (distillation du).
Suif brun (fabrication du).

---

(1) Voy. l'ordonnance du 29 juillet 1818.

Suif en branche (fonderie du) à feu nu.

Suif d'os (fabrication du).

Sulfate d'ammoniaque (fabrication du) par le moyen des matières animales.

Sulfate de cuivre (fabrication du) au moyen du soufre et du grillage.

Sulfate de soude (fabrication du), à vases ouverts.

Sulfures métalliques (grillage des) en plein air.

Tabac (combustion des côtes du) en plein air.

Taffetas cirés (fabriq. de).

Taffetas et toiles vernis (fabrication des).

Tourbe (carbonisation de la) à vases ouverts.

Tripiers.

Tueries dans les villes dont la population excède dix mille âmes.

Vernis (fabriques de).

Verres, cristaux, émaux (fabriques de).

Indépendamment des formalités prescrites par le décret du 15 octobre 1810, la formation des fabriques de ce genre ne pourra avoir lieu qu'après que les agens forestiers, en résidence sur les lieux, auront donné leur avis sur la question de savoir si la reproduction des bois dans le canton, et les besoins des communes environnantes permettent d'accorder la permission. (1)

DEUXIÈME CLASSE.

Établissemens et ateliers dont l'éloignement des habitations n'est pas rigoureusement nécessaire mais dont il importe néanmoins de ne permettre la formation qu'après avoir acquis la certitude que les opérations qu'on y pratique seront exécutées de manière à ne pas incommoder les propriétaires du voisinage, ni à leur causer des dommages.

Pour former ces établissemens, l'autorisation du

---

(1) Voy. l'ordonnance du 25 juin 1825, ci-après.

préfet sera nécessaire, sauf, en cas de difficulté ou en cas d'opposition de la part des voisins, le recours à notre Conseil d'État

Acier (fabriques d').

Acide muriatique (fabrication d') à vases clos.

Acide muriatique oxigéné (fabrication de l').

Acide pyroligneux (fabriques d'), lorsque les gaz sont brûlés.

Ateliers à enfum. les lards.

Blanc de plomb ou de céruse (fabrication de).

Bleu de Prusse (fabriques de), lorsqu'elles brûlent leur fumée et le gaz hydrogène, sulfuré, etc.

Cartonniers.

Cendres d'orfèvre (traitement des) par le mercure et la distillation des amalgames.

Cendres gravelées (fabrication des), lorsqu'on brûle la fumée, etc.

Chamoiseurs.

Chandeliers.

Chapeaux (fabriques des).

Charbon de bois fait à vases clos.

Charbon de terre épuré, lorsqu'on travaille à vases clos.

Châtaignes (dessication et conservation des).

Chiffonniers.

Cires à cacheter (fabriques de).

Corroyeurs.

Couverturiers.

Cuirs verts (dépôts de).

Cuivre (fonte et laminage de).

Eau-de-vie (distiller. d').

Faïence (fabriques de).

Fondeurs en grand, au fourneau et à réverbère.

Galons et tissus d'or et d'argent (brûleries en grand des).

Genièvre (distillerie de).

Goudron (fabriques de) à vases clos.

Hareng (saurage du).

Hongroyeurs.

Huiles (épuration des) au moyen de l'acide sulfurique.

Indigoteries.

Liqueurs (fabrication des).

Maroquiniers.

Mégissiers.

Noir de fumée (fabrication du).

Noir d'ivoire et noir d'os (fabrication des), lorsqu'on brûle la fumée.

Or et argent (affinage de), au moyen du départ et du fourneau à vent.

Os (blanchîment des) pour les éventaillistes et boutonniers.

Papiers (fabriques de).

Parcheminiers.

Pipes à fumer (fabrication des).

Plomb (fonte du) et laminage de ce métal.

Poêliers-four:nalistes.

Porcelaine (fabrication de la).

Potiers de terre.

Rouge de Prusse (fabriques de) à vases clos.

Salaisons (dépôts de).

Sel ou muriate d'étain (fabrication du).

Sucre (raffineries de).

Suif (fonderie de) au bain Marie ou à la vapeur.

Sulfate de soude (fabrication du) à vases clos.

Sulfates de fer et de zinc (fabrication des), lorsqu'on forme ces sels de toutes pièces avec l'acide sulfurique et les substances métalliques.

Sulfures métalliques (grillage des) dans les appareils propres à retirer le soufre ou à utiliser l'acide sulfureux qui se dégage.

Tabac (fabriques de).

Tabatières en carton (fabrication des).

Tanneries.

Toiles (blanchîment des) par l'acide muriatique oxigéné.

Tourbe (carbonisation de la) à vases clos.

Tuileries et briqueteries. (1)

TROISIÈME CLASSE.

Établissemens et ateliers qui peuvent rester sans inconvénient auprès des habitations particulières et pour la formation desquels il sera néanmoins nécessaire de se munir d'une permission aux termes des articles 2 et 8 du décret du 15 octobre 1810, et de l'art. 3 de la présente ordonnance.

Acétate de plomb [sel de Saturne] (fabrication de l').

Batteurs d'or et d'argent.

Blanc d'Espagne (fabriques de).

____

(1) Voy. ci-après l'ordonnance du 20 août 1824.

Bois dorés (brûleries des).
Boutons métalliques (fabrication des).
Borax (raffinage du).
Brasseries.
Briqueteries, ne faisant qu'une seule fournée en plein air, comme on le fait en Flandre.
Buanderies.
Camphre (préparation et raffinement du).
Caractères d'imprimerie (fonderies de).
Cendres (laveurs de).
Cendres bleues et autres précipités de cuivre (fabrication des).
Chaux (fours à) ne travaillant pas plus d'un mois par année.
Ciriers.
Colle de parchemin et d'amidon (fabriq. de).
Corne (travail de la) pour la réduire en feuilles.
Cristaux de soude (fabriques de) [sous-carbonate de soude cristallisé].
Doreurs sur métaux.
Eau seconde (fabrication de l') des peintres en bâtimens, alcalis caustiques et dissolution.

Ancre à écrire (fabriq. d').
Essayeurs.
Fer-blanc (fabriques de).
Feuilles d'étain (fabrication des).
Fondeurs au creuzet.
Fromages (dépôts de).
Glaces (étamage des).
Laques (fabrication des).
Moulins à huile.
Ocre jaune (calcination de l') pour la convertir en ocre rouge.
Papiers peints et papiers marbrés (fabriques de).
Plâtre (fours à) ne travaillant pas plus d'un mois par année.
Plombiers et fontainiers.
Plomb de chasse (fabrication du).
Pompes à feu, brûlant leur fumée.
Potasse (fabriques de).
Potiers d'étain.
Sabots (ateliers à enfumer les).
Salpêtre (fabrication et raffinage du).
Savonneries.
Sel de soude sec (fabrication du) [sous-carbonate de soude sec].
Sel (raffineries de).

___

sur les établissemens d'éclairage par le gaz hydrogène.

Soude (fabrication de la), ou décomposition du sulfate de soude.

Sulfate de cuivre (fabrication du), au moyen de l'acide sulfurique et de l'oxide de cuivre, ou du carbonate de cuivre.

Sulfate de potasse (raffinage du).

Sulfate de fer et d'alumine; extraction de ces sels, des matériaux qui les contiennent tout formés, et transformation du sulfate d'alumine en alun.

Tartre (raffinage du).

Teinturiers.

Teinturiers-dégraisseurs.

Tueries dans les communes dont la population est au-dessous de dix mille habitans.

Vacheries dans les villes dont la population excède cinq mille habitans.

Vert-de-gris et verdet (fabrication du).

Viandes (salaison et préparation des).

Vinaigre (fabrication du).

L'accomplissement des formalités établies par le décret du 15 octobre 1810 et par notre présente ordonnance, ne dispense pas de celles qui sont prescrites pour la formation des établissemens qui seront placés dans le rayon des douanes, ou sur une rivière, qu'elle soit navigable ou non : les réglemens, à ce sujet, continueront à être en vigueur.

Ordonnance qui classe les fours à chaux et à plâtre.

Du 29 juillet 1818.

LOUIS, etc.—Vu le décret du 15 octobre 1810, relatif aux manufactures et ateliers qui répandent une odeur insalubre ou incommode; — Vu notre ordonnance du 14 janvier 1815, sur le même objet; la nomenclature, divisée en trois classes, qui s'y trouve annexée; — Voulant accorder, pour la formation et le déplacement de celles desdites fabriques dont l'exploitation présente le moins d'inconvéniens, les facilités que nous a paru réclamer l'intérêt de l'industrie : — Notre Conseil d'Etat entendu, nous avons ordonné et ordonnons ce qui suit :

Art. 1er — A compter de la publication de la présente ordonnance, les fours à plâtre et les fours à chaux permanens cessent d'être compris dans la première classe des manufactures et ateliers qui répandent une odeur insalubre et incommode.

Art. 2. — Les mêmes fours feront désormais partie des établissemens de seconde classe ; leur création, en conséquence, ou leur déplacement, ne seront soumis qu'aux formalités prescrites par l'art. 7 du décret du 15 octobre 1810.

Art. 5. — Toutes les permissions concernant les établissemens de la nature dont il s'agit, provisoirement accordées par notre Ministre secrétaire d'Etat de l'intérieur, depuis le 1er janvier 1816, par suite d'instructions rendues en conformité des articles 3, 4 et 5 du décret du 15 octobre, sont et demeurent confirmées

Loi du 1er mai 1822. — (Budget).

'Art. 10. — La fabrication et la distillation des eaux-de-vie et esprits sont prohibées dans la ville de Paris. Toute contravention à cette disposition sera punie d'une amende de 1000 à 5000 fr., indépendamment des autres peines portées par l'art. 129 de la loi du 28 avril 1816. Une ordonnance royale (1) fixera l'époque à laquelle les établissemens de cette nature actuellement existans, cesseront toute opération et déterminera les bases de l'indemnité qui devra être préalablement accordée aux propriétaires de ces établissemens.

____

(1) Voy. ci-dessous cette ordonnance, sous la date du 11 du même mois.

Ordonnance sur l'indemnité d'expropriation des distilleries, d'eaux-de-vie et esprits, dans Paris.

11 mai 1822.

LOUIS, etc. Vu l'art. 10 de la loi du 1er mai présent mois, portant qu'une ordonnance royale fixera l'époque à laquelle les distilleries, actuellement existantes dans Paris, cesseront toute opération, et déterminera les bases de l'indemnité qui devra être préalablement accordée aux propriétaires de ces établissemens ; — Sur le rapport de notre Ministre des finances, nous avons ordonné et ordonnons ce qui suit :

Art. 1er — Les distilleries d'eaux-de-vie et esprits actuellement existantes dans Paris, cesseront toute opération à l'époque du 20 juin prochain.

Art. 2. — Les bases pour la fixation de l'indemnité préalable à distribuer entre les propriétaires de ces établissemens sont déterminées ainsi qu'il suit :

1° Les frais de démolition des fourneaux, chaudières, alambics, cuves et autres agencemens à l'usage de la distillerie exclusivement, ainsi que le montant des réparations aux bâtimens que ces démolitions pourraient nécessiter ; 2° les frais de reconstruction de ces mêmes objets dans un local supposé propre à cet usage, ainsi que les frais de transport depuis l'emplacement actuel de la fabrique jusqu'aux limites de la banlieue de la capitale ; 3° les engagemens justifiés par actes authentiques et qui auraient été contractés par les distillateurs envers les propriétaires des maisons, terreins et usines où sont maintenant leurs fabriques ; 4° enfin une somme égale au profit que chaque distillateur eût pu obtenir pendant trois mois de fabrication, lesquels profits seront évalués à raison de dix pour cent des produits présumés de sa distillerie, calculés d'après les quantités qu'il a déclaré avoir fabriquées dans le cours du premier trimestre de cette année.

Art. 3.—Le montant de cette indemnité sera réglé d'après ces bases, par trois experts, l'un nommé par la régie des contributions indirectes, le second par chacun des distillateurs, le troisième par le président du tribunal de première instance de Paris. Dans le cas où le propriétaire d'une distillerie n'aurait pas fait connaître à l'administration des contributions indirectes le choix de son expert, dans les trois jours de la notification de la présente ordonnance, il y sera pourvu d'office par le président du tribunal de première instance de Paris.

Art. 4.—Les procès-verbaux des expertises, faites conformément aux articles ci-dessus, seront adressés, au plus tard, le 10 juin prochain, par le directeur général de l'administration des contributions indirectes, avec ses observations et son avis, à notre Ministre secrétaire d'État des finances, qui autorisera le paiement de l'indemnité due à chaque propriétaire, pour ledit paiement être effectué avant l'époque fixée par l'art. 1er de la présente ordonnance.

Ordonnance sur l'autorisation nécessaire aux fabriques de poudres, de matières détonnantes et fulminantes.

25 juin 1823.

LOUIS, etc. ; — Sur le rapport de notre Ministre de l'intérieur ; — Voulant prévenir les dangers qui peuvent résulter de la fabrication et du débit des différentes sortes de poudres et matières détonnantes et fulminantes, sans empêcher néanmoins l'emploi de celles de ces préparations qui ont été reconnues propres soit à amorcer des armes à feu, soit à faire des étoupilles, des allumettes et autres objets du même genre utiles aux arts ; — Notre Conseil d'État entendu, avons ordonné et ordonnons ce qui suit :

Art. 1er.—Les fabriques de poudres ou matières détonnantes et fulminantes, de quelque nature qu'elles soient, et les fabriques d'alumettes, d'étoupilles ou autres objets du même genre, préparés avec ces sortes de poudres ou matières, feront partie de la première classe des établissemens insalubres ou incommodes dont la nomenclature est annexée à notre ordonnance du 14 janvier 1815.

Art. 2. — Les préfets sont autorisés, conformément à l'art. 5 de notre ordonnance précitée, à faire suspendre l'exploitation des fabriques désignées dans l'article 1er *qui auraient été établies jusqu'à ce jour* dans des emplacemens non isolés des habitations.

Art. 3. — Les fabricans de poudres ou matières détonnantes et fulminantes tiendront un registre légalement coté et paraphé, sur lequel ils inscriront, jour par jour, de suite et sans aucun blanc, les quantités fabriquées et vendues, ainsi que les noms, qualités et demeures des personnes auxquelles ils les auront livrées.

Art. 4.—Les fabricans d'alumettes, étoupilles et autres objets de la même espèce, préparés avec des poudres ou matières détonnantes et fulminantes, tiendront également un registre en bonne forme, sur lequel ils inscriront, au fur et à mesure de chaque achat, le nom et la demeure des fabricans qui leur auront vendu lesdites poudres ou matières.

Art. 5.— Les marchands détaillans d'amorces pour les armes à feu à piston, et les marchands détaillans d'allumettes, d'étoupilles ou autres objets du même genre préparés avec des poudres détonnantes et fulminantes, ne sont point soumis aux formalités prescrites par l'art. 1er; mais ils seront tenus de renfermer ces différentes préparations dans des lieux sûrs et séparés dont ils auront seuls les clefs. Il leur est défendu de se livrer à ce commerce, sans en avoir préalablement fait *leur déclaration* par écrit, savoir : dans Paris, à la préfecture de police, et dans les communes, à la mairie, afin qu'il soit vérifié si leur local est convenablement disposé pour cet usage.

Art. 6.—Les poudres et matières détonnantes et fulminantes ne pourront être employées qu'à la fabrication des amorces propres aux armes à feu, des allumettes, des étoupilles et autres objets d'une utilité reconnue.

Art. 7.—Les contrevenans aux dispositions prescrites par la présente ordonnance seront poursuivis devant les tribunaux de police sur les procès-verbaux ou rapports des agens de la police administrative et judiciaire.

Ordonnance relative aux établissemens d'éclairage par le gaz hydrogène.

20 août 1824.

LOUIS , etc.; — Sur le rapport de notre Ministre de l'intérieur ; — Vu notre ordonnance du 10 septembre 1823 , délibérée en notre Conseil d'Etat, sur le rapport du comité du contentieux, portant qu'il n'existe pas de classification légale pour les entreprises d'éclairage par le gaz hydrogène ; (1) — Vu le décret du 15 octobre 1810 et notre ordonnance du 14 janvier 1815 ; — Notre Conseil d'Etat entendu, nous avons ordonné et ordonnons ce qui suit :

Art. 1er — Tous les établissemens d'éclairage par le gaz hydrogène, tant les usines où le gaz est fabriqué, que les dépôts où il est conservé, sont rangés dans la seconde classe des établissemens incommodes, insalubres ou dangereux ; et néanmoins ils ne pour-

---

(1) *Voyez* cette Ordonn., part. 2 , sect. 2 , ci-après.

ront être autorisés qu'en se conformant aux mesures de précaution portées dans l'instruction annexée à la présente ordonnance, sans préjudice de celles qui pourront être ultérieurement ordonnées, si l'utilité en est constatée par l'expérience.

Art. 2.—Les usines d'éclairage par le gaz hydrogène seront constamment soumises à la surveillance de la police locale.

Instruction sur les précautions exigées dans l'établissement de la manutention des usines d'éclairage par le gaz hydrogène.

§ Ier.— *Conditions à imposer pour tout ce qui a rapport à la première production du gaz.*

1° Les ateliers de distillation seront séparés des autres ; ils seront couverts en matériaux incombustibles.

2° Les fabricans seront tenus d'élever jusqu'à trente-deux mètres les cheminées de leurs fourneaux ; la disposition de ces fourneaux sera aussi fumivore que possible.

3° Il sera établi, au-dessus de chaque système de fourneau, un tuyau d'appel horizontal, communiquant, d'une part, à la grande cheminée de l'usine, et, d'autre part, venant s'ouvrir au-dessus de chaque cornue au moyen d'une hotte de forme et de grandeur convenables, de telle sorte que la fumée, sortant de la cornue, lorsqu'on l'ouvre, puisse se rendre par la hotte et le tuyau d'appel horizontal, dans la grande cheminée de l'usine.

4° Les cornues seront inclinées en arrière, de manière que le goudron liquide ne puisse se répandre sur le devant au moment du défournement.

5° Le coke embrasé sera reçu au sortir des cornues, dans des étouffoirs placés le plus près possible des fourneaux.

§. II. — *Conditions à imposer pour que la condensation des produits volatils et l'épuration du gaz ne nuisent pas aux voisins.*

1° Il sera pratiqué, soit dans les murs latéraux, soit dans la toiture des ateliers de condensation et d'épuration, des ouvertures suffisantes pour y entretenir une ventilation continue et qui soit indépendante de la volonté des ouvriers qui y sont employés. Dans la visite des appareils, on ne devra faire usage que de lampes de sûreté.

2° Les produits de la condensation et de l'épuration seront immédiatement transportés à la voirie, dans des tonneaux bien fermés ; ou mieux encore, ils seront vidés, soit dans les cendriers des fourneaux, soit sur le charbon de terre qui se brûle dans les foyers.

§ III.—*Conditions à imposer pour éviter tout danger dans le service du gazomètre.*

1° Les cuves dans lesquelles plongent les gazomètres, seront toujours pratiquées dans le sol et construites en maçonnerie. Il sera placé à chaque citerne un tuyau de trop plein, afin d'empêcher que, dans aucun cas, l'eau ne s'élève au-dessus du niveau convenable.

2° Chaque gazomètre sera muni d'un guide ou axe vertical ; il sera suspendu, au moyen de deux chaînes en fer, dont chacune aura été reconnue capable de supporter un poids au moins égal à celui du gazomètre.

3° Il sera adapté à chaque gazomètre un tube de trop plein, destiné à l'écoulement du gaz qui pourrait y être conduit par excès.

4° Les bâtimens dans lesquels seront établis les gazomètres, seront entièrement isolés, soit des autres parties de l'établissement, soit des habitations voisines. Il y sera pratiqué des ouvertures en tout sens et en assez grand nombre pour y entretenir une ventilation continue. Ils seront toujours surmontés d'un paratonnerre, et l'on ne devra y faire usage que de lampes de sûreté. Ces bâtimens seront, en outre, fermés à clef, et la garde de cette clef, ne pourra être confiée qu'à un contre-maître habile et d'une fidélité éprouvée, et dans le cas seulement où le chef de l'établissement serait dans l'obligation de s'en dessaisir momentanément.

§ IV.—*Des conditions à imposer aux fabricans qui compriment le gaz dans des vases portatifs.*

1° Ces vases ne pourront être que de cuivre rouge, de tôle ou de tout autre métal très ductile, qui se déchire plutôt qu'il ne se brise sous une pression trop forte.

2° Ils seront essayés à une pression double de celle qu'ils doivent supporter dans le travail journalier.

Ordonnance sur les machines à feu à haute pression.

29 octobre 1823.

Art. 1er —Les machines à feu à haute pression, ou celles dans lesquelles la force élastique de la vapeur fait équilibre à plus de deux atmosphères, lors même qu'elles brûleraient complètement leur fumée, ne pourront être établies qu'en vertu d'une autorisation obtenue conformément au décret du 15 octobre 1810, pour les établissemens de deuxième classe. Elles seront, en outre, soumises aux conditions de sûreté suivantes :

Art. 2. —Lors de la demande en autorisation, les chefs d'établissemens seront tenus de déclarer à quel degré de pression habituelle leurs machines devront agir. Ils ne pourront dépasser le degré de pression déclaré par eux. La pression sera évaluée en unités d'atmosphères ou en kilogrammes par centimètre carré de surface exposé à la pression de la vapeur.

Art. 3.—Les chaudières des machines à haute pression ne pourront être mises dans le commerce ni employées dans un établissement, sans que préalablement leur force ait été soumise à l'épreuve de la presse hydraulique. Toute chaudière devra subir une pression d'épreuve cinq fois plus forte que celle qu'elle est appelée à supporter dans l'exercice habituel de la machine à laquelle elle est destinée. Après l'épreuve, et pour en constater le résultat, chaque chaudière sera frappée d'une marque indiquant en chiffres le degré de pression pour lequel elle aura été construite. Les chefs d'établissement ne pourront faire emploi d'une chaudière qu'autant qu'elle sera marquée d'un chiffre exprimant au moins une force égale au degré de pression annoncé dans leur déclaration.

Art. 4.—Il sera adapté deux soupapes, une à chaque extrémité de la partie supérieure de chaque chaudière; leur dimension et leur charge seront égales, et devront être réglées tant sur la grandeur de la chaudière que sur le degré de pression porté sur son numéro de marque, de telle sorte toutefois que le jeu d'une seule des soupapes suffise au dégagement de la vapeur, dans le cas où elle acquerrait une trop grande tension. La première soupape restera à la disposition de l'ouvrier qui dirige le chauffage ou le jeu de la machine. La seconde soupape devra être hors de son atteinte et recouverte d'une grille dont la clef restera à la disposition du chef de l'établissement.

Art. 5.—Il sera, en outre, adapté à la partie supérieure de chaque chaudière deux rondelles métalliques, fusibles aux degrés ci-après déterminés :

La première, d'un diamètre au moins égal à celui d'une des soupapes, sera faite en métal dont l'alliage soit de nature à se fondre ou à se ramollir suffisamment pour s'ouvrir à un degré de chaleur supérieur de dix degrés centigrades au degré de chaleur représenté par la marque que doit porter la chaudière.

La seconde, d'un diamètre double de celui ci-dessus, sera placée près de la soupape de sûreté et enfermée sous la même grille. Elle sera faite en métal dont l'alliage soit de nature à se fondre ou à se ramollir suffisamment pour s'ouvrir à un degré de chaleur supérieur de vingt degrés centigrades à celui que représente la marque de la chaudière. Ces rondelles seront timbrées d'une marque annonçant en chiffres le degré de chaleur auquel elles sont fusibles.

Art. 6.—Une chaudière ne pourra être placée que dans un local d'une dimension au moins égale à vingt-sept fois son cube. Ce local devra être éclairé au moins sur deux de ses côtés, par de larges baies de croisée, fermée de châssis légers et ouvrant en dehors. Il ne pourra être contigu aux murs mitoyens avec les maisons voisines, et devra être toujours séparé, à la distance de deux mètres, par un mur d'un mètre d'épaisseur au moins. Il devra aussi être séparé par un mur de même épaisseur de tout atelier intérieur. Il ne pourra exister d'habitation ni d'atelier au-dessus de ce local.

Art. 7.—Les ingénieurs des mines, dans les départemens où ils sont en résidence, et, à leur défaut, les ingénieurs des ponts-et-chaussées, sont chargés de surveiller les épreuves des chaudières et des rondelles métalliques. Ils les frapperont des marques dont les timbres leur seront remis à cet effet.

Lesdits ingénieurs s'assureront, dans leurs tournées, au moins une fois par an, que toutes les conditions prescrites sont rigoureusement observées. Ils visiteront les chaudières, constateront leur état, et provoqueront la réforme de celles que le long usage ou une détérioration accidentelle leur ferait regarder comme dangereuses. Les autorités chargées de la police locale exerceront une surveillance habituelle sur les éta blissemens pourvus de machines à haute pression.

En cas de contravention aux dispositions de la présente ordonnance, les chefs d'établissement pourront encourir l'interdiction de leur établissement, sans préjudice des peines, dommages et intérêts qui seraient prononcés par les tribunaux.

Art. 8. — Notre Ministre de l'intérieur fera publier une instruction sur les mesures de précaution habituelles à observer dans l'emploi des machines à haute pression. Cette instruction sera affichée dans l'enceinte des ateliers.

Ordonnance de police relative à l'éclairage par le gaz.

20 décembre 1824.

Nous Conseiller d'Etat, préfet de police ; vu l'ordonnance du Roi du 20 août 1824, relative aux établissemens d'éclairage par le gaz hydrogène, et l'instruction y annexée ; — Considérant qu'il importe d'assurer l'exécution des dispositions prescrites, et de déterminer, dans l'intérêt de l'ordre et de la sûreté publique, les précautions à observer pour l'établissement des conduites du gaz tant sous le sol des rues, que dans les établissemens publics ou particuliers où l'on emploie ce mode d'éclairage ; — Ordonnons ce qui suit :

Art. 1er — L'ordonnance du Roi, du 20 août 1824, et l'instruction y annexée, seront imprimées, publiées et affichées avec la présente ordonnance. — Elles seront notifiées, en outre, aux entrepreneurs de chaque usine d'éclairage par le gaz, autorisée et actuellement en activité. Ces entrepreneurs seront tenus de se conformer aux différentes mesures et précautions prévues dans l'instruction précitée, dans les délais qui leur seront fixés, et ainsi qu'il leur sera prescrit lors de la notification.

Art. 2. — Les deux chaînes, au moyen desquelles chaque gazomètre doit être suspendu, seront, aux termes du deuxième alinéa du troisième paragraphe de l'instruction, essayées, avant de pouvoir être employées, en présence de la personne par nous désignée à cet effet.

Art. 3. — L'épreuve à faire subir, conformément au deuxième alinéa du quatrième paragraphe de l'instruction, aux vases dans lesquels sera comprimé le gaz destiné à être porté à domicile, sera faite également en présence de la personne par nous désignée. —Chaque vase reconnu propre au service sera marqué du timbre de la préfecture de police. — Les essais seront renouvelés aux époques qui seront ultérieurement déterminées.

Art. 4. — Les personnes qui se proposeront de former des établissemens d'éclairage par le gaz, ainsi que les entrepreneurs des usines actuellement en activité, qui voudront établir de nouveaux gazomètres, joindront, à la demande en autorisation qu'ils doivent nous adresser, le plan exact des lieux et des dispositions projetées, avec l'installation du nombre des gazomètres, de leurs dimensions, etc.

Art. 5. —Aucune tranchée ne pourra être ouverte, pour placer sous le sol de la voie publique les conduites destinées à la distribution du gaz, qu'en vertu de notre permission, et avec les précautions qui seront prescrites dans l'intérêt de la libre circulation et de la sûreté publique. — Cette permission ne sera accordée aux entrepreneurs qu'autant qu'ils auront, aux termes du réglement approuvé par le Ministre de l'intérieur le 6 décembre 1821, préalablement obtenu du préfet de la Seine l'autorisation de placer leurs tuyaux dans la direction déterminée par ce magistrat.

Art. 6. —Les entrepreneurs seront également tenus de se pourvoir de notre permission pour ouvrir des tranchées à l'effet de renouveler les tuyaux de conduite, ou pour tous autres ouvrages qui ne pourront être terminés dans les quarante-huit heures. Néanmoins, ils pourront pourvoir aux réparations accidentelles, en prévenant le commissaire de police du quartier, et en observant les précautions qui leur seront indiquées par ce fonctionnaire.

Art. 7. — Les tuyaux de branchement destinés à conduire le gaz depuis la conduite principale jusqu'aux becs d'éclairage placés dans les établissemens publics ou particuliers, les boutiques, magasins et autres lieux, devront être isolés des murs, cloisons ou planchers qu'ils auront à traverser, au moyen d'un fourreau ou gaîne de fer, de fonte, de tôle, de plomb ou de toute autre matière d'une consistance suffisante, adhérent aux murs, cloisons ou planchers et ouvert à ses deux extrémités, de manière que s'il se manifeste quelque fuite dans les branchemens, le gaz ne puisse s'écouler dans les interstices de la maçonnerie, et se loger dans quelque réduit fermé où il pourrait occasioner une explosion. Les parois du fourneau ne pourront être adhérens au tuyau de branchement.

Art. 8. — Il est expressément défendu aux entrepreneurs, sous leur responsabilité personnelle, d'alimenter aucun nouveau bec de gaz dont le branchement ne serait pas disposé ainsi qu'il est prescrit par l'article précédent.

Art. 9. — Il leur est enjoint, également sous leur responsabilité, de cesser d'éclairer tous les établissemens publics ou particuliers dont ils font actuellement le service, si, dans un délai de trois mois, à dater de ce jour, les branchemens ne sont pas isolés comme il est prévu par l'art. 7.

Art. 10.—Il est prescrit aux entrepreneurs d'éclairage par le gaz comprimé dans des vases portatifs, de faire, à la préfecture de police, la déclaration des lieux qu'ils auront à éclairer, avant de livrer le gaz aux consommateurs, afin que chaque local où devront

être placés les vases soit préalablement visité par l'ar-
chitecte-commissaire de la petite voirie, et que l'administration puisse ordonner l'exécution des mesures reconnues nécessaires dans l'intérêt de la sûreté publique.

Art. 11.—Les entrepreneurs de chaque usine seront
tenus de donner connaissance des noms et des demeures de tous leurs abonnés, et même communication de leurs registres, à toute réquisition de l'administration de la police, afin qu'elle puisse faire
surveiller l'exécution des dispositions ordonnées par
les quatre articles précédens.

Art. 12.—Les salles de spectacle et les théâtres publics éclairés par le gaz, seront, en outre, garnis de
lampes d'argent à double courant d'air, et contenues
dans des manchons de verre.

Ces lampes, dont le nombre et la disposition seront
fixés pour chaque théâtre, à raison des localités, seront tenues allumées pendant tout le cours des repré-
sentations.

Art. 13.—Les contraventions seront constatées et
poursuivies devant les tribunaux compétens, indépendamment des mesures de police administrative
auxquelles il serait nécessaire de recourir.

Art. 14.—Les sous-préfets des arrondissemens de
Saint-Denis et de Sceaux, les maires des communes
rurales du ressort de la préfecture de police, l'architecte commissaire de la petite voirie, les commissaires
de police, le chef de la police centrale, les officiers de
paix et les chefs du service extérieur, sont chargés,
chacun en ce qui le concerne, de tenir la main à l'exécution de la présente ordonnance.

*Ordonnance relative à la classification d'éta-
blissemens dangereux, insalubres ou incommodes.*

9 février 1825.

CHARLES, etc.;—Sur le rapport de notre Ministre

de l'intérieur ; — Vu le décret du 15 octobre 1810, et les ordonnances des 14 janvier 1815 , 29 juillet 1818, 25 juin et 2 avril 1823, et 20 août 1824 ; notre Conseil d'Etat entendu, — Nous avons ordonné et ordonnons ce qui suit :

Art. 1er — Sont rangés dans la première classe des établissemens dangereux, insalubres ou incommodes, — Les fabriques de toile cirée ; — Les fabriques d'urate ; — Les dépôts de matières provenant de la vidange des latrines ou des animaux, et destinées à servir d'engrais ; — Les dépôts et les ateliers pour la cuisson ou dessication du sang des animaux, destiné à la fabrication du bleu de Prusse ; — Les dépôts de chairs ou débris d'animaux ; les ateliers ou les fabriques où ces matières sont préparées par la macération, ou desséchées pour être employées à quelqu'autre fabrication ; — Les fabriques de dégras, ou huile épaisse à l'usage des tanneurs ; — Les voiries et dépôts de boue ou de toute autre sorte d'immondices ; — Le travail en grand des résines, goudrons, galipots, arcansons et de toute autre matière résineuse, soit pour la fonte et l'épuration de ces matières, soit pour en extraire la térébenthine.

Art. 2. — Sont rangés dans la deuxième classe :

Les moulins à farine dans les villes ; les moulins à broyer le plâtre , la chaux ou les caillous ; — Les fabriques de colle de peau de lapin ; — Les ateliers pour la salaison et le saurissage des poissons ; — Les fonderies à fourneaux à la Vilkenson ; — Les dépôts d'huile de térébenthine et d'autres huiles essentielles, lesquels devront en outre être tenus isolés de toute habitation ; — Les distilleries d'extrait d'absinthe ; — Les fabriques de tôle vernie ; — Les fabriques de bitumes en planches.

Art. 3. — Sont rangés dans la troisième classe :

Les fabriques de borax artificiel ; — Les fabriques de fécule de pomme de terre ; — L'extraction du sirop de la fécule de pomme de terre ; — Les fabriques de chicorée-café ; — La fabrication de la gélatine extraite des os ; — Les ateliers de toiles peintes ; — Les dépôts de charbon de bois, dans les villes ; — Les chantiers de bois à brûler, dans les villes ; — Les fabriques de chromate de plomb ; — Les fabriques de bougies de blanc de baleine ; — Les ateliers pour le grillage des tissus de coton par le gaz (la surveillance de la police locale, établie par l'ordonnance du 20 août 1824 pour les ateliers d'éclairage par le gaz, est applicable aux ateliers pour le grillage) ; — L'établissement des lavoirs à laine.

Art. 4. — Les fabriques d'acide nitrique (eau forte) où la décomposition du salpêtre par l'acide sulfurique a lieu dans des vases clos, au moyen de l'appareil de Woolf, sont comprises dans la deuxième classe.

Art. 5. — Les ateliers à enfumer les sabots, dans lesquels il est brûlé de la corne ou autres matières animales, dans les villes, sont compris dans la première classe.

Art. 6.—L'affinage de l'or ou de l'argent par l'acide sulfurique est rangé dans la première classe, quand les gaz dégagés pendant cette opération sont versés dans l'atmosphère ; et il est placé dans la deuxième classe, quand ces mêmes gaz sont condensés complètement.

Art. 7. — La fusion du soufre pour le couler en canons, et l'épuration de cette matière par fusion ou décantation, sont comprises dans la deuxième classe.

La purification du soufre par distillation, et la fabrication des fleurs de soufre, restent placées dans la première classe.

Art. 8. — Les dispositions de l'ordonnance du 14 janvier 1815, qui ont rangé les fabrications de noir d'os ou d'ivoire dans la première classe, lorsqu'on n'y brûle pas la fumée, et dans la troisième lorsque la fumée est brûlée, sont applicables à toute calcination d'os d'animaux, fabrication ou revivification de charbon animal.

Art. 9.—La fabrication du chlore (acide muriatique oxygène) et celle des chlorures alcalines (eau de Javelle) sont placées dans la deuxième classe, quand ces produits sont employés dans les établissemens même où ils sont préparés. — La fabrication en grand des chlorures alcalines destinées au commerce, aux fabriques et aux arts, est rangée dans la première classe.

Art. 10. — L'établissement des fabriques, ateliers et dépôts compris dans les articles qui précèdent, ne pourra plus avoir lieu qu'après l'accomplissement des formalités déterminées par le décret du 15 octobre 1810 et l'ordonnance du 14 janvier 1815, suivant la classe à laquelle ils appartiennent.

Ordonnance du Roi. — Rectification d'eaux-de-vie.

20 juillet 1825.

CHARLES, etc.,—Vu l'art. 10 de la loi du 1er mai 1822, qui prohibe la fabrication et la distillation des eaux-de-vie et esprits dans la ville de Paris;—Vu l'ordonnance royale du 11 du même mois, qui détermine les bases de l'indemnité à accorder aux propriétaires des établissemens de l'espèce;—Vu la loi du 24 juin dernier, qui soumet aux droits d'entrée et d'octroi les eaux-de-vie en esprits, en raison de l'alcohol pur qu'ils contiennent;—Voulant pourvoir à l'entière exécution de l'art. 10 de la loi du 1er mai 1822 (1);—Sur le rapport de notre Ministre secrétaire d'État des finances; nous avons ordonné et ordonnons ce qui suit :

Art. 1er — Les établissemens de rectifications

______

(1) Voy. cet article, ci-dessus, p. 50.

d'eaux-de-vie et d'esprits dans notre bonne ville de Paris cesseront toute opération dans un mois, à compter du jour de la publication de la présente ordonnance.

Art. 2. — Il sera fait application aux propriétaires de ces établissemens des bases déterminées par notre dite ordonnance du 11 mai 1822, pour la fixation des indemnités auxquelles ils pourront avoir droit.

Ordonnance qui classe de nouveaux établissemens.

Du 5 novembre 1826.

CHARLES, etc., — Vu le décret du 15 octobre 1810, et les ordonnances des 14 janvier 1815, 29 juillet 1818, 25 juin et 29 octobre 1823, 20 août 1824 et 9 février 1825, — Notre Conseil d'Etat entendu, nous avons ordonné et ordonnons ce qui suit :

Art. 1er — Le rouissage de chanvre en grand, par son séjour dans l'eau, est maintenu dans la *première classe* des établissemens dangereux, insalubres ou incommodes, sous la dénomination suivante : *Routoirs servant au rouissage en grand du chanvre et du lin par leur séjour dans l'eau.*

Art. 2. — Sont rangés dans la même classe les fabriques de visières et feutres vernis.

Art. 3. — Sont rangés dans la *deuxième classe* les forges de grosses œuvres, c'est-à-dire celles où l'on fait usage des moyens mécaniques pour mouvoir soit les marteaux, soit les masses soumises au travail ; les fours à cuire les cailloux destinés à la fabrication des émaux ; les raffineries de blanc de baleine ; le blanchîment des tissus et des fils de laine ou de soie par le gaz ou l'acide sulfurique ; les fabriques de phosphore ; les dépôts de rogues.

Art. 4. — Sont rangés dans la *troisième classe*, les fabriques d'acide acétique (les fabriques d'acide pyroligneux continuent d'appartenir à la première ou à la deuxième classe, où les a placés l'ordonnance du 14 janvier 1815, suivant les procédés dont on y fait usage); les fabriques d'acide tartareux ; les fabriques de caramel en grand ; les fabriques de briquets phosphoriques et de briquets oxigénés ; les blanchîmens de toiles et fils de chanvre, lin et coton, par les chlorures alcalines ; le lustrage des peaux.

Art. 5. — Le blanchîment des toiles par l'acide muriatique oxigéné est maintenu dans la *deuxième classe*, sous la désignation suivante: *Blanchîment des toiles et fils de chanvre, lin et coton, par le chlore.*

Art. 6. — Les buanderies et blanchisseries de profession, et les lavoirs qui en dépendent, sont rangés dans la *troisième classe* quand ils ont un écoulement constant de leurs eaux, et dans la *seconde classe* lorsque cette condition n'est pas remplie complètement.

Art. 7. — L'établissement des fabriques, usines, ateliers, dépôts, compris dans les articles qui précèdent ne pourra plus avoir lieu qu'après l'accomplissement des formalités déterminées par le décret du 15 octobre 1810 et l'ordonnance du 14 janvier 1815, suivant la classe à laquelle ils appartiennent.

Instruction rédigée par l'administration générale, et approuvée par Son Exc. le Ministre de l'intérieur, relativement à l'exécution de l'ordonnance du 29 octobre 1823, sur les machines à vapeur ou sur celles dans lesquelles la force élastique de la vapeur fait équilibre à plus de deux atmosphères, lors même qu'elles brûleraient complètement leur fumée.

Du 7 mai 1825.

L'ordonnance royale du 29 octobre 1823 a statué qu'à l'avenir aucune chaudière de machine à vapeur, à haute pression, ne pourrait être mise dans le commerce (et à plus forte raison employée) qu'autant qu'elle serait munie de deux soupapes et de deux rondelles de métal fusible, et qu'après avoir été éprouvées à l'aide d'une presse hydraulique, et timbrée après l'épreuve.

Le fabricant de chaudières et de machines à haute pression, qui aura des chaudières à faire vérifier, éprouver et timbrer, adressera une demande au préfet, qui la transmettra immédiatement à l'ingénieur des mines, s'il réside dans le département; et, dans le cas contraire, à l'ingénieur des ponts-et-chaussées, qui doit le suppléer. (*Art.* 7 *de l'ordonnance.*)

Le préfet veillera à ce que les opérations se fassent dans le plus court délai possible, afin qu'il n'en puisse résulter aucun inconvénient pour les besoins du commerce et de l'industrie.

L'ingénieur vérifiera d'abord si les dimensions des deux soupapes sont telles que le jeu de l'une d'elles puisse suffire au dégagement de la vapeur, dans le cas où la vapeur acquerrait une trop grande tension.

Il vérifiera de même si les orifices dans lesquels les deux rondelles de métal fusible devront être encastrées, ont les diamètres convenables, savoir :

Pour la première, un diamètre au moins égal à celui de l'une des deux soupapes;

Pour la seconde, un diamètre double.

Il reconnaîtra en même temps si la position de ces orifices est telle que les rondelles puissent remplir leur destination.

L'épreuve de la chaudière n'aura lieu qu'après l'ajustement des deux rondelles. Cet ajustement sera précédé des opérations suivantes :

L'ingénieur déterminera, d'après la table ci-jointe, le degré de fusibilité du métal dont chaque rondelle devra être faite. Il vérifiera ensuite si le métal dont on se propose de fabriquer chaque rondelle est doué de la fusibilité requise. Cette vérification pourra avoir lieu de deux manières :

1º Si le métal a été préparé par le fabricant de chaudières ou de machines, l'ingénieur procèdera à l'essai des deux espèces de lingots qui devront fournir la matière des rondelles, en employant le mécanisme dont le fabricant fait lui-même usage, mais après en avoir vérifié l'exactitude.

2º Si le fabricant de chaudières ou de machines veut employer du métal fusible acheté dans le commerce, l'ingénieur n'aura qu'à constater si les deux lingots portent le timbre légal annonçant le degré de leur fusibilité, c'est-à-dire si chacun d'eux est marqué du timbre qui a dû y être apposé par l'ingénieur des mines commis pour faire ces sortes d'essais dans la manufacture même du métal fusible ; ce timbre sera le même que celui dont il est parlé dans le paragraphe ci-dessous.

L'ingénieur ayant acquis la certitude que les lingots sont composés, l'un, de métal fondant à dix degrés centigrades au-dessus de la température que la vapeur aura habituellement dans la chaudière, et l'autre, de métal fondant à vingt degrés centigrades au-dessus de la même température, fera couler, en sa présence, les deux rondelles, et il apposera à chacune d'elles un timbre octogone portant la légende *Ponts-et-chaussées et Mines,* au milieu de l'empreinte duquel il fera immédiatement graver, sous ses yeux, le degré de fusibilité des rondelles.

Les rondelles seront ensuite ajustées à la chaudière.

Dans le cas où le fabricant de machines se serait procuré des rondelles toutes faites, et qui auraient déjà été essayées et timbrées dans le lieu de leur fabrication, l'ingénieur n'aura d'autre soin à prendre que de vérifier les timbres indiquant les températures,

avant que les rondelles soient ajustées à la chaudière. (1)

En général, dans la vérification du degré de fusibilité du métal fusible, il faudra que l'ingénieur fasse
attention qu'il ne s'agit pas de constater le degré
où le métal devient parfaitement fluide, mais celui
auquel le métal se ramollit assez pour céder à la pression de la vapeur. Cette distinction est importante,
car les plaques de métal fusible sont susceptibles de
perdre leur ténacité un peu avant d'arriver à la température qui détermine leur fusion parfaite. Le timbre
doit, par conséquent, exprimer, non pas le degré de
fusion parfaite, mais celui qui ramollit le métal d'une
quantité suffisante pour rendre la plaque susceptible
de s'ouvrir par la pression qu'elle éprouve sous cette
température.

La chaudière étant munie de ses tubes bouilleurs,
de ses rondelles et de ses soupapes convenablement
surchargées de poids, sera remplie d'eau, et on
l'éprouvera à l'aide d'une presse hydraulique, ou
pompe de pression, qui sera fournie par le fabricant,
avec la main-d'œuvre nécessaire à son emploi.

La pression exercée devra être cinq fois plus forte
que celle que la chaudière est destinée à supporter
dans l'exercice habituel de la machine dont elle sera
partie, c'est-à-dire, par exemple, que si la chaudière
est destinée à travailler à deux atmosphères, la pression d'épreuve sera portée à dix atmosphères.

Lorsque la chaudière aura résisté à cette épreuve,
l'ingénieur y fera apposer, en sa présence, le timbre
qui indiquera la pression à laquelle la machine devra

____

(1) Les fabricans trouveront du métal fusible, pour
toutes les températures requises, préparé d'après les
indications de M. Gay-Lussac, membre de l'Académie
royale des sciences, chez M. Collardeau, rue de la
Cérisaie, n° 5, à Paris.

habituellement travailler, exprimée en atmosphères.

Ce timbre consistera, 1° en une plaque de cuivre circulaire, frappée à la monnaie de Paris, portant en légende : *Ordonnance du* 29 *octobre* 1825, et sur laquelle le nombre d'atmosphères et de demi-atmosphères sera marqué ; 2° en trois vis de métal, destinées à assujétir la plaque sur le corps de la chaudière, au moyen de trous taraudés. Lorsque les vis auront été complètement enfoncées, l'ingénieur fera raser la tête de chaque vis à fleur de la plaque, de manière à faire disparaître la fente de cette tête. Il formera ensuite une empreinte sur la tête de chaque vis, à l'aide d'un poinçon à fleur de lys, ayant un diamètre plus grand que celui de cette tête.

La plaque et les vis en cuivre seront fournies par le fabricant. (1)

Au moyen des dispositions qui précèdent, toutes les chaudières des machines à haute pression seront essayées au lieu même de leur fabrication, ce qui concentrera les épreuves dans un petit nombre de départemens.

S'il n'existe point de fabriques de chaudières dans le département, les opérations de l'ingénieur, à l'égard des chaudières qu'on y introduira pour le service, soit de machines à haute pression déjà permissionnées, soit de machines nouvelles et à permissionner, consisteront à vérifier les deux espèces de timbres que ces chaudières devront porter. Ces vérifications se feront aisément au moyen de *clichés.*

Un exemplaire de ces clichés est déposé aux archives de la préfecture, un autre au bureau de l'ingénieur des mines, ou, à son défaut, au bureau de l'ingénieur des ponts-et-chaussées.

----

(1) Les fabricans pourront s'en procurer de toute espèce, et au prix de la main-d'œuvre, à la Monnaie royale des médailles, rue Guénégaud, n° 8, à Paris.

Table (1) des forces élastiques de la vapeur d'eau à différentes températures.

ÉLASTICITÉ DE LA VAPEUR, EN PRENANT LA PRESSION DE L'ATMOSPHÈRE POUR UNITÉ.	HAUTEUR de la COLONNE DE MERCURE QUI MESURE L'ÉLASTICITÉ DE LA VAPEUR.	TEMPÉRATURE CORRESPONDANTE SUR LE THERMOMÈTRE CENTIGRADE.	PRESSION EXERCÉE par la VAPEUR SUR UN CENTIMÈTRE CARRÉ DE LA SOUPAPE.
Atmosphère.	Mètres.	Degrés.	Kilogrammes.
1	0,76	100	1,033
1 1/2	1,14	112,2	1,549
2	1,52	122	2,066
2 1/2	1,90	129	2,582
3	2,28	135	3,099
3 1/2	2,66	140,7	3,615
4	3,04	145,2	4,132
4 1/2	3,42	150	4,648
5	3,80	154	5,165
5 1/2	4,18	158	5,681
6	4,56	161,5	6,198
6 1/2	4,94	164,7	6,714
7	5,32	168	7,231
7 1/2	5,70	170,7	7,747
8	6,08	173	8,264

(1) Cette table a été dressée par l'Académie royale des sciences.

SECONDE PARTIE.

JURISPRUDENCE.

SECTION I.

ATELIERS DE PREMIÈRE CLASSE.

§. I. *Formalités à remplir pour obtenir l'autorisation.*

FONDERIE DE SUIF A FEU NU.

Les fonderies de suif à feu nu sont classées parmi les établissemens de première classe.

S'il y a des oppositions à ces établissemens, les Conseils de préfecture doivent donner leur avis, sauf la décision du Conseil d'État.

S'il n'y a pas d'opposition, la permission est accordée, s'il y a lieu, par le Conseil d'État, sur l'avis du préfet et le rapport du Ministre de l'intérieur.

Les préfets sont compétens pour connaître de la translation des établissemens de première classe, sauf recours au Ministre de l'intérieur.

(31 juillet 1822. — Robert.)

Le sieur Robert, fabricant de chandelles, à Metz, demande l'autorisation de transporter, dans la rue Saint-Arnould, l'établissement qu'il possède rue Sainte-Marie. Un procès-verbal *de commodo et incommodo* a lieu, et sa demande est rejetée. Il se borne alors à demander l'autorisation de transférer provisoirement sa fonderie de suif à feu nu dans le local indiqué.

Le préfet rejette cette nouvelle demande, par le motif qu'un semblable établissement ne peut être autorisé dans l'intérieur de la ville, attendu qu'il est placé dans la première classe.

7.

Le sieur Robert recourt au Conseil d'Etat contre les deux arrêtés du préfet, mais son pourvoi est rejeté par une fin de non-recevoir.

Considérant qu'il résulte des pièces que l'établissement du sieur Robert, sur lequel il a été statué par les arrêtés dont est appel, est une chandellerie avec fonderie de suif à feu nu; — Que les établissemens de cette nature sont, par notre ordonnance du 14 janvier 1815, placés dans les établissemens de première classe; — Que, s'il y a des oppositions auxdits établissemens, les Conseils de préfecture doivent décider (1), sauf recours (2) en notre Conseil d'Etat; — Que, s'il n'y a pas d'opposition, la permission doit être accordée, s'il y a lieu, sur l'avis du préfet et le rapport de notre Ministre de l'intérieur; — Que, dans l'espèce, les oppositions à l'établissement du sieur Robert ont été jugées par le Conseil de préfecture, sans appel de sa part; — Que, quant à la translation provisoire ultérieurement demandée par le sieur Robert, le préfet était compétent pour en connaître, sauf recours devant notre Ministre de l'intérieur; — Que, dès-lors, c'est devant notre dit Ministre que le sieur Robert doit se pourvoir, s'il s'y croit fondé, contre les arrêtés des 5 et 6 février 1822; (3)

Art. 1er — La requête du sieur Robert est rejetée.

----

(1) Dans l'esprit de l'arrêt, cette expression est synonyme de celle-ci : *émettre un avis*; voyez l'arrêt *Grosjean*, et l'arrêt *Barlatier*, ci-après.

(2) L'art. 4 du décret de 1810 ne dit pas *sauf recours au Conseil d'Etat*; il dit : *sauf la décision du Conseil d'Etat*. Il n'est donc pas exact de dire *sauf recours*, puisque les avis n'en sont pas susceptibles, et qu'ils sont considérés, d'ailleurs, comme de simples actes d'instruction. Voy. l'arrêt *Barlatier*.

(3) Le recours direct au Conseil d'Etat, contre les

§. 11. *Garanties insuffisantes.*

SULFATE DE SOUDE.

Lorsque les procès-verbaux *de commodo et incommodo* et tous les documens de l'affaire ont suffisamment établi que la fabrication dont l'autorisation est demandée est nuisible aux propriétés voisines, il n'y a pas lieu d'en permettre la continuation.

(16 janvier 1822. — Callet.)

Le sieur Callet avait obtenu l'autorisation d'établir une fabrique de sulfate de soude au lieu dit *la Cuve,* situé hors des habitations de la commune de Choisy-le-Roi, près Paris. Au lieu de se conformer à son titre, il a formé sa fabrication dans la commune même, et dans le local où il fabriquait déjà la soude et le savon.

Les voisins ont formé une opposition, et, d'après une enquête *de commodo et incommodo,* et un avis du Conseil de salubrité, le Conseil de préfecture de la Seine a ordonné au sieur Callet de cesser sa fabrication.

Ce fabricant s'est pourvu devant le Conseil d'État, mais sa demande a été rejetée.

Considérant que les procès-verbaux *de commodo et incommodo,* et tous les documens de l'affaire, ont suffisamment établi que la fabrication dont l'autorisation est demandée est nuisible aux propriétés voisines;

---

arrêtés des préfets, n'est autorisé que pour les établissemens de la seconde classe. (Voy. l'art. 7, §. 1er. du décret du 15 octobre 1810.)

Art. 1er — Les requêtes du sieur Callet sont rejetées. — Art. 2. — L'arrêté du Conseil de préfecture du département de la Seine, du 19 janvier 1821, est confirmé.

Observations. — Les fabriques de sulfate de soude sont rangées dans la première classe des établissemens insalubres. — Le Conseil de préfecture ne pouvait donc donner qu'un *avis* sur les oppositions formées à la demande. Il est de fait que, dans l'espèce, le Conseil de préfecture s'était borné à s'exprimer ainsi : *Il y a lieu de refuser l'autorisation.* — Il faut en conclure que le recours du sieur Callet aurait dû être repoussé par cela seul que *l'arrêté* du Conseil de préfecture n'était qu'un *avis.* La seule voie à prendre par le fabricant était de suivre les formalités tracées par les art. 2, 3, 4 et 5 du décret du 15 octobre 1810. — Voy. ci-dessous l'arrêt *Barlatier.*)

§ III. *Du recours contre les ordonnances de refus.*

BOYAUDERIE. (1re esp.)

Lorsqu'une demande en autorisation pour former un établissement a été rejetée après l'accomplissement de toutes les formalités prescrites par le décret de 1810, le fabricant n'est pas recevable à revenir, par la voie d'opposition, contre l'ordonnance qui a rejeté sa demande.

(20 juin 1816. — Millan c. Texada.)

Le sieur Millan demandait à être reçu opposant à un décret du 31 mai 1815, qui avait rejeté sa demande en autorisation d'établir une boyauderie dans sa maison, à la Villette, près Paris. Il avait fait signifier sa demande aux anciens opposans, qui étaient les maires des communes de la Villette, de Pantin, des Prés-Saint-Gervais, de Baubigny et de Belleville, ainsi qu'à la dame Texada, propriétaire d'un semblable établissement dans la même commune.

Ces opposans ont demandé que le sieur Millan fût déclaré mal fondé et non recevable dans son pourvoi.

Considérant que le décret attaqué, du 31 mai 1815, a été rendu sur la requête du sieur Millan, tendante à obtenir l'autorisation de former ledit établissement, et qu'il a été rendu après l'accomplissement de toutes les formalités prescrites par le décret du 15 octobre 1810;

Art. 1er — La requête du sieur Millan est rejetée. — Art. 2. — Le sieur Millan est condamné aux dépens.

FABRIQUE DE COLLE-FORTE. (2ᶜ espèce.)

Lorsqu'il s'agit d'établissemens de première classe, aucun recours n'est ouvert devant le Conseil d'État contre les décisions prises sur l'avis des préfets et le rapport du Ministre de l'intérieur.

(13 août 1823. — Pernet.)

Le sieur Pernet, fabricant de colle blanche à Clichy - la - Garenne (Seine), s'adressa, en janvier 1823, à M. le préfet de police, à Paris, pour obtenir la permission de fabriquer la colle forte, établissement rangé par l'ordonnance de 1815 dans la première classe des établissemens insalubres.

Ce genre d'établissement ne pouvant être formé qu'en vertu de l'autorisation royale, il intervint, le 12 février 1823, sur l'avis du préfet de police et le rapport du Ministre de l'intérieur, une ordonnance qui refusa l'autorisation demandée.

Le sieur Pernet s'est pourvu devant le Conseil d'État. Il a demandé que cette ordonnance fût rapportée purement et simplement, attendu que Clichy-la-Garenne contenait un grand nombre d'établissemens de première classe et de la nature du sien; que, d'ailleurs, sa fabrication s'opérait par des procédés qui empêchaient les émanations méphitiques et nauséabondes qui se font ordinairement sentir dans le voisinage des fabriques de colle forte; qu'en outre, son établissement était placé à l'extrémité du village, et dans la meilleure position possible, puisque les vents régnant ordinairement n'y arrivent qu'après avoir passé sur Clichy, et se répandent ensuite dans la plaine; que l'avis du conseil de salubrité lui était favorable, et qu'ainsi la justice et l'équité militaient en sa faveur.

Sur la communication de la requête en recours du sieur Pernet au Ministre de l'intérieur, Son Exc. a observé que vingt manufactures insalubres et quatre-vingt boyauderies, non moins incommodes, étaient entassées déjà à Clichy; que c'était le principal motif pour lequel elle n'avait pas cru devoir proposer à Sa

Majesté d'accorder l'autorisation demandée ; que les avis favorables qui lui avaient été donnés, et sur lesquels s'appuyait le sieur Pernet, ne pouvaient être obligatoires pour Sa Majesté, et qu'elle n'avait pas cru devoir les suivre, de préférence à sa propre conviction.

Considérant que, pour les établissemens de première classe, aucun recours n'est ouvert, devant notre Conseil d'Etat, contre nos décisions prises sur l'avis des préfets et le rapport de notre Ministre de l'intérieur ;

Art. 1er — La requête du sieur Pernet est rejetée.

FABRIQUE DE CUIRS ET DE CHAPEAUX VERNIS. (3e espèce.)

Le recours devant le Conseil d'Etat, contre une ordonnance royale qui a refusé d'autoriser un établissement de première classe, n'est pas ouvert à la partie qui a succombé dans sa demande.

(24 décembre 1823. — Cochin.)

Le sieur Cochin, fabricant de cuirs et de chapeaux vernis, à Paris, avait demandé l'autorisation de former un établissement de ce genre dans la rue Duguay-Trouin. Une ordonnance royale, rendue sur l'avis du préfet de police et le rapport du Ministre de l'intérieur, le 20 février 1823, rejeta sa demande.

Il s'est pourvu contre cette ordonnance, et en a demandé le rapport, sous le prétexte que le conseil de salubrité lui avait été favorable, ainsi que l'avis du Conseil de préfecture qui avait statué sur les oppositions.

Considérant que, dans l'espèce, il s'agit d'un établissement de première classe, projeté par le sieur *Cochin*, et que, dans ce cas, aucun recours ne lui est ouvert, devant notre Conseil d'État, contre une décision prise sur l'avis du préfet et le rapport de notre Ministre de l'intérieur;

Art. 1er — La requête du sieur *Cochin* est rejetée.

§. IV. *Garanties suffisantes.*

FOUR A PLATRE. (1re esp.)

Lorsque l'établissement d'un four à plâtre (1) ne présente aucun inconvénient, qu'il ne peut préjudicier à la salubrité des habitations voisines, ni faire craindre aucun danger relativement au feu; que, d'ailleurs, l'utilité de cet établissement est manifestement reconnue par les autorités locales, il y a lieu d'accorder l'autorisation.

(18 février 1812. — Herbinier.)

Le sieur Herbinier, voulant reconstruire un ancien four à plâtre dans la commune de Laroche-Guyon (Seine-et-Oise), s'adressa au maire de la commune, pour en obtenir l'autorisation. Celui-ci la lui accorda par le motif que la mise en activité de cette usine, dont les travaux avaient été suspendus pendant plusieurs années, serait un avantage pour la commune, en ce que, par ce moyen, la concurrence serait rétablie,

---

(1) A l'époque où cet arrêt a été rendu, les fours à chaux et à plâtre étaient rangés dans la première classe des établissemens insalubres et incommodes. L'ordonnance du 29 juillet 1818 les a fait descendre dans la seconde.

pour la vente du plâtre, entre le sieur Herbinier et le sieur Perrier, propriétaire d'un autre four dans la même commune, et que les habitans, qui étaient dans l'usage d'engraisser leurs terres avec cette substance, ne seraient plus à la merci d'un seul plâtrier.

Le décret du 15 octobre 1810 étant intervenu pendant que le sieur Herbinier s'occupait de faire reconstruire son four, il crut devoir s'adresser au préfet, pour obtenir une *nouvelle autorisation*. Sa demande fit naître quelques oppositions, et le Conseil de préfecture, les prenant en considération, déclara qu'il n'y avait pas lieu d'accorder l'autorisation.

Le sieur Herbinier s'est pourvu devant le Conseil d'Etat. Il a soutenu que les oppositions étaient l'œuvre du sieur Perrier, qui craignait la concurrence; que son établissement ne pouvait être nuisible aux opposans, attendu que leurs habitations en étaient éloignées de près d'une lieue, et qu'il résultait, d'ailleurs, des certificats et déclarations du maire et de l'adjoint de la commune de Laroche-Guyon, que le four ne pouvait être que très avantageux aux habitans de la commune.

L'autorisation a été accordée dans les termes suivans :

Considérant que la demande formée aujourd'hui par le sieur *Herbinier* tend à obtenir la confirmation de la permission à lui accordée, antérieurement à la publication du décret du 15 octobre 1810, par l'autorité qui, à cette époque, était compétente, et qu'en conséquence elle ne doit pas être envisagée comme une demande nouvelle, faite en vertu de l'art. 1er dudit décret, et susceptible des formalités qu'il prescrit; — Considérant que, soit que l'on regarde cette circonstance comme plaçant le réclamant dans un cas particulier non prévu par le décret du 15 octobre 1810, soit que l'on pense que la reconstruction entreprise avec autorisation, avant la publication du décret, lui rende applicables les dispositions exceptionnelles de l'art. 11, portant que *les établissemens en activité continueront à être exploités librement*, et que le décret n'a point d'effet rétroactif, dans un cas comme dans l'autre, la permission demandée ne saurait lui être refusée, en vertu de ce même décret; — Considérant qu'il est constant, d'après les certificats ci-dessus énoncés, que le four du sieur *Herbinier* existe de temps immémorial, que les habitations qui l'entourent n'ont été construites que long-temps après son établissement; enfin, que sa situation n'a jamais présenté aucun inconvénient, ni donné lieu à aucune réclamation; — Que le témoignage de l'expérience est confirmé par celui d'un très grand nombre d'habitans, lesquels ont formellement déclaré que ce four ne peut préjudicier à la salubrité des habitations voisines, ni faire craindre aucun danger relativement au feu; — Que, d'ailleurs, l'utilité de cet établissement est manifestement reconnue par les autorités locales;

Art. 1er — L'arrêté du Conseil de préfecture du département de Seine-et-Oise, du 19 juillet 1811, est annulé. — Art. 2. — Le sieur *Herbinier* est autorisé à cuire du plâtre dans le four à lui appartenant, situé dans la commune de Laroche-Guyon.

FOUR A CHAUX. (2e espèce.)

Lorsqu'un four à chaux peut subsister dans le lieu où

il est pratiqué, moyennant certaines conditions, il y a lieu d'en autoriser la conservation.

(15 mai 1815. — Samson.)

Le sieur Samson, fermier du parc de la faisanderie, situé à Passy, banlieue de Paris, exploitait plusieurs carrières de pierres, sises dans ledit parc. Dans l'une de ces carrières, il avait fait construire un four à chaux.

L'autorité administrative, craignant que cet établissement, pratiqué dans le vide d'une carrière, ne produisit des éboulemens et n'occasionât des désastres, en fit cesser l'exploitation jusqu'à ce qu'il fût légalement autorisé. Cette mesure fut approuvée par deux décisions du Ministre de la police (4 juin 1814) et du commerce (25 mai 1813); elles ordonnèrent la démolition de cet établissement comme étant impraticable en ce lieu.

Le sieur Samson se pourvut devant le Conseil d'Etat contre ces deux décisions, et ce Conseil s'étant éclairé des avis d'un ingénieur des mines, a autorisé la mise en activité du four, à la charge de remplir certaines conditions.

Considérant que, pour ordonner la démolition dont il s'agit, les arrêtés attaqués se fondent sur ce que cet établissement est pratiqué dans le vide d'une carrière, et qu'il peut, par la chaleur qu'il y introduit, faire écarter les pierres et en précipiter l'éboulement; — Considérant que l'ingénieur des mines, consulté sur ce point, estime que le four peut subsister dans le lieu où il est pratiqué, à charge de faire les constructions qu'il désigne, et notamment de former le cône ou la cheminée du four avec une maçonnerie en briques;

Art. 1er.—Les arrêtés attaqués, qui ordonnent la démolition du four à chaux du sieur *Samson*, sont annulés.—Art. 2.—La mise en activité de ce four est autorisée, à charge, de la part du suppliant, de faire faire les constructions indiquées par l'ingénieur des mines.

VERRERIE. (3ᵉ espèce.)

Les Conseils de préfecture ne sont appelés à donner leur avis sur les oppositions formées aux établissemens de première classe, que lorsque ces oppositions sont fondées sur l'insalubrité ou l'incommodité des manufactures projetées.

Les moyens présentés, par les tiers-opposans, comme des motifs d'utilité publique, qui ne sont en réalité qu'une crainte de concurrence nuisible à leurs intérêts personnels, ne sont pas suffisans pour faire supprimer un établissement déjà autorisé.

(22 juillet 1818. — De Giraucourt et cons. c. Morel.)

Le sieur Morel a été autorisé, par ordonnance royale du 14 août 1816, à construire, à Bois-Guillaume, près Rouen, deux fours à fabriquer, l'un du verre à vitre, et l'autre du verre à bouteille. Cette ordonnance a donné lieu à un pourvoi en tierce-opposition, de la part des sieurs de Giraucourt et autres propriétaires de verreries dans le voisinage.

Ils ont prétendu que cette ordonnance devait être rapportée, 1° en la forme, parce qu'elle avait été rendue d'une manière irrégulière, sans le concours du Conseil de préfecture du département de la Seine-Inférieure et du Conseil d'Etat, qui, selon les dispositions du décret du 15 octobre 1810, doivent prononcer sur les oppositions, lorsqu'il s'en élève à la suite de l'enquête *de commodo et incommodo;* 2° au fond, parce qu'elle était préjudiable à la prospérité de leurs établissemens et au bien-être des communes où ils étaient situés.

Ces moyens n'ont pas prévalu.

Considérant qu'aux termes du 15 octobre 1810 et de notre ordonnance du 14 janvier 1815, les Conseils de préfecture ne sont appelés à donner leur *avis* sur les oppositions formées à l'établissement des manufactures comprises dans la première classe du tableau annexé à ce décret, que lorsque ces oppositions sont fondées sur l'insalubrité ou l'incommodité des manufactures projetées; — Considérant que les formalités prescrites par les lois, décrets et ordonnances, et notamment par notre ordonnance du 14 août 1816, ont été remplies; — Considérant que les moyens présentés par le sieur *de Giraucourt* et autres, comme des motifs d'utilité publique et d'intérêt général, ne sont pris que dans leur intérêt personnel et d'autres intérêts également privés;

Art. 1er — La requête des sieurs *de Giraucourt* et consorts est rejetée. — Art. 2. — Les sieurs *de Girau-court* et consorts sont condamnés aux dépens.

Observations. — La tierce-opposition des sieurs de Giraucourt et consorts aurait dû être rejetée, non par des moyens tirés du fond, mais par un moyen de forme. En effet, puisqu'il était constaté que toutes les formalités légales avaient été remplies, aucun recours n'était admissible contre l'ordonnance d'autorisation, par la voie de l'opposition. Le seul recours possible, dans ce cas, contre les ateliers de première classe est indiqué par l'art. 12 du décret du 15 octobre 1810. L'exception dont nous parlons a été adoptée, depuis, par les ordonnances *Paillard, Barlatier* et *Tourraud*, ci-dessous rapportées.

§. V. *De la révocation, ou de la suspension par suite de l'inexécution des conditions imposées.*

AFFINAGE D'OR ET D'ARGENT. (1re espèce.)

Pour que le préfet de police, à Paris, soit compétent pour autoriser un établissement insalubre ou incommode, il faut que cet établissement soit rangé parmi ceux de la troisième classe, ou que du moins il y soit assimilé par une décision du Ministre de l'intérieur.

Lorsque l'autorisation pour un établissement de troisième classe a été donnée par un maire, ou par le préfet de police, à Paris, et qu'il s'élève postérieurement des réclamations, le Conseil de préfecture est compétent pour les apprécier ou pour infirmer l'autorisation accordée.

Il appartient aux Conseils de préfecture de donner leur avis sur les oppositions formées aux établissemens de première classe.

Lorsqu'une autorisation n'a été donnée, pour un établissement de première classe, que sous la condition de condenser entièrement les gaz qui peuvent être produits par les opérations de la fabrique, il y a lieu de révoquer l'autorisation, s'il est prouvé que les gaz ne sont pas entièrement condensés.

Cette preuve peut être tirée de ce que le comité consultatif des arts et manufactures, et le Conseil de salubrité, déclarent que le fabricant pourra parvenir à condenser entièrement ses gaz en suivant les instructions consignées dans leurs avis, et de ce que le fabricant avoue lui-même qu'il a exécuté ces améliorations postérieurement à l'autorisation donnée.

La révocation de l'autorisation n'empêche pas le fabricant d'en solliciter une nouvelle, s'il parvient à remplir les conditions imposées.

(30 mai 1821. — Lebel c. Graindorge et autres.)

Le sieur Lebel avait établi, sans autorisation préalable, un affinage d'or et d'argent, à Ménil-Montant, commune de Belleville, près Paris.

L'autorité le prévient qu'il est en contravention aux réglemens; et, le 16 juin 1820, il forme sa demande d'une permission, devant M. le préfet de police.

Ce magistrat ordonne l'enquête de *commodo* et *incommodo*. Le maire de Belleville y procède; vingt-trois oppositions sont reçues et constatées: les opposans déclarent que, de la fabrique du sieur Lebel, il s'échappe des fumées et gaz qui suffoquent, prennent à la gorge, excitent à la toux, et que ce voisinage leur paraît être très incommode et même dangereux.

Le préfet de police, saisi des plaintes, fait vérifier la fabrique, reconnaître les procédés que le sieur Lebel y emploie, et déterminer la classe à laquelle cet établissement semble appartenir.

Le décret de 1810 et l'ordonnance de 1815 n'avaient, en effet, classé que l'affinage par le moyen des *fourneaux à manche, à coupelle* ou *à réverbère*. Le sieur Lebel prétendait exploiter par le secours du *fourneau à air* et de *l'acide sulfurique*.

Le rapport des chimistes et l'avis du Conseil de salubrité sont transmis au Ministre de l'intérieur, qui soumet l'affaire au comité consultatif des arts et manufactures.

Le 14 octobre 1820, sur l'avis du comité, S. Exc. prend une mesure générale, par laquelle elle déclare que « les affinages d'or et « d'argent, à l'aide de l'acide sulfurique, doivent être compris dans la première classe si « le gaz sulfureux qui se dégage pendant l'opération est versé dans l'atmosphère, et que, « si le même gaz est condensé, ces établissemens peuvent être assimilés à ceux de troisième classe. »

L'application de ce règlement supplémentaire est aussitôt faite à l'établissement du sieur Lebel, et, par décision du même jour, 14 octobre, le Ministre lui accorde la permission provisoire de continuer ses travaux, à charge par lui de condenser les gaz résultant de cet affinage.

Le sieur Lebel se retire devant le préfet de police pour obtenir la permission définitive. Elle lui est accordée, le 22 novembre, « à la charge par lui de condenser et absorber les vapeurs sulfureuses dans un appareil particulier, et sous la condition de se conformer à toutes les dispositions qui lui seraient prescrites pour la rectification et le perfectionnement de cet appareil, et à toutes les mesures de sûreté et de salubrité que l'administration croirait devoir lui prescrire par la suite. »

Les habitans, au nombre de quatre-vingt-six, forment opposition à cet arrêté.

Le Conseil de préfecture admet leur opposition, infirme l'autorisation donnée; et, délibérant sur la demande en autorisation de l'établissement, comme de première classe, il émet l'avis qu'il y a lieu de rejeter, quant à présent, la demande du sieur Lebel, attendu que les établissemens de première classe ne peuvent être formés près des habitations.

Le sieur Lebel a déféré cette décision au Conseil d'État; mais son pourvoi a été rejeté.

Considérant, sur la compétence, que l'autorisation du 22 novembre 1820 n'aurait pas été compétemment donnée par le préfet de police, si l'établissement du sieur *Lebel* n'eût pas été assimilé à la troisième classe; — Que les Conseils de préfecture sont, aux termes du décret du 15 octobre 1810, compétens pour juger sur les réclamations élevées contre les décisions prises par le préfet de police ou les maires, relativement aux établissemens de cette classe; et que, d'après l'art. 4 du même décret, ils doivent donner leur avis sur les oppositions aux établissemens de première classe; — Considérant, au fond, qu'il résulte, des avis du Comité consultatif des arts et manufactures, et du Conseil de salubrité, que le sieur *Lebel* ne condense pas entièrement les gaz; mais qu'il y pourra parvenir en suivant les diverses instructions consignées dans lesdits avis; — Considérant qu'en effet le sieur *Lebel* déclare, dans sa requête, que, postérieurement à l'arrêté qu'il attaque, il a fait les différentes améliorations indiquées par le comité consultatif, d'où il suit encore qu'à l'époque où l'arrêté a été rendu, les gaz n'étaient pas entièrement condensés, et qu'ainsi, le Conseil de préfecture a fait une juste application des lois et réglemens de la matière; — Considérant d'ailleurs que l'arrêté ne statue que quant à présent, et qu'il ne fait pas obstacle à ce que le sieur *Lebel* sollicite une nouvelle autorisation, quelle que soit la classe à laquelle son établissement devra appartenir d'après la nature des procédés qu'il aura définitivement adoptés;

Art. 1er — La requête du sieur *Lebel* est rejetée. — Art. 2. — L'arrêté du Conseil de préfecture du département de la Seine, du 19 janvier 1821, est confirmé, sauf au sieur *Lebel* à se retirer de nouveau, et devant qui de droit, pour obtenir l'autorisation par lui demandée. — Art. 3. — Le sieur *Lebel* est condamné aux dépens.

(2e espèce.)

L'affinage de l'or et de l'argent, au moyen de l'acide sulfurique, est rangé dans la première classe des établissemens insalubres et incommodes, jusqu'à ce que l'affineur soit parvenu à condenser les gaz.

Il est de la troisième classe, lorsque les gaz sont condensés.

Le fabricant qui a substitué l'acide sulfurique à l'acide nitrique s'est mis, par ce fait, dans la première classe, de manière à ne pouvoir plus jouir de son titre, jusqu'à ce qu'il ait obtenu une nouvelle autorisation.

Le préfet de police de Paris peut, dans ce cas, ordonner la suspension de l'établissement.

(19 mars 1823. — Guichard et Legendre.)

Le 12 mars 1821, le préfet de police, à

Paris, prit un arrêté par lequel il ordonna aux sieurs Guichard et Legendre, affineurs de matières d'or et d'argent, rue Chapon n° 14, de suspendre leurs travaux d'affinage, attendu que, par l'emploi de l'acide sulfurique, ils nuisaient à la santé des voisins.

Le Ministre de l'intérieur approuva, le 21 avril suivant, l'arrêté du préfet de police, après s'être éclairé de trois rapports conformes du Conseil de salubrité, qui tous, établissaient que la dissolution des alliages, par le moyen de l'acide sulfurique, produisait des vapeurs malsaines et nuisibles aux voisins, de manière qu'il était nécessaire de suspendre les travaux de cet atelier, jusqu'à ce que les affineurs eussent trouvé un moyen de faire leurs opérations, sans dégagement des vapeurs acides, ou en les absorbant.

Les sieurs Guichard et Legendre se sont pourvus au Conseil d'État, et ont demandé : 1° le sursis à l'exécution de l'arrêté attaqué ; 2° l'annulation dudit arrêté, pour vice d'incompétence.

Ils ont soutenu que le préfet de police était incompétent pour prononcer sur les contestations qui peuvent s'élever entre un chef d'ateliers et les voisins ; que cette attribution appartenait aux Conseils de préfecture ; au fond, que leur atelier n'était ni dangereux, ni insalubre, ni incommode ; qu'il existait depuis onze ans ;

que leur vendeur l'avait fait valoir, sans interruption, pendant tout ce laps de temps, soit
dans la rue Saint-Germain-l'Auxerrois, soit
dans la rue Chapon, et qu'une si longue expérience repoussait toutes les réclamations des
voisins.

M. le préfet de police a répondu que sa compétence était incontestable, aux termes de l'article 23 de l'arrêté du gouvernement du 12
messidor an VIII, et de l'art. 5 de l'ordonnance
du 14 janvier 1815. Au fond, il a opposé que
l'expérience et la possession de leur prédéces-
seur ne pouvaient leur servir, par la raison
que celui-ci employait l'acide nitrique, bien
moins dangereux et insalubre que l'acide sulfurique; que s'ils voulaient en profiter, ils
n'avaient qu'à abandonner leur nouveau procédé, ou bien à coërcer les gaz délétères qui
s'en échappent.

Le Conseil a rejeté les requêtes des sieurs Guichard et Legendre, et a maintenu l'arrêté attaqué.

Vu l'arrêté du gouvernement, du 12 messidor
an VIII;

Considérant qu'il résulte des rapports du Conseil de salubrité que les sieurs *Guichard* et *Legendre* ont substitué aux anciens procédés l'emploi
de l'acide sulfurique, et que n'étant pas encore par-
venus à condenser les gaz, leur établissement se
trouve appartenir à la première classe; — Considérant
que, jusqu'à ce que lesdits affineurs aient disposé ledit établissement de manière à le faire ranger dans la
troisième classe, le préfet de police était autorisé, par

l'art. 25 de l'arrêté du gouvernement, du 12 messidor an VIII, et par l'art. 5 de notre ordonnance du 14 janvier 1815, à en ordonner la suspension; — Considérant, d'ailleurs, que cette suspension laisse aux sieurs *Guichard* et *Legendre* la faculté de perfectionner leurs moyens d'affinage, et de les soumettre ensuite aux formalités prescrites pour obtenir, s'il y a lieu, l'autorisation de s'en servir;

Art. 1er — La requête des sieurs *Guichard* et *Legendre* est rejetée.

§. VI. *Du recours contre les ordonnances royales d'autorisation.*

FONDERIE DE SUIF EN BRANCHES A FEU NU.
(1re espèce.)

Les fonderies de suif en branches à feu nu sont rangées parmi les établissemens de première classe (1).

Nulle opposition n'est recevable contre une ordonnance royale qui a autorisé, après toutes formalités remplies, un atelier de première classe.

Les ordonnances qui autorisent les ateliers de première classe sont présumées avoir statué sur les dangers ou inconvéniens, tant publics que privés, auxquels peut donner lieu la formation de ces établissemens, et en particulier la *diminution de valeur* des propriétés voisines.

Il serait donc contraire aux règles qui ont fixé la séparation des pouvoirs judiciaire et administratif d'autoriser (ou de réserver), devant les tribunaux, un recours qui tendrait à faire juger par eux cette question.

(15 décembre 1824.—Lez, Macey et cons. c. Paillard.)

Le sieur Paillard, de Fontainebleau, a été

____

(1) Voyez ci-dessus, p. 77, l'arrêt *Robert*.

9

autorisé, par ordonnance royale du 4 avril 1821, à établir une fonderie de suif en branches à feu nu, dans un faubourg de cette ville. Les sieurs Lez, Maccy et autres habitans, voisins de l'établissement, se sont pourvus par voie de tierce opposition contre ladite ordonnance.

Ils ont d'abord motivé leur opposition sur un précédent du Conseil (voy. l'arrêt *Torcat*, au mot *Cours d'eau*, au tome Ier de mon *Recueil des arrêts du Conseil*,) qui déclare que lorsque des tiers se prétendent lésés dans leurs droits par une ordonnance autorisant l'établissement d'*une usine*, leur opposition à cette ordonnance doit être suivie par la voie contentieuse. Ils ont induit de là, par analogie, qu'ils étaient recevables à attaquer l'ordonnance qui autorisait l'établissement de Paillard.

Ils ont conclu à l'annulation de cette ordonnance; *subsidiairement* ils ont aussi conclu à ce qu'il fût décidé que l'autorisation qui avait été accordée au sieur Paillard, n'était autre chose qu'une mesure de police; qu'elle n'était point une décision sur le droit; qu'ils conservaient, par conséquent, toute action devant les tribunaux, pour obtenir contre le sieur Paillard telles réparations civiles que comporteraient les dommages graves qu'il avait causés à leurs propriétés, en formant, auprès de leurs maisons et sans aucune nécessité, un établissement insupportable *qui diminuait no-*

tablement la valeur des propriétés voisines, en raison de leur proximité.

Le sieur Paillard a soutenu d'abord, en la forme, que l'opposition était non recevable. Il a invoqué, à cet effet, l'opinion de M. de Cormenin (dans les *Quest. de Droit adm.*, t. ii, p. 512) et la jurisprudence du Conseil, notamment l'arrêt *Millan* c. *Texada*, dans une espèce semblable. Ensuite, il a fait observer que l'arrêt *Torcat* avait été rendu au sujet d'une usine située sur un cours d'eau, et que la matière des eaux n'était pas régie par les mêmes lois que celle des ateliers insalubres.

« En matière d'eaux (a-t-il dit), nulle disposition législative n'oblige à dresser des procès-verbaux de *commodo* et *incommodo* : dès-lors, il y a un motif puissant pour admettre, après la concession, les oppositions qui n'ont pu légalement être formées auparavant, et sur lesquelles le Conseil d'Etat n'a pas encore statué.

« Mais, en fait d'ateliers insalubres, on admet les oppositions, pour les établissemens de première classe, *avant* d'accorder l'autorisation. Le Conseil de préfecture émet *son avis* sur les oppositions, et le Roi, en son Conseil, juge ces mêmes oppositions, lorsqu'il prononce sur l'autorisation. »

Au fond, le sieur Paillard a fait observer que le principal opposant (le sieur Lez) était mal fondé dans son opposition, parce qu'il avait construit sa maison dans le voisinage de l'établissement, pendant qu'il était en activité; qu'ainsi, d'après la maxime de droit *volenti non fit injuria*, il n'était pas fondé à se plaindre; que d'ailleurs son opposition était formellement rejetée par l'art. 9 du décret du 15 octobre 1810, conçu dans l'esprit de cette maxime.

« Tout individu qui ferait des constructions (porte ledit art.) dans le voisinage de ces manufactures et ateliers (de première classe), après que la formation en aura été permise, ne sera plus admis à en solliciter l'éloignement. »

Enfin il a soutenu que les réserves de se pourvoir devant les tribunaux pour obtenir l'indemnité de la prétendue dépréciation des propriétés voisines, ne pouvaient être admises parce que tout aurait été définitivement jugé par l'ordonnance d'autorisation.

Considérant, *sur les conclusions au fond*, 1° que le décret du 15 octobre 1810 a, dans ses articles 2, 3, 4 et 5, fixé les règles à suivre pour obtenir les autorisations nécessaires à la formation des manufactures et ateliers compris dans la première classe des établissemens qui répandent une odeur insalubre et incommode; que l'ordonnance du 14 janvier 1815 a classé les fonderies de suif en branches à feu nu parmi les établissemens de première classe; — Considérant, 2° qu'aux termes desdits décret et ordonnance, dans le cas où il y aurait des oppositions, le Conseil de préfecture doit donner son *avis*, sauf la *décision* du Conseil d'Etat; que l'ordonnance attaquée, rendue, notre Conseil d'Etat entendu, a visé les pièces qui constatent que toutes les formalités ont été remplies ; que parmi ces pièces visées se trouve l'avis du Conseil de préfecture, qui constate que l'affiche de la demande du sieur *Paillard* a eu lieu dans les communes distantes de cinq kilomètres de l'établissement projeté ; — qu'ainsi, l'opposition à ladite ordonnance du 4 avril 1821 ne peut être admise ; — Considérant, *sur les conclusions subsidiaires*, que le décret du 15 octobre 1810 a chargé l'administration de recueillir toutes les informations qui peuvent l'éclairer sur les dangers ou inconvéniens, tant publics que particuliers, auxquels peut donner lieu l'établissement dont l'autorisation est demandée ; que l'administration supérieure doit prononcer sur les oppositions que pourrait faire naître cette demande ; que, par conséquent, il serait contraire aux règles qui ont fixé la séparation des pouvoirs judiciaire et administratif d'autoriser, devant les tribunaux, un recours qui tendrait à faire juger par eux *la diminution de valeur* que pourrait causer, à des propriétés voisines, la formation d'un établissement autorisé par une ordonnance qui aurait déjà prononcé sur ces questions ;

Art. 1er — La requête des sieur *Lez* et consorts, et la requête d'intervention des sieurs *Paulin*, *Leveaux* et *François d'Hury*, sont rejetées. — Art. 2. — Les sieur *Lez* et consorts, les sieurs *Paulin*, *Leveaux*, *François d'Hury*, sont condamnés aux dépens.

FABRIQUE DE SOUDE. (2ᵉ espèce.)

Les *avis* que donnent les Conseils de préfecture, sur les oppositions aux établissemens de première classe, ne sont pas susceptibles de recours devant le Conseil d'Etat ; ces *avis* ne sont que des instructions ou renseignemens pour l'autorité supérieure, et non pas des décisions. (1)

---

(1) Voy. ci-dessus l'arrêt *Robert*. C'est un principe

Les fabriques de soude sont rangées dans la première classe.

Avant de statuer sur la demande en autorisation pour de pareils établissemens, il doit être apposé des affiches et procédé à une enquête *de commodo et incommodo*, et, s'il y a des oppositions, le Conseil de préfecture doit donner son *avis*, sauf la décision du Roi en Conseil d'Etat.

Lorsque toutes ces formalités ont été observées, le recours contre l'ordonnance royale qui a donné l'autorisation est inadmissible.

(22 juin 1825.—Barlatier c. la commune de Marignane.)

Les sieurs Barlatier et compagnie ont demandé au préfet des Bouches-du-Rhône l'autorisation d'établir une fabrique de soude dans les marais de Marignane. Un procès-verbal *de commodo et incommodo* a été dressé par des experts à ce nommés; et, sur l'opposition de la commune, représentée par son maire et d'au-

---

général de jurisprudence administrative que les *avis* ne sont pas susceptibles d'appel, parce qu'ils ne jugent rien; mais ici il y a une contradiction apparente qui doit être éclaircie. L'article 4 du décret de 1810 porte que le Conseil de préfecture donnera son avis sur les oppositions, sauf la décision du Conseil d'Etat. Ces derniers mots n'ouvrent pas un recours contre les avis rendus; ils disent seulement: sauf la décision sur l'autorisation par le Conseil d'Etat. Ici, les Conseils de préfecture, comme le préfet et le Ministre, ne sont que des instructeurs, et non des juges; ils donnent tous des avis au juge suprême qui doit prononcer en Conseil d'Etat: dès-lors, leurs avis n'ont rien de contentieux qui puisse donner lieu à recours.

tres particuliers, le Conseil de préfecture a pensé que l'autorisation devait être refusée, par le motif que l'établissement serait nuisible à la santé et aux propriétés des habitans.

Les sieurs Barlatier ont attaqué cet arrêté devant le Conseil d'Etat, comme contraire aux dispositions des réglemens sur la matière. Cet arrêté, rendu en forme d'*avis*, comme cela a toujours lieu en pareil cas pour les établissemens de première classe, a été déféré au Ministre de l'intérieur, pour, sur son rapport, être statué par une ordonnance royale. Le comité consultatif des arts et manufactures a été consulté, et, le 18 septembre 1824, une ordonnance a accordé l'autorisation sous certaines conditions, sans avoir égard à l'*avis* du Conseil de préfecture.

La commune de Marignane, qui a eu connaissance de cette ordonnance, a formé un recours incident devant le Conseil, et a demandé qu'elle fût rapportée. L'appel des sieurs Barlatier est devenu par-là inutile, et de demandeurs qu'ils étaient ils sont devenus défendeurs. Néanmoins, le Conseil d'Etat a prononcé sur les deux appels, en compensant les dépens.

Sur le premier pourvoi : Considérant que l'arrêté du Conseil de préfecture du département des Bouches-du-Rhône, du 24 février 1824, n'a rien décidé, et que les arrêtés, en forme d'avis, ne sont pas susceptibles d'être attaqués par la voie contentieuse ;

Sur le second pourvoi : Considérant que les fabriques de soude sont rangées dans la première classe des établissemens qui répandent une odeur incommode ou insalubre; qu'avant de statuer sur la demande, il doit être apposé des affiches et procédé à une enquête *de commodo et incommodo*; que, s'il y a des oppositions aux établissemens de cette classe, le Conseil de préfecture doit donner son avis, sauf notre décision en Conseil d'État; — Considérant qu'il résulte de notre ordonnance du 18 septembre 1824, que toutes ces formalités ont été observées, et que dès-lors le recours contre ladite ordonnance est inadmissible;

Art. 1ᵉʳ — La requête des sieurs *Barlatier*, *Armand* et compagnie, contre l'arrêté, en forme d'avis, du Conseil de préfecture du département des Bouches-du-Rhône, du 24 février 1824, est rejetée. — Art. 2. — La requête du maire *de Marignane*, contre notre ordonnance du 18 septembre 1824, est rejetée; — Art. 3. — Les dépens sont compensés entre les parties.

FONDERIE DE SUIF A FEU NU. (3ᵉ espèce.)

Lorsque l'ordonnance d'autorisation pour un établissement de première classe a été rendue après une instruction contradictoire, cette ordonnance ne peut plus être attaquée par la voie contentieuse.

Si l'établissement n'est pas formé au-dehors de la ville, comme le prescrit l'ordonnance d'autorisation, c'est devant l'administration que les réclamans doivent se retirer pour obtenir l'exécution de cette disposition. (1)

(21 décembre 1825. — Tourrand et cons. c. Thinet.)

Le sieur Thinet, fabricant de chandelles à Thiers (Puy-de-Dôme), avait d'abord trans-

---

(1) Voy. l'arrêt *Molet* et *Goulard*, deuxième classe, fabrique de chandelles.

féré son établissement dans un quartier extérieur de la ville, sans autorisation préalable :
des oppositions s'étant élevées, le Conseil de
préfecture déclara qu'il ne pouvait être maintenu dans l'emplacement actuel.

L'établissement est rangé dans la première
classe, attendu que le suif est fondu à feu nu :
or, ces établissemens ne peuvent être fermés
au milieu des habitations.

Le sieur Thinet se pourvut d'abord contre
l'arrêté du Conseil de préfecture, et ensuite en
autorisation. Une ordonnance du 1er septembre 1824, rendue sur le rapport du Ministre
de l'intérieur, après une instruction contradictoire, l'autorisa à établir sa fabrique hors de
la ville de Thiers.

Muni de cette autorisation, le sieur Thinet
ne donna aucune suite à son pourvoi contre
l'arrêté du Conseil de préfecture, et un arrêt
du 15 décembre suivant le déclara déchu, pour
n'avoir pas fourni ses moyens dans les délais
du réglement.

Dans cet état, les sieurs Tourraud et autres
opposans ont attaqué l'ordonnance d'autorisation, et en ont demandé le rapport. Leur recours était fondé sur ce que le sieur Thinet
avait établi sa fabrique en-deçà des barrières,
et par conséquent dans l'intérieur de la ville,
au mépris de l'ordonnance, qui, selon eux, avait
été obtenue par subreption.

Le sieur Thinet a soutenu, au contraire, que l'ordonnance d'autorisation avait été rendue après l'accomplissement de toutes les formalités, et qu'elle était inattaquable.

Le Conseil d'Etat l'a ainsi décidé, conformément à sa jurisprudence, en réservant toutefois aux tiers intéressés leurs recours devant l'administration, pour faire exécuter les dispositions de ladite ordonnance.

Vu le décret du 15 octobre 1810, et l'ordonnance royale du 14 janvier 1815, sur les établissemens incommodes et insalubres; — Considérant qu'il s'agit d'un établissement de première classe, et que l'ordonnance royale du 1er septembre 1824 ayant été rendue après une instruction contradictoire, les requérans sont non-recevables dans leur pourvoi par la voie contentieuse contre ladite ordonnance; — Considérant que si l'établissement n'est pas formé au-dehors de la ville, comme le prescrivait l'ordonnance, c'est devant l'administration que les requérans doivent se retirer pour réclamer l'exécution de cette disposition;

Art. 1er — La requête des sieur *Tourraud* et consorts est rejetée. — Art. 2. — Les sieur *Tourraud* et consorts sont condamnés aux dépens.

§. VII. *Du recours extraordinaire autorisé par l'art. 12 du décret de 1810.* (1)

ACIDE SULFURIQUE. (1re esp.)

Lorsqu'il est reconnu qu'une fabrique, dont ou de-

____

(1) Voy. ci-dessus, p. 35, la note sur l'art. 12.

mande la suppression en vertu de l'art. 12 du décret
du 15 octobre 1810, n'a point de graves inconvéniens pour la salubrité publique, la culture ni l'intérêt général, et qu'à l'aide de certains moyens
indiqués on peut corriger ou diminuer ceux qui
existent, il y a lieu d'en maintenir la conservation.
Toutefois, il n'est rien préjugé sur les demandes
en indemnités des opposans, pour lesquels ils doivent être renvoyés devant les tribunaux. (Art. 11
du décret de 1810.)

(6 septembre 1813. — Lombard et autres c. Chaptal.)

A l'époque de la publication du décret du 15 octobre 1810, le comte Chaptal exploitait une fabrique d'acide sulfurique, dans la commune
des Thermes, près Paris. Ce genre de fabrication
est placé dans la première classe par ledit décret; or, tous les ateliers de la première classe
doivent être éloignés des habitations.

Néanmoins, comme la loi n'a point d'effet
rétroactif; il est déclaré, par l'art. 11, que les
établissemens en activité seront maintenus, sauf
les dommages dont ils pourront être passibles,
et que les tribunaux sont chargés de régler.

Toutefois, comme la salubrité publique, la
culture ou l'intérêt général doivent l'emporter
sur l'intérêt d'un manufacturier, il est déclaré,
par l'art. 12, que les fabriques pourront être
supprimées, en cas de graves inconvéniens.

Dans l'espèce, les sieurs Lombard et autres
habitans et propriétaires des Thermes se sont
opposés à l'exploitation de la manufacture du

comte Chaptal; ils ont invoqué les dispositions du décret précité, et ont demandé que, vu les inconvéniens graves qui en résultaient pour la valeur des maisons, le produit et l'agrément des jardins, et la salubrité publique, elle fût supprimée; subsidiairement, ils ont demandé qu'il leur fût réservé tout recours devant les tribunaux pour dommages-intérêts, dans le cas où on jugerait que l'établissement peut être maintenu sans de graves inconvéniens.

Vu les art. 11 et 12 du décret du 15 octobre 1810;

Considérant qu'il résulte de l'avis, du rapport et du procès-verbal ci-dessus, 1° que la fabrique n'a point de graves inconvéniens pour la salubrité publique, la culture ni l'intérêt général; 2° qu'elle en a toutefois qu'il est possible de corriger ou de diminuer par les moyens indiqués dans le rapport du Conseil de salubrité;

Art. 1er — La manufacture d'acide et autres produits chimiques établie aux Thermes, par *le comte Chaptal*, est maintenue, aux conditions exprimées dans les articles suivans. — Art. 2. — Le toit et les cheminées des premiers ateliers du côté de la rue de l'Arcade seront élevés à la hauteur des derniers du même côté, conformément au rapport du Conseil de salubrité. — Art. 3. — Les deux anciennes chambres de plomb que ledit Conseil a reconnu être fatiguées par un trop long usage, seront, conformément audit rapport, construites en plomb neuf, avec le même soin qu'on a mis à la construction des nouvelles. — Art. 4. — Les fabrications auront lieu avec les soins et les précautions pris le jour de la visite dudit Conseil, et décrits audit rapport. — Art. 5. — Il ne pourra être fait aucune addition notable aux constructions et fabrications décrites dans ledit rapport, à moins d'une autorisation préalable, obtenue dans les formes prescrites par notre décret du 15 octobre 1810. — Art. 6. — Le préfet de police, sur l'avis des membres du Conseil de salubrité et des architectes de la voirie, rendra une ordonnance pour assurer l'exécution des dispositions qui précèdent, et fera faire d'office, ou sur plaintes, toutes visites nécessaires à cet effet. — Art. 7. — Il n'est rien préjugé sur les demandes en indemnité des supplians, pour lesquelles ils sont renvoyés à se pourvoir, si bon leur semble, devant les tribunaux, conformément à l'art. 11 de notre décret du 15 octobre 1810.

FABRIQUE DE SOUDE. (2ᵉ espèce.)

Les préfets sont compétens pour déclarer que les ateliers d'un fabricant existaient à l'époque de la publication du décret du 15 octobre 1810, et que, d'après l'art. 11 de ce décret, ces ateliers doivent être conservés, sauf à en demander la suppression, s'ils se trouvent dans le cas prévu par l'art. 12 du même décret.

Si les tiers-opposans ont à se plaindre des dispositions d'un arrêté de préfet, en pareil cas, c'est devant le Ministre de l'intérieur qu'ils doivent se pourvoir, avant de porter leur réclamation au Conseil d'État.

Si, au contraire, ils veulent provoquer la suppression des ateliers du fabricant, à raison de graves inconvéniens pour la salubrité publique, dans ce cas, il faut qu'ils suivent la marche qui leur est prescrite par l'art. 12 dudit décret.

(29 janvier 1814. — Pinel c. Lefrançois.)

Lors de la publication du décret du 15 octobre 1810, les sieurs Lefrançois exploitaient, dans la commune de Deville, près de Rouen, une

fabrique de soude artificielle et d'acide sulfurique. Dans le principe, ils fabriquaient à ciel
ouvert; mais ce mode étant reconnu dangereux
pour le voisinage, à cause des vapeurs qui se
répandaient, ils continuèrent leur fabrication à
vases clos.

Après la publication du décret, les sieurs
Pinel père et fils et le sieur Anfrie réclamèrent contre l'établissement des sieurs Lefrançois.
Une expertise eut lieu, et sur le rapport qui en
fut fait, le sous-préfet fut d'avis que l'établissement devait être maintenu, sauf aux parties à
discuter devant les tribunaux la question de
dommages-intérêts.

Le préfet adopta cet avis, par arrêté du 5
août 1812, et déclara que les ateliers des sieurs
Lefrançois étaient compris dans le nombre de
ceux auxquels s'appliquait l'art. 11 du décret
de 1810; il renvoya, en outre, les sieurs Pinel et
Anfrie devant le Conseil d'État, pour demander
l'application de l'article 12 dudit décret.

Ces opposans se sont pourvus devant le Conseil d'État, et ont demandé l'annulation de
l'arrêté du préfet, pour cause d'incompétence.

Vu notre décret du 15 octobre 1810, ensemble
toutes les autres pièces produites par les parties;

Considérant que, par son arrêté du 5 août 1812, le
préfet du département de la Seine-Inférieure a seulement déclaré que les ateliers des sieurs *Lefrançois*
existaient à l'époque de la publication de notre décret
du 15 octobre 1810, et que, d'après l'art. 11 de ce

décret, ces ateliers devaient être conservés, sauf à en demander la suppression, s'ils se trouvent dans le cas prévu par l'art. 12 du même décret ; — Considérant que, si les réclamans ont à se plaindre des dispositions de cet arrêté, c'est devant notre Ministre de l'intérieur qu'ils doivent se pourvoir avant de porter leur réclamation à notre Conseil d'Etat ; que si, au contraire, ils veulent provoquer la suppression des ateliers des sieurs *Lefrançois*, à raison de graves inconvéniens pour la salubrité publique, dans ce cas il faut qu'ils suivent la marche qui leur est prescrite par l'art. 12 de notre décret du 15 octobre 1810 ;

Art. 1er — La requête du sieur *Anfrie* est rejetée, de son consentement ; celle des sieurs *Pinel*, père et fils, est également rejetée, sauf à ces derniers à se pourvoir, s'il y a lieu, devant notre Ministre de l'intérieur, pour faire réformer l'arrêté du 5 août 1812.

§. VIII. *Des établissemens antérieurs au décret de 1810.*

FABRIQUE DE COLLE-FORTE.

L'article 11 du décret du 15 octobre 1810 n'est point applicable à un atelier dont l'établissement récent a donné lieu, dès les premiers travaux, à des oppositions qui n'étaient point jugées au moment de la publication du décret.

Les Conseils de préfecture ne sont pas compétens pour rendre des arrêtés sur les oppositions aux établissemens de première classe ; — ils doivent se borner à donner *un avis*. (Art. 4 dudit décret.)

(2 juillet 1812. — Grosjean.)

Dans le mois de septembre 1810, le sieur Grosjean établit une fabrique de colle-forte dans la commune des Eaux-Vives, près de Genève, qui faisait alors partie de la France.

Cet établissement était en activité au moment de la publication du décret du 15 octobre de la même année ; mais il paraît que les oppositions qu'il avait soulevées n'avaient pas encore été jugées définitivement, lors de la publication de ce décret. Le Conseil de préfecture du département du Léman, appliquant le décret de 1810, mais sans ranger toutefois l'établissement dans la catégorie de l'article 11, rendit un arrêté, qui enjoignit au sieur Grosjean de discontinuer ses travaux de fabrication dans l'emplacement qu'il occupait, sous peine de voir fermer son établissement par l'autorité locale.

Le sieur Grosjean a demandé, au Conseil d'État, l'annulation de cet arrêté : il a soutenu que sa fabrique devait être maintenue, en vertu de l'article 11 ci-dessus, par la raison qu'*elle était en activité* lors de la publication du décret ; que, d'ailleurs, aucun inconvénient grave n'était constaté, et que l'expérience de dix-huit mois prouvait qu'il n'en pouvait résulter aucun ; qu'enfin le Conseil de préfecture avait excédé sa compétence en prononçant, comme juge, sur une affaire dans laquelle, aux termes du décret du 15 octobre 1810, il n'avait pu donner qu'un avis.

Considérant que l'art. 11 de notre décret du 15 octobre 1810 n'est point applicable à la fabrique du sieur *Grosjean*, dont l'établissement récent avait

donné lieu, dès les premiers travaux, à des oppositions qui n'étaient point jugées quand notre décret est
intervenu ; — Qu'il s'agissait, d'ailleurs, d'un établissement de première classe, et qu'aux termes de
l'art. 4 du même décret, le Conseil de préfecture, au
lieu de statuer par un arrêté, devait se borner à donner *son avis* sur les oppositions ;

Art. 1er — L'arrêté du Conseil de préfecture du
Léman, en date du 28 janvier 1812, est annulé,
comme contraire à l'art. 4 de notre décret du 15 octobre 1810. — La contestation lui est renvoyée, à
l'effet de se conformer aux dispositions dudit article.

§. IX. *De la translation des établissemens de première classe.*

Il résulte de l'ordonnance royale du 31 juillet 1822,
intervenue dans l'affaire *Robert*, (p. 77) que c'est au
préfet qu'il appartient d'autoriser cette translation,
lorsqu'elle n'est que *provisoire*, sauf recours au Ministre de l'intérieur.

Je dis *provisoire*, car si elle devait être *définitive*,
il faudrait une ordonnance royale, aux termes de l'article 13 du décret du 15 octobre 1810.

§. X. *Des établissemens non compris dans la nomenclature.*

POUDRERIE.

Les poudreries ne sont point rangées dans la catégorie légale des établissemens dangereux, insalubres et incommodes, que régissent les lois sur
cette matière. (1)
Les dispositions prises par le gouvernement pour la
formation des établissemens qui intéressent la sûreté
ou la défense du territoire, une poudrerie, par

______

(1) Voy. la note ci-après, p. 117.

exemple, ne peuvent devenir l'objet d'une opposition par la voie contentieuse.

(20 novembre 1822. — Delaitre, Legendre et autres.)

Une ordonnance du 30 janvier 1821 avait ordonné la translation de la poudrerie d'Essone au domaine du *Bouchet*.

M. Delaitre, propriétaire d'une filature près de ce dernier point, le sieur Legendre et d'autres propriétaires ont formé opposition à cette ordonnance. Cette opposition était fondée sur le danger que présentait le voisinage de l'établissement projeté, et la dépréciation considérable qui devait en résulter pour leurs propriétés.

Par arrêté du 13 mars 1822, le Conseil de préfecture de Seine-et-Oise, devant qui cette opposition avait été formée, s'est déclaré incompétent, « attendu que les poudreries ne sont « pas comprises dans la nomenclature des éta- « blissemens dont parle l'ordonnance de 1815, « et qu'il ne peut appartenir aux Conseils de « préfecture d'étendre les attributions qui leur « sont données par la loi ».

Cet arrêté fut approuvé par décision du Ministre de la guerre, du 11 mai suivant, sur l'avis des comités réunis de l'intérieur, des finances et de la guerre. Son Excellence reconnut toutefois que, s'il y avait lieu à des indemnités pour les dommages qui pouvaient résulter de l'établissement, il y serait par lui statué.

Le sieur Delaitre et les autres opposans se sont pourvus au Conseil d'État contre l'arrêté du Conseil de préfecture et la décision du Ministre.

Ils ont exposé, d'abord, que l'ordonnance du 30 janvier 1821, ayant été rendue sans qu'ils eussent été entendus, ils pouvaient y former opposition.

Mais, ont-ils ajouté, devant qui cette opposition devait-elle être portée ? N'était-ce point devant le Conseil de préfecture : ce Conseil s'est déclaré incompétent ; en cela il a commis une grave erreur.

Sans doute, en principe, il n'appartient point aux Conseils de préfecture d'étendre les bornes de leur compétence et de leurs attributions; mais ici leur compétence était réglée par une disposition formelle de la loi. Et en effet, l'article 4 du décret du 15 octobre 1810, porte que s'il y a des oppositions, le Conseil de préfecture donnera *son avis*, sauf la décision du Conseil d'État. Or, cette disposition de la loi était évidemment applicable à l'espèce. — On a dit que les poudreries n'étaient point nominativement comprises dans la nomenclature des établissemens pour lesquels le décret du 15 octobre 1810 et l'ordonnance royale du 14 janvier 1815 avaient fixé les formes à suivre. Mais, d'abord, cette nomenclature n'est pas restrictive, elle n'est qu'énonciative. C'est ce qui résulte de la disposition de l'article 5 de cette ordonnance, qui autorise les préfets à suspendre la formation des établissemens nouveaux, qui n'ayant pu être compris dans cette nomenclature, seraient cependant de nature à y être placés ; ensuite, il était inutile d'y comprendre les poudreries parce que le gouvernement en ayant l'administration exclusive, il eût été inutile et même inconvenant de lui imposer l'obligation d'exécuter ses propres lois.

Que si des motifs d'intérêt général et politique ont exigé que l'exploitation des poudres restât au pouvoir du gouvernement, celui-ci, à l'égard des tiers, ne peut avoir que les droits d'un simple particulier ; il est soumis aux mêmes obligations. D'où il suit que les tiers peuvent former opposition à un établissement projeté par le gouvernement et qui blesse leurs intérêts, et que cette opposition doit être portée devant le Conseil de préfecture. Autrement, il n'y aurait point d'autorité qui puisse statuer, et le droit d'opposition ne serait plus qu'un droit illusoire.

Considérant, sur la compétence, que les dispositions prises par le gouvernement, pour la formation des établissemens qui intéressent la sûreté ou la défense du territoire, ne peuvent devenir l'objet d'une opposition par la voie contentieuse ;

Art. 1er — La requête des sieurs *Baron-Delaître* et *Legendre* est rejetée, sauf auxdits sieurs à se pourvoir, ainsi qu'ils aviseront, pour obtenir, s'il y a lieu, les indemnités auxquelles ils prétendent avoir droit.

Observations. — Il résulte de cette décision que les réglemens sur les ateliers dangereux, insalubres ou incommodes, ne sont pas applicables aux établissemens d'utilité générale que le gouvernement juge à propos de former. — Ils ne concernent que les établissemens d'intérêt privé. — Cependant les poudreries ont été comprises, depuis, par l'ordonnance du 25 juin 1823, dans la première classe des ateliers dangereux.

ROUTOIR A CHANVRE.

On n'est pas recevable à attaquer directement devant le Conseil d'État, par la voie contentieuse, des arrêtés par lesquels un préfet a ordonné la suppression de routoirs particuliers destinés à la préparation du chanvre.

Ces arrêtés sont des actes de police administrative qui sont dans les attributions des préfets, et qui ne peuvent être réformés que par le Ministre de l'intérieur, seul investi de l'autorité administrative supérieure.

(17 mai 1811. — David et consorts.)

Deux roises ou routoirs particuliers existaient dans la commune de St.-Germain (Aube). Le Conseil municipal en a demandé la suppression. Le préfet a commis un médecin et un chirurgien pour en faire la visite et lui remettre leur rapport. Les deux hommes de l'art ont pensé que ces routoirs devaient être supprimés : selon eux, ils corrompaient l'eau des fontaines, infectaient l'air et causaient des fièvres plus fréquentes et plus dangereuses. En conséquence, et par deux arrêtés des 17 juillet et 13 octobre 1810, le préfet ordonna la suppression, non-seulement des deux routoirs qui lui étaient signalés, mais encore de tous ceux qui existaient dans la commune.

Les sieurs David et consorts, propriétaires des domaines où ces deux routoirs étaient situés, se sont pourvus au Conseil d'État, par la voie du comité du contentieux, contre les arrêtés préfectoraux. Ils avaient, disaient-ils, porté atteinte à leur propriété, altéré ou gêné l'usage qu'ils pouvaient en faire ; le préfet n'avait pu ordonner la suppression des routoirs sans une préalable indemnité. Ils prétendaient surtout que la contestation, comme ayant trait à la propriété, devait être portée devant les tribunaux, et qu'à supposer l'administration compétente, le Conseil de préfecture, et non le préfet, aurait dû s'en saisir et et la décider.

Considérant que les décisions à prendre pour la destruction des établissemens qui peuvent nuire à la salubrité publique sont des actes de police administrative, dans les attributions des préfets, et qui peuvent être réformés par l'autorité administrative supérieure ;

Art. 1er — La requête du sieur *David* est rejetée, sauf à lui, s'il s'y croit fondé, à attaquer, devant le Ministre de l'intérieur, les arrêtés sus-mentionnés du préfet de l'Aube.

Observations. — Le rouissage du chanvre en grand, par son séjour dans l'eau, a été rangé dans la première classe des ateliers insalubres, par l'ordonnance royale du 14 janvier 1815. Il faut donc aujourd'hui une permission du prince pour l'établir en grand. (Voy. la nomenclature annexée à cette ordonnance et celle du 5 novembre 1826.)

SECTION II.

ATELIERS DE SECONDE CLASSE.

§. I. *Autorisation. — Formalités à remplir.*

BLANCHISSERIE.

Le blanchîment qui se fait par le moyen de l'acide muriatique range l'établissement parmi les ateliers de seconde classe.

Les formalités exigées pour ceux-ci doivent donc être remplies. Dans ce cas, les Conseils de préfecture sont incompétens pour autoriser ces sortes d'établissemens.

S'élève-t-il des contestations sur la propriété du sol de l'établissement? Comme elles ne peuvent être jugées que sur des productions de titres, ou des enquêtes, la connaissance en appartient aux tribunaux ordinaires.

(25 janvier 1820.—Legrand et consorts c. Davois.)

Le Conseil de préfecture du département du Calvados, sur la demande du sieur Davois, fabricant de bonnets à Falaise, l'avait autorisé à établir une blanchisserie sur la fontaine du Douit-Guerpin. Cette autorisation donne lieu à des oppositions, de la part du sieur Legrand et autres habitans de la commune de la Hoguette, qui prétendent être propriétaires du sol et de la fontaine en question.

Les opposans portent leur recours au Conseil d'État. Ils se plaignent de ce que les formalités prescrites par le décret du 15 octobre 1810, n'ont pas été remplies ; ils renouvellent en outre leur prétention relative à la propriété du sol et de la fontaine.

Vu le décret du 15 octobre 1810, et notre ordonnance du 14 janvier 1815, sur les établissemens qui répandent une odeur insalubre ou incommode ;

Considérant qu'à raison du blanchîment par l'acide muriatique, l'établissement dont il s'agit appartient à la deuxième classe des établissemens qui répandent une odeur insalubre et incommode, et que toutes les formalités prescrites pour l'autorisation de ces sortes d'établissemens n'ont pas été remplies ; — Considérant que les contestations relatives à la propriété du sol de l'établissement ne peuvent être jugées que sur des productions de titres ou des enquêtes, dont la connaissance appartient aux tribunaux ordinaires ;

Art. 1er — L'arrêté du Conseil de préfecture du département du Calvados, du 6 novembre 1817, est annulé en ce qu'il porte autorisation au sieur *Davois* d'établir une blanchisserie de bonnets. — Art. 2. — Le sieur *Davois* se retirera, si bon lui semble, devant l'autorité administrative pour demander l'accomplissement des formalités prescrites pour les établissemens de seconde classe, et par suite, s'il y a lieu, l'autorisation de former l'établissement par lui projeté. — Art. 3. — Les parties se retireront, si bon leur semble, devant les tribunaux ordinaires, sur les questions de propriété et de servitude. — Art 4. — Les dépens sont compensés entre les parties.

§. II. *Des oppositions aux arrêtés d'autorisation.*

FOURNEAU A RÉVERBÈRE. (1re esp.)

Les Conseils de préfecture sont seuls chargés de connaître des oppositions formées à l'établissement des manufactures. (Art. 4 , 7 et 8 du décret du 15 octobre 1810.)

Le préfet de police est incompétent pour y statuer.

(30 août 1814. — Barré.)

Par arrêté du 10 mai 1813, le préfet de police à Paris, avait autorisé le sieur Barré à établir, dans sa maison située à Vaugirard, un fourneau à réverbère pour fondre les cendres métalliques.

Sur l'opposition formée par divers particuliers de Vaugirard, un second arrêté du même préfet, sous la date du 3 novembre de la même année, ordonna au fabricant de démolir son fourneau.

Celui-ci a déféré cet arrêté au Conseil d'État, comme violant les dispositions des articles 4 et 7 du décret du 15 octobre 1810, d'après lesquelles le Conseil de préfecture de la Seine était seul compétent pour statuer sur les oppositions soit par forme d'*avis*, soit par forme de *décision*.

Considérant qu'aux termes des art. 4 , 7 et 8 du décret du 15 octobre 1810, les Conseils de préfecture peuvent seuls connaître des oppositions formées à l'établissement des manufactures, et, par conséquent, que le préfet de police a incompétemment statué sur l'opposition dont il s'agit ; — Le Roi, en son Conseil (1), a annulé et annulle l'arrêté du préfet de police du département de la Seine, du 3 novembre 1813 ;

____

(1) Telle était, avant la seconde restauration, la forme des arrêts du Conseil.

renvoie les parties à se pourvoir devant le Conseil de préfecture, pour procéder conformément au décret du 15 octobre 1810.

DISTILLERIES D'EAU-DE-VIE. (2e esp.)

Les distilleries d'eau-de-vie sont rangées dans la deuxième classe des ateliers insalubres. (1)

A l'égard des établissemens de cette classe, s'il y a opposition à la demande en autorisation, il doit y être statué par le Conseil de préfecture, sauf recours au Conseil d'Etat.

Le préfet est incompétent pour connaître du mérite de ces oppositions.

(19 mars 1817. — Ronde.)

En 1816, le sieur Ronde, négociant à Perpignan, demanda, au préfet de son département, l'autorisation d'établir une distillerie d'eau-de-vie dans sa maison d'habitation, située dans ladite ville. Le préfet communiqua la demande au maire de la ville, et celui-ci fit connaître qu'il y avait opposition de la part de plusieurs propriétaires du voisinage : par ce motif, le préfet refusa l'autorisation.

Néanmoins, le Conseil de préfecture étant saisi de l'affaire, rendit, le 15 mai suivant, un ar-

---

(1) Le préfet de police, à Paris, est compétent pour accorder l'autorisation de former ces sortes d'établissemens. S'il y a opposition, c'est au Conseil de préfecture à statuer, sauf recours au Conseil d'Etat. Ce degré de juridiction doit être épuisé avant de recourir au Conseil d'Etat. — Voy. 15 mars 1826, commune du Pré-Saint-Gervais contre *Rouyer* et compagnie; — et plus bas, p. 139, *Palangier*.

rêté par lequel il déclara, après examen des moyens allégués par les tiers opposans, que l'usine du sieur Ronde méritait toute la protection du gouvernement; et prescrivit en même temps, sur le rapport des gens de l'art, diverses dispositions ayant pour objet d'écarter les inconvéniens reprochés à l'établissement.

Dans cet état de choses, le sieur Ronde s'est pourvu devant le Conseil d'Etat, et a demandé l'annulation, pour cause d'incompétence, de l'arrêté du préfet.

Vu le décret du 15 octobre 1810, relatif aux manufactures et ateliers qui répandent une odeur insalubre ou incommode, et notamment l'article 7;

Ensemble notre ordonnance du 14 janvier 1815, contenant réglement sur cette matière;

Considérant que les distilleries d'eau-de-vie sont rangées dans la deuxième classe des ateliers que concernent le décret et l'ordonnance ci-dessus visés; et qu'à l'égard des établissemens de cette classe, s'il y a opposition à la demande, il doit y être statué par le Conseil de préfecture, sauf le recours en Conseil d'Etat; — Considérant que, dans l'espèce, il résulte de l'avis du maire et de l'arrêté du préfet, qu'à l'époque du 9 mars 1816, et par conséquent antérieurement à ce dernier arrêté du préfet, une demande en opposition avait été formée par plusieurs propriétaires voisins de la maison du sieur *Ronde*, et qu'ainsi le Conseil de préfecture était seul compétent pour y statuer;

Art. 1er — L'arrêté attaqué du préfet du département des Pyrénées-Orientales est annulé, pour cause d'incompétence.

Observations. — Ainsi que nous l'exposerons tout-à-l'heure, la jurisprudence a introduit une autre distinction : qu'il y ait ou n'y ait pas d'oppositions, lorsque le préfet accorde l'autorisation, il peut toujours statuer. Les oppositions qui subsistent ou qui s'élèvent après l'arrêté d'autorisation, doivent ensuite être déférés au Conseil de préfecture. C'est à ce tribunal administratif qu'il appartient de les écarter ou de les admettre ; mais il est à remarquer qu'il ne peut statuer qu'après l'arrêté d'autorisation.

MOULINS A FARINE. (3ᵉ esp.)

Les moulins à farine, blutoirs à cribler le blé, et minoteries établis *dans les villes*, sont rangés dans la deuxième classe des établissemens insalubres et incommodes.

Les Conseils de préfecture sont compétens pour connaître des oppositions formées à l'établissement d'une minoterie.

(23 avril 1823.— Le Ministre de l'intérieur.)

Des particuliers de Castelnaudary, ayant adressé au préfet de l'Aude une réclamation dans le but d'obtenir l'éloignement d'une minoterie formée par le sieur Laporte, boulanger, cet administrateur défèra ces oppositions à l'examen et à la décision du Conseil de préfecture, qui, par son arrêté du 3 avril 1822, se déclara incompétent et renvoya les parties devant les tribunaux.

Lorsque le Ministre de l'intérieur eut connaissance de cette décision, S. Exc. la reconnut fondée sur deux erreurs : la première, en ce que la compétence des Conseils de préfecture, sur les contestations relatives à la formation des établissemens insalubres ou incommodes, serait exclusivement restreinte à ceux de ces établissemens qui se trouvent compris dans la nomenclature annexée à l'ordonnance du 14 janvier 1815, tandis qu'elle s'étend aussi à ceux qui, suivant l'art. 5 de la même ordonnance, sont susceptibles, à raison de leur insalubrité ou de leur incommodité, d'être placés dans cette nomenclature.

La deuxième erreur, résultait, selon S. Exc., de ce que le Conseil de préfecture avait posé en fait, que l'administration n'avait eu aucune autorisation à accorder pour la formation de la minoterie du sieur Laporte. Cet établissement ne pouvait, au contraire, exister qu'en vertu d'une permission administrative, aux termes du décret du 15 octobre 1810, et de l'art. 5 de l'ordonnance du 14 janvier 1815.

En conséquence, le Ministre a demandé, *dans l'intérêt de la loi*, l'annulation de cet arrêté.

Considérant qu'il résulte des pièces du dossier que les moulins à farine, établis dans les villes, doivent être rangés dans la deuxième classe des établissemens insalubres ou incommodes, et que notre Ministre l'a décidé ainsi, sur l'avis du comité consultatif des arts et manufactures ; que, dès-lors, conformément à l'art. 5 de notre ordonnance du 14 janvier 1815, le Conseil de préfecture devait connaître des oppositions formées à l'établissement de la minoterie du sieur Laporte, et que c'est à tort qu'il s'est déclaré incompétent ; — Considérant que le pourvoi du Ministre a été fait dans l'intérêt de la loi, et que les parties intéressées n'étant pas devant nous, il n'y a pas lieu de statuer en ce qui les concerne :

Art. 1er — L'arrêté du Conseil de préfecture de l'Aude, du 5 avril 1822, est annulé.

GAZ HYDROGÈNE. (4ᵉ esp.)

Le réglement du Conseil du 22 juillet 1806 n'exige point l'indication de la profession des parties; il exige l'indication de leur demeure, mais ne prononce point la nullité des actes, en cas d'omission de cette formalité.

A l'époque où il n'existait pas encore de nomenclature pour les entreprises d'éclairage par le gaz hydrogène, le préfet de police, à Paris, n'était pas compétent pour accorder l'autorisation de former de semblables établissemens.

Les Conseils de préfecture sont dépourvus de juridiction pour statuer sur les oppositions à un établissement *avant* que l'autorisation soit accordée.

(10 septembre 1823.—Guyot et consorts c. Pauwels.)

Dans le mois d'août 1821, le sieur Pauwels, au nom et comme seul gérant responsable de la société en commandite créée sous la raison *Pauwels et compagnie*, acheta une maison située dans le faubourg Poissonnière, entre les rues Rochechouart, Pétrel et Bellefonds, avec le projet d'y établir des ateliers pour l'extraction et l'épuration du gaz hydrogène. Un pareil établissement ne pouvait être formé sans l'autorisation préalable du magistrat de police administrative. Mais était-il dans la première ou dans la seconde classe des ateliers insalubres? Fallait-il l'autorisation du préfet de police ou l'autorisation du Roi?

Une décision ministérielle du 2 octobre 1817, ayant rangé les fabriques de gaz hydrogène dans la deuxième classe, le sieur Pauwels se pourvut, en conséquence, auprès du préfet. Sa demande donna lieu à un procès-verbal d'enquête de *commodo et incommodo*, qui fut dressé par le commissaire de police de l'arrondissement, les 29 et 30 août du même mois. Cette enquête constata plusieurs oppositions, et l'accident arrivé, quelque temps après, au réservoir d'éclairage du palais de la chambre des pairs, en porta le nombre à soixante-cinq.

Le débat s'engagea devant le Conseil de préfecture de la Seine. Dans l'intervalle, le Conseil de salubrité avait fait un rapport favorable au sieur Pauwels, attendu qu'il existait un semblable établissement, dans la rue d'Enfer, pour l'éclairage du palais du Luxembourg, et qu'il n'y avait pas de danger pour la salubrité publique à autoriser celui du quartier Poissonnière.

Toutefois, le Conseil de préfecture ne crut pas l'épreuve suffisante pour prendre une détermination absolue; par arrêté du 19 octobre 1821, il ordonna que trois de ses membres et deux du Conseil de salubrité visiteraient l'établissement du Luxembourg et celui du sieur Pauwels, afin de statuer, en connaissance de cause, sur le rapport de ces commissaires. Le 9 novembre suivant, le même Conseil rejeta les oppositions, et décida qu'il y avait lieu d'autoriser l'établissement projeté.

Conformément à cette décision, le préfet de police de Paris, par arrêté du 15 du même mois, accorda l'autorisation définitive.

Recours au Conseil d'Etat, de la part des opposans.

Ni le décret du 15 octobre 1810, ni l'ordonnance du 14 janvier 1815, disaient-ils, ne parlent, dans leur nomenclature, des fabriques de gaz hydrogène. Dans ce cas, le Ministre de l'intérieur, a-t-il pu, par sa décision du 2 octobre 1817, les ranger dans la deuxième classe, et suppléer ainsi au silence de la loi? Evidemment non, car il est impossible de voir là une mesure d'exécution ou la simple application d'un principe déjà déclaré; c'est une véritable création nouvelle, un nouveau développement donné à cette branche de notre législation, dont il forme le complément. Or, le Ministre a franchi le cercle de sa mission, en ajoutant aux dispositions du décret de 1810 et de l'ordonnance de 1815; c'est ce qui résulte de l'art. 2 du décret précité.

Cet article porte que « la permission nécessaire pour la formation des manufactures et « ateliers compris dans la première classe, sera « accordée, avec les formalités ci-après, par « un *décret rendu en Conseil d'Etat* ». Cet article suppose naturellement qu'il était réservé au chef de l'État de déterminer le classement des manufactures; dans l'hypothèse contraire, que deviendrait l'article? D'ailleurs, est-ce par une décision ministérielle qu'on a rempli la lacune qui se trouvait dans le décret de 1810? n'est-ce pas, au contraire, par une ordonnance royale?

Or, les mêmes motifs qui déterminèrent, en 1815, l'intervention du chef de l'État, militaient indubitablement, en 1817, pour que le classement des établissemens de gaz hydrogène ne tombât point dans les attributions du Ministre de l'intérieur. Ainsi il est évident que le sieur Pauwels aurait dû s'adresser au Roi, en son Conseil d'État, lequel aurait statué directement, ou bien l'aurait renvoyé devant l'autorité compétente, après avoir déterminé la classe dans laquelle l'établissement projeté devait être rangé. Par le fait, l'autorisation qu'il a obtenue du préfet de police est donc nulle et de toute nullité.

Avant d'entrer en discussion, le sieur Pauwels a opposé une fin de non-recevoir résultant de la signification de l'ordonnance de soit communiqué : il a prétendu que cette signification était irrégulière et entachée de nullité, aux termes des articles 12 du réglement du 22 juillet 1806 et 61 du Code de procédure civile, parce qu'elle ne mentionnait point la profession des opposans ni leur domicile.

Sur le moyen d'appel, il a dit que tout ce

qui n'était pas défendu par la loi était permis, et que, par cette raison, en admettant que le Ministre de l'intérieur n'eût pas le droit de classer les fabriques de gaz hydrogène, il aurait pu, lui Pauwels, former son établissement sans autorisation préalable. Ainsi, a-t-il dit, de deux choses l'une : ou la classification faite par S. Exc. le Ministre de l'intérieur, le 2 octobre 1817, est légale, ou elle ne l'est pas. Dans le premier cas, le moyen des opposans est inadmissible ; dans le second, il n'était besoin d'aucune autorisation, puisqu'aucune loi ne la prescrivait.

Considérant que la forme du recours des parties au Conseil d'Etat est déterminée par le réglement du 22 juillet 1806 ; — Que ce réglement n'exige point l'indication de la profession des parties. — Qu'il exige l'indication de leur demeure, mais ne prononce point la nullité des actes, en cas d'omission de cette formalité ; — Considérant qu'il résulte des circonstances de la cause, et notamment de ce qu'il n'existait pas de classification légale pour les entreprises d'éclairage par le gaz hydrogène, que le préfet de police n'avait pas, dans l'espèce, la capacité nécessaire pour accorder, en vertu du décret du 15 octobre 1810, l'autorisation demandée par la compagnie *Pauwels* ; — Considérant que les arrêtés attaqués du Conseil de préfecture ont été rendus à une époque où l'autorisation n'avait pas encore été accordée, et que, dès-lors, ce Conseil était dépourvu de juridiction pour statuer sur les oppositions ;

Art. 1er — L'arrêté du préfet de police, du 15 novembre 1821, qui accorde à la compagnie *Pauwels* l'autorisation de former un établissement d'éclairage par le gaz hydrogène, dans le faubourg Poissonnière, est annulé. — Art. 2. — Sont également annulés les arrêtés du Conseil de préfecture du département de la Seine, des 19 octobre et 9 novembre 1821. — Art 5. — La compagnie *Pauwels* est condamnée aux dépens.

Observations. — Cet arrêt est le premier qui ait posé, d'une manière nette et précise, la question relative au jugement des oppositions concernant les ateliers de seconde classe. Le Conseil de préfecture doit-il y statuer avant ou après l'autorisation accordée? Telle était la difficulté. De la décision que nous venons de rapporter il résulte que ce ne sont pas les oppositions à *la demande* que le Conseil de préfecture doit juger, mais seulement les oppositions formées *contre l'arrêté d'autorisation*. D'après l'article 8 du décret du 15 octobre 1810, il en doit être de même pour les établissemens de troisième classe. — Il existait, dans l'espèce, une classification ministérielle et non royale. Le préfet pouvait-il autoriser? Je le pense, parce que l'art. 5 de l'ordonnance du 14 janvier 1815 lui donnait pouvoir d'examiner et déterminer provisoirement celle des deux dernières classes à laquelle appartenait l'établissement nouveau. V., au surplus, p. 123.

FABRIQUE DE CHANDELLES. (5ᵉ esp.)

Les Conseils de préfecture ne doivent statuer que sur les oppositions formées aux autorisations accordées par le préfet. (Art. 7 du décret de 1810.) Lorsqu'aucune autorisation n'a été accordée, il n'y a pas lieu, par le préfet, de demander l'avis du Conseil de préfecture, ni par le Conseil de préfecture d'admettre les oppositions.

(24 décembre 1823. — Palangier.)

Le sieur Palangier, de Rhodez, avait demandé l'autorisation d'établir une fabrique de chandelles, bougies et cierges, dans une maison par lui habitée. Un procès-verbal *de commodo et incommodo* ayant constaté des oppositions, le préfet demande l'avis du Conseil de préfecture, qui, par décision du 13 septembre 1822, déclara ces oppositions fondées ; l'autorisation fut ainsi refusée.

Le sieur Palangier a demandé l'annulation de l'arrêté du Conseil de préfecture. Il a soutenu que ce tribunal administratif avait excédé ses pouvoirs et violé les dipositions de l'art. 7 du décret de 1810, en statuant sur les oppositions avant toute autorisation.

Cet article, disait-il, déclare d'une manière formelle, que les Conseils de préfecture n'ont juridiction pour statuer sur les oppositions qu'après l'autorisation du préfet, par la raison que cette autorisation est un titre pour le fabricant, qui peut réellement donner lieu à des réclamations, en ce qu'il est possible qu'il lèse les intérêts ou droits des tiers.

Tant que l'autorisation n'est pas accordée, il ne peut y avoir d'opposition ; il peut s'élever des présomptions, des craintes ; mais il n'y a pas litige, parce que la cause qui doit donner naissance au litige n'existe pas : ainsi il est incontestable que le Conseil de préfecture de l'Aveyron a contrevenu aux dispositions de l'art. 7 précité.

Considérant qu'il résulte de l'art. 7 du décret précité, que le Conseil de préfecture ne doit donner d'avis (1) que sur les oppositions formées *aux autorisations accordées* par le préfet ; et que, dans le cas dont il s'agit, aucune autorisation n'ayant été accordée, il n'y avait pas lieu, par conséquent, par le préfet, de demander l'avis (2) du Conseil de préfecture, et par le Conseil de préfecture d'admettre les oppositions ;

Art. 1er — L'arrêté du Conseil de préfecture du département de l'Aveyron est annulé.—Art. 2.—Le sieur *Palangier* se pourvoira par-devant le préfet du département, pour obtenir, s'il y a lieu, l'autorisation d'établir, à Rhodez, une fabrique de chandelles, bougies et cierges.

Observations.—Il a été décidé dans le même sens par les arrêts suivans :—14 janvier 1824, Janvier c. Ruelle ; — 14 janvier 1824, Dambricourt ;—4 février 1824, Julienne c. Gambier ; — 30 juin 1824, Rivet c. Auger de Fleury ;—27 avril 1825, Chevallier Sorel ; — 11 mai 1825, Dragon de Gomiécourt ;—13 juillet 1825, Poncet c. Coste ;—1er mars 1826, Fostier et consorts c. Toulliez ;—15 mars 1826, commune du Pré-Saint-Gervais c. Rouyer et compagnie.

FABRIQUE DE CHANDELLES. (6e espèce.)

Les Conseils de préfecture ne peuvent statuer sur les oppositions que dans le cas où l'autorisation demandée a été préalablement accordée ; ils sont incompétens pour prononcer sur cette autorisation essentiellement réservée à l'administration active.

---

(1) et (2) Ces expressions *d'avis* sont fautives, en ce sens, que ce n'est pas seulement une opinion que les Conseils de préfecture ont à émettre sur les oppositions aux ateliers de la seconde classe, mais bien une *décision*, un *jugement*, qu'ils ont à porter et qui sont susceptibles d'exécution et de recours. La rédaction de l'ordonnance est donc, en ce point, fautive, et nous avons dû le faire remarquer dans le seul intérêt des principes.

(12 janvier 1825. — Lion.)

Vu le réglement du 22 juillet 1806;

Vu l'art. 7 du décret du 15 octobre 1810;

Considérant, *sur la partie des conclusions du sieur Lion, tendantes à l'annulation de l'arrêté du 17 juin 1823*, que ledit arrêté a reçu son exécution, et que le sieur Lion ne s'étant pas pourvu pour le faire réformer dans le délai fixé par le réglement du 22 juillet 1806, n'est plus recevable à l'attaquer;

Considérant, *sur les conclusions tendantes à l'annulation de l'arrêté du 20 juillet 1824*, que, conformément au décret du 15 octobre 1810, le Conseil de préfecture ne pouvait statuer sur les oppositions que dans le cas où l'autorisation demandée par le sieur *Lion* lui aurait été préalablement accordée, et qu'il était incompétent pour prononcer sur cette autorisation essentiellement réservée à l'autorité administrative;

Art. 1er — L'arrêté du Conseil de préfecture du 20 juillet 1824 est annulé. — Art. 2. — Le sieur *Lion* est renvoyé à se pourvoir devant l'autorité administrative, pour obtenir, s'il y a lieu, l'autorisation qu'il sollicite.

Art. 3. — Le surplus de la requête du sieur Lion est rejeté.

FABRIQUE DE CARTONS (7ᵉ esp.)

Les fabriques de cartons sont rangées dans la deuxième classe des ateliers incommodes et insalubres.

C'est aux préfets qu'il appartient de prononcer sur la demande en autorisation de pareils établissemens.

Aux termes de l'art. 7 du décret du 15 octobre 1810, s'il y a opposition à l'autorisation accordée par le préfet, il doit y être statué par le Conseil de préfecture, sauf le recours au Conseil d'Etat.

Les *avis* du Conseil de préfecture, donnés au préfet,

en pareille matière, ne sont pas susceptibles du recours devant le Conseil d'Etat.

Les opposans à l'autorisation doivent, nonobstant les avis du Conseil de préfecture, qui lui servent de base, se retirer devant lui pour faire prononcer sur leurs réclamations, au lieu de se pourvoir directement devant le Conseil d'Etat, contre l'arrêté préfectoral d'autorisation.

(26 octobre 1825. — Thollet et consorts c. Fayard.)

Le sieur Thollet possède, dans le village de Pont-Salomon (Haute-Loire), une manufacture de papier à la hollandaise; cette usine est alimentée par les eaux de la rivière de Sumène, au moyen d'un canal de dérivation.

Sur le même cours-d'eau, le sieur Fayard possédait un moulin à blé, qu'il a transformé en une fabrique de cartons. Comme, dans ce genre d'exploitation, on n'emploie que les vieux chiffons les plus sales, il en résulte que les eaux, en traversant l'usine du sieur Fayard, s'y corrompaient nécessairement, de manière à n'avoir plus, quand elles parvenaient à celle du sieur Thollet qui se trouve inférieure, la propreté requise pour la fabrication du papier fin : ce qui portait préjudice à ce dernier établissement. De là, plainte du sieur Thollet contre le sieur Fayard, devant le préfet du département de la Haute-Loire. Ce magistrat ordonne qu'il sera procédé à une vérification des lieux, et après un procès-verbal d'enquête *de commodo et incommodo*, il renvoie l'affaire devant le Conseil de préfecture : ce tribunal administratif *est d'avis* d'autoriser le sieur Fayard à exploiter son usine ; et, par suite, le préfet prend un arrêté, sous la date du 3 juillet 1823, qui accorde l'autorisation en ces termes :

« Le préfet, reconnaissant l'importance des motifs qui ont déterminé l'opinion du Conseil de préfecture, l'adopte dans toute son étendue, et arrête ce qui suit : — Art. 1ᵉʳ — Le sieur Jean Fayard est autorisé à établir une fabrique de cartons sur sa propriété, sise au Pont-Salomon. — Art. 2. — Par la présente autorisation, on n'entend nullement préjudicier *aux intérêts des tiers,* qui pourront réclamer, *devant l'autorité compétente,* les dommages que de droit. »

Le sieur Thollet et plusieurs autres habitans du Pont-Salomon, opposans à l'établissement du sieur Fayard, se sont pourvus en annulation devant le Conseil d'État, contre l'arrêté du Conseil de préfecture et celui du préfet, comme irréguliers en la forme. Ils ont prétendu que l'autorisation de l'usine du sieur Fayard n'existant pas encore, l'intervention du Conseil de préfecture était prématurée ; et qu'il n'y avait pas lieu, par le préfet, de demander l'avis du Conseil de préfecture, ni par le Conseil de préfecture d'admettre les oppositions. Ils ont invoqué, à l'appui de cette doctrine, l'article 7 du décret de 1810 qui porte que le préfet, en pareil cas, accordera l'autorisation, sauf recours au Conseil d'Etat *par toutes les parties intéressées ;* et que, s'il y a opposition, il y sera statué par le Conseil de préfecture, sauf recours au Conseil d'Etat : ensuite un arrêt du 30 juin 1824 (Voyez ci-dessus p. 133) qui a prononcé dans une espèce à-peu-près semblable.

Le sieur Fayard a soutenu, au contraire, que le Conseil de préfecture était compétent pour prononcer sur les oppositions *avant* que l'autorisation fût accordée, et il a prétendu que cela résultait même des termes de l'article 7 du décret du 15 octobre 1810. Il s'est appuyé sur l'opinion de M. de Cormenin qui, dans ses prolégomènes des Questions de droit administratif, *verbo, Manufactures insalubres,* s'exprime ainsi : si le préfet accorde ou refuse l'autorisation de former un établissement de *deuxième classe,* le recours est ouvert contre son arrêté, *pour toutes parties intéressées, devant le Conseil d'Etat.*

« S'il y a opposition *avant l'autorisation,* il y sera statué par le Conseil de préfecture, sauf recours au Conseil d'Etat..... »

Vu le décret du 15 octobre 1810 et l'ordonnance royale du 14 janvier 1815, sur les établissemens incommodes ou insalubres;

Considérant que l'arrêté du Conseil de préfecture, du 21 juin 1823, est un simple avis et non une décision; — Considérant que les fabriques de cartons étant rangées dans la seconde classe, il appartenait au préfet de prononcer sur la demande en autorisation; — Considérant qu'aux termes de l'art 7 du décret du 15 octobre 1810, s'il y a opposition à l'autorisation accordée par le préfet, il y sera statué par le Conseil de préfecture, sauf le recours au Conseil d'Etat; — Que, dès-lors, les opposans auraient dû se retirer devant le Conseil de préfecture avant de se pourvoir devant nous;

Art. 1er—Le pourvoi des sieurs *Thollet* et consorts est rejeté, sauf à eux à porter, s'ils s'y croient fondés, devant le Conseil de préfecture, et sauf le recours au Conseil d'Etat, leur opposition à l'arrêté du préfet du département de la Haute-Loire, du 3 juillet 1823. — Art. 2. — Les dépens sont réservés.

Observations. — L'article 7 établit deux points bien distincts pour les ateliers de deuxième classe : 1° l'autorisation par le préfet, sauf recours au Conseil d'Etat; 2° s'il y a opposition, le droit de prononcer par le Conseil de préfecture, sauf recours au Conseil d'Etat. Cette opposition ne peut être relative qu'à l'arrêté d'autorisation, puisque le droit du fabricant n'existe qu'après qu'il a été autorisé par le préfet. Il est évident que le législateur n'a eu en vue, en parlant d'opposition, que celle qui serait formée à l'exécution de l'arrêté de préfet qui autorise : mais alors, dira-t-on, pourquoi réserver le recours au Conseil d'Etat, *par toutes parties intéressées*, contre l'arrêté du préfet, puisqu'il est de principe, dans la jurisprudence administrative, que les arrêtés de préfet, rendus dans les limites de leur compétence, doivent être déférés au Ministre que la matière concerne? — A cela on répond qu'il y a exception à la règle pour les ateliers insalubres. C'est ainsi que l'a jugé le Conseil, dans l'affaire Garet contre Persin, le 3 mars 1825. (Voy. ci-dessous.) — Mais aussi nous pensons que les réglemens permettant à toute partie intéressée le recours au Conseil d'Etat, après l'arrêté préfectoral ; les opposans, dans le cas d'autorisation, comme les fabricans dans le cas de refus, ont le droit de se pourvoir directement devant le Conseil d'Etat : de telle sorte que, dans l'état actuel de la législation, les opposans aux arrêtés d'autorisation ont à leur choix deux voies de réclamation, la première devant le Conseil d'Etat, la seconde devant le Conseil de préfecture ; autrement, ces mots : *toute partie intéressée* ne pourraient signifier que *le fabricant*. Il est possible que cette interprétation semble étrange ; mais, selon nous, elle sort des termes mêmes de la loi ; et tout ce que l'on peut en conclure, c'est que la loi est à refaire ; car chacun avoue l'incohérence et la mauvaise rédaction des réglemens en cette matière. — Pour revenir à l'espèce qui donne lieu à ces réflexions, nous pensons que le recours du sieur Thollet et consorts, contre l'arrêté préfectoral du 3 juillet 1823, n'aurait pas dû être repoussé, puisque l'art. 7 du décret du 15 octobre 1810 autorise, d'une manière formelle, le recours direct au Conseil d'Etat, *par toute partie intéressée*.

§. III. *Garanties insuffisantes.*

FABRICATION DE CHANDELLES. (1re esp.)

Les fabriques de chandelles, répandant une odeur incommode, et présentant des dangers d'incendie, doivent, autant que possible, être éloignées des quartiers populeux, spécialement lorsqu'il y a opposition des voisins.

(12 mai 1819. — Dreux.)

Le sieur Dreux, fabricant de chandelles à Paris, rue des Vieux-Augustins, a demandé l'autorisation de transférer son établissement rue St.-Honoré. Les propriétaires et principaux locataires des maisons voisines dans cette rue se sont opposés au changement demandé ; ils se fondaient sur la crainte du feu, l'insalubrité et la mauvaise odeur que produisent les ateliers de l'espèce de celui de ce fabricant.

Le Conseil de préfecture a fait droit aux oppositions, et le changement demandé a été refusé.

Sur le recours du sieur Dreux, le Conseil d'État a confirmé l'arrêté attaqué.

Vu le décret du 15 octobre 1810 et notre ordonnance du 14 janvier 1815, relatifs aux établissemens qui répandent une odeur insalubre ou incommode ;

Considérant que les établissemens qui, tels que le fondoir du sieur *Dreux*, répandant une odeur incommode et présentant des dangers d'incendie, doivent, autant que possible, être éloignés des quartiers populeux, spécialement lorsqu'il y a, comme dans l'espèce, opposition des voisins ;

Art. 1er — L'arrêté du Conseil de préfecture du département de la Seine, du 11 septembre 1818, est maintenu, et la requête du sieur *Dreux* est rejetée.

TANNERIE. (2ᵉ esp.)

Les opérations du déchamage et du débourrement des peaux répandant une odeur non-seulement incommode, mais insalubre, il est d'une bonne administration d'écarter ces opérations du centre des habitations agglomérées.

Il y a lieu, en conséquence, de refuser l'autorisation d'établir un atelier semblable.

(10 janvier 1821. — Duburreaux c. Pautrier, David et consorts.)

Le sieur Duburreaux, apprêteur de tiges de bottes, à Lyon, transfère son établissement au

hameau de Pierre-Bénite, commune d'Oullins,
près de Lyon ; et demande en même temps, au
préfet du Rhône, l'autorisation nécessaire pour
établir une tannerie dans ce hameau.

Des oppositions surviennent.—L'enquête de
commodo et incommodo est ordonnée ; elle est
défavorable à l'établissement.

Deux chimistes de Lyon délégués pour vérifier les lieux et les opérations de la tannerie ,
« reconnaissent que l'établissement qui se
« trouve compris , d'après l'ordonnance du
« Roi du 14 janvier 1815, dans le nombre des
« établissemens de deuxième classe, pouvait
« être toléré dans l'emplacement où il existe
« actuellement, pour ce qui concerne le tan-
« nage des peaux proprement dit , et l'apprêt des
« tiges de bottes ; mais que l'opération qui a
« pour objet de les débourrer (opération qui
« doit précéder celle du tannage) ne pourrait y
« être exécutée sans d'assez graves inconvé-
« niens , autant sous le rapport de l'incommo-
« dité que sous celui peut-être de l'insalubrité
« qui pourrait en résulter pour les habitans les
« plus rapprochés du lieu de l'établissement. »
Sur ce rapport, le Conseil de préfecture admet les oppositions et déclare qu'il n'y a lieu
d'accorder l'autorisation, par une décision du
8 janvier 1818 , ainsi motivée :

« Considérant qu'il est d'un usage constam-
« ment suivi en commerce de tannerie, que

« le plainage et le débourrement des cuirs ne
« peuvent facilement se faire que sur un cours
« d'eau ou une rivière ;

« Considérant que cet avantage ne se ren-
« contre pas dans le local où le sieur Dubur-
« reaux se propose de faire son établissement ;

« Considérant que, quoique la branche de
« son commerce ne s'étende qu'à la préparation
« des cuirs de veau, il est demeuré constant
« que, pour arriver à cette préparation, il faut
« nécessairement débourrer et plaiuer ces cuirs
« et s'exposer aux inconvéniens prévus par
« cette opération première, dans une eau stag-
« nante, qui sont : l'odeur putride, l'infection
« de l'air, l'insalubrité et une incommodité
« grave pour toutes les maisons voisines ;

« Considérant que, quoique la distance des
« habitations voisines n'ait pas été précisée par
« les experts, il résulte des faits établis par
« l'instruction de cette affaire qu'il en est
« d'assez proches. »

Recours, de la part du sieur Duburreaux,
devant le Conseil d'Etat, qui a confirmé cet
arrêté.

Considérant qu'il résulte du rapport fait à notre
Ministre de l'intérieur par le comité consultatif des
arts et manufactures, que les opérations du décharnage
et du débourrement des peaux répandent une odeur,
non-seulement incommode, mais insalubre, et qu'il
est d'une bonne administration d'écarter ces opérations
du centre des habitations agglomérées ; — Considérant

qu'il résulte de l'arrêté du 27 juin 1819, et de toutes les pièces produites, que l'établissement du sieur *Duburreaux*, dans la maison dite Gonnard, est placé au centre du village de Pierre-Bénite, et que ce fait n'est pas contesté par le sieur *Duburreaux*;

Art. 1er — La requête du sieur *Duburreaux* est rejetée. — Art. 2. — Le sieur *Duburreaux* est condamné aux dépens.

FOUR A FAYENCE ET A POTERIE. (3e esp.)

Le Conseil d'Etat peut refuser l'autorisation d'élever un établissement à odeur insalubre ou incommode, s'il pense que, malgré les précautions indiquées par le comité consultatif des arts et manufactures, les causes d'incommodité dudit établissement ne seront pas suffisamment détruites.

Il est, en général, d'une bonne police d'éloigner, autant que possible, des habitations, les établissemens à odeur insalubre ou incommode.

(8 août 1821. — Sylvand.)

Considérant que les causes d'incommodité décrites dans l'arrêté du Conseil de préfecture ne sont pas suffisamment détruites par les nombreuses conditions que le comité consultatif des arts et manufactures proposé d'imposer au sieur *Sylvand*, pour diminuer les inconvéniens de son établissement; — Considérant qu'il est d'une bonne police d'éloigner, autant que possible, des habitations, les établissemens à odeur incommode et insalubre; — Considérant que le second four projeté par le fabricant, au centre de la commune de Limours, peut être transféré, soit auprès de son premier four, soit sur les autres propriétés qu'il possède dans la même commune, et qui sont plus éloignées des habitations;

Art. 1er — La requête du sieur *Sylvand* est rejetée. — Art. 2. — L'arrêté du Conseil de préfecture du département de Seine-et-Oise, du 10 octobre 1820, et l'arrêté du préfet, du 18 du même mois, sont confirmés.

DÉPÔT DE CUIRS VERTS. (4ᵉ esp.)

Les dépôts des cuirs verts appartiennent à la deuxième classe des établissemens dont on ne doit permettre la formation qu'après avoir acquis la certitude que les opérations qu'on y pratique seront exécutées de manière à ne pas incommoder les propriétaires du voisinage, ni à leur causer des dommages.

Si les conditions proposées pour l'autorisation paraissent inexécutables, l'autorité supérieure est fondée à la refuser.

(25 juillet 1823. — Veuve Lévêque c. Rizaucourt.)

Le Conseil de préfecture de la Seine, sur l'opposition du sieur Rizaucourt, avait refusé à la dame Levêque, l'autorisation d'établir son dépôt de cuirs verts, dans l'emplacement qu'elle désignait à l'une des extrémités de Paris, par le motif qu'il ne serait pas possible de s'assurer si les eaux seraient enlevées exactement, et si les cuirs ne seraient pas tirés d'ailleurs que des abattoirs.

Devant le Conseil d'Etat, la dame Levêque s'est efforcée de démontrer qu'il serait facile de s'assurer de l'exécution des conditions ; elle a déclaré, en outre, qu'elle se soumettrait à toutes les dispositions nouvelles de police qu'on jugerait à propos de lui imposer pour la salubrité publique.

Considérant que les dépôts de cuirs verts appartiennent à la deuxième classe des établissemens dont on ne doit permettre la formation qu'après avoir acquis la certitude que les opérations qu'on y pratique seront exécutées de manière à ne pas incommoder les propriétaires du voisinage, ni à leur causer des dommages ; — Considérant qu'il résulte, des rapports de l'architecte-voyer et du conseil de salubrité, que le dépôt projeté par la dame *L'Evêque* ne pourrait être autorisé que sous la condition de ne tirer les cuirs verts que des abattoirs, et de faire enlever chaque jour les eaux qui proviendront desdits cuirs ; — Considérant que le Conseil de préfecture a eu de justes raisons de croire qu'il ne serait pas possible de faire observer lesdites conditions ;

Art. 1er — La requête de la dame veuve *L'Evêque* est rejetée. — Art. 2. — Ladite dame est condamnée aux dépens.

CORROYERIE. (5ᵉ espèce.)

Les corroyeries appartiennent à la seconde classe.

C'est aux préfets à prononcer sur l'autorisation de ces établissemens, sauf recours au Conseil d'Etat.

Lorsqu'il résulte de l'instruction de l'affaire que le local choisi par le fabricant n'est pas convenable à un établissement de corroyerie, notamment à raison du quartier où il est situé, il y a lieu de confirmer le refus d'autorisation.

Néanmoins, si le délai accordé pour supprimer l'établissement est expiré, il est équitable de le proroger, afin de donner au fabricant le temps de chercher un autre local.

(17 août 1825. — Herbelin.)

Le sieur Herbelin, corroyeur, avait demandé l'autorisation de transférer son établissement de la rue l'Evêque dans la rue des Moineaux à

Paris. Il s'est élevé des oppositions qui ont donné lieu à un arrêté de refus de la part du préfet de police, qui lui a enjoint, en outre, de le supprimer dans ladite rue, avant le 1er avril 1825.

Le sieur Herbelin s'est pourvu contre cet arrêté, tant pour incompétence que pour mal jugé. Il a dit que la connaissance des oppositions devait être renvoyée devant le Conseil de préfecture, et que le préfet n'aurait pas dû prononcer. Au fond, il a fait observer qu'il y avait un établissement semblable au sien dans la même rue, et que le quartier était plein d'ateliers analogues à celui pour lequel il réclamait.

Considérant que les corroyeries appartiennent à la seconde classe des établissemens incommodes ou insalubres, et qu'aux termes de l'art. 7 du décret du 15 octobre 1810, c'est aux préfets à statuer sur les établissemens de seconde classe, sauf recours à notre Conseil d'Etat par toutes parties intéressées; qu'ainsi le préfet de police était compétent pour connaître de la demande du sieur *Herbelin*; — Considérant qu'il résulte de l'instruction de l'affaire que le local choisi par le sieur *Herbelin* n'est pas convenable à un établissement de corroyerie, notamment à raison du quartier où il est situé, et que le préfet de police a eu de justes motifs pour refuser l'autorisation demandée; — Considérant, néanmoins, que le délai accordé pour supprimer l'établissement est expiré, et que notre Ministre de l'intérieur propose de le proroger jusqu'au 1er janvier prochain;

Art. 1er — La requête du sieur *Herbelin* est rejetée. — Art. 2. — L'arrêté du préfet de police, du 14 octobre 1824, est confirmé, avec prorogation de délai jusqu'au 1er janvier 1826.

NOIR D'OS. (6e espèce.)

Lorsqu'il résulte des pièces et de l'instruction de l'affaire, notamment de l'avis motivé du comité consultatif des arts et manufactures, que l'odeur exhalée par les os pendant leur calcination, ne serait point détruite en totalité par les procédés du fabricant, et que les moyens indiqués pour y remédier sont insuffisans ou inadmissibles, il y a de justes motifs pour refuser l'autorisation demandée.

(9 septembre 1825. — Julienne.)

En 1822, le sieur Julienne s'est adressé au préfet de police à Paris, pour obtenir l'autorisation de former, dans la commune de Montrouge, un établissement pour la fabrication du noir d'os en brûlant la fumée, et pour la revivification du noir animal et végétal ayant déjà servi dans les fabriques. Sur sa demande, il s'est élevé des oppositions qui ont été déclarées fondées par le Conseil de préfecture de la Seine, et l'autorisation lui a été refusée. Mais ce refus d'autorisation ayant été rendu incompétemment, d'après les règles de la matière, le sieur Julienne en a obtenu la réformation, par arrêt du Conseil du 4 février 1824. Il a renouvelé sa demande auprès du préfet de police qui l'a rejetée par une décision du 30 août 1824, ainsi motivée : « Considérant que la fabrication du noir d'os a été placée dans la seconde classe des établissemens insalubres ou incommodes, lorsque les entrepreneurs parviennent à brûler la fumée ; que, bien que le sieur Julienne entende procéder à cette fabrication à vases clos, rien ne constate qu'il réussira à brûler complètement la fumée ni à détruire l'odeur insupportable que produisent toujours les os en brûlant ; que les conditions que le conseil de salubrité propose de lui imposer, et qui consisteraient notamment à faire surélever les cheminées de ses fours, à l'aide de tuyaux de tôle, pour que les vapeurs qui en sortiraient se perdissent dans l'atmosphère à une plus grande hauteur, commé aussi de ne point travailler pendant le jour, ni les dimanches ni lundis, et à obtenir, de ses plus proches voisins, la main-levée de leurs oppositions, semblent justifier les craintes exprimées par les nombreux opposans dénommés dans l'enquête, et démontrer que les fours de la fabrique répandraient une fumée et des odeurs incommodes ; que le local du sieur Julienne, quoique isolé, se trouve en quelque sorte entouré, à une certaine distance, d'habitations et d'établissemens élevés dans la plaine ; que Montrouge renferme des établissemens publics importans, des habitations d'agrément d'une grande valeur, et surtout un nombre considérable de traiteurs, marchands de vin et de guinguettes, et qu'il est important, dans l'intérêt général de cette commune, de ne pas laisser multiplier des fabriques dont les vapeurs pourraient ou nuire à la salubrité, ou détruire en grande partie les agrémens de son séjour, et par conséquent déprécier la valeur des propriétés, et porter un préjudice notable aux entrepreneurs des établissemens ouverts au public. »

Le sieur Julienne s'est pourvu contre cet arrêté. Il a dit que, pour les établissemens de deuxième classe, lorsqu'on a acquis la certitude que les opérations qu'on y pratique seront exécutées de manière à ne pas incommoder les propriétaires du voisinage, ni à leur causer des dommages, on doit accorder l'autorisation ; qu'il n'y a pas de motifs pour la refuser. Partant de ce principe qui résulte de la loi même, il a soutenu que, dans le cas présent, la certitude était acquise, qu'elle résultait de l'avis du conseil de salubrité qui avait visité les lieux par ses commissaires, et qui lui était favorable ; qu'ainsi il n'y avait pas lieu de refuser l'autorisation, lorsqu'un conseil, composé de gens éclairés sur les procédés chimiques, déclarait qu'il n'y avait pas d'inconvénient à l'accorder.

Le comité consultatif des arts et manufactures, dont l'avis a été transmis au Conseil d'État par le Ministre de l'intérieur, a déclaré qu'il était convaincu que l'odeur qu'exhalent les os, pendant leur calcination, ne serait point détruite en totalité par les moyens indiqués par

le fabricant, et qu'elle serait encore très incommode aux propriétés voisines ; que par
conséquent l'établissement projeté ne pouvait
entrer dans la deuxième classe, et devait passer
dans la première ; qu'au surplus, les conditions
proposées par le conseil de salubrité étaient
inadmissibles, parce qu'il faudrait une surveillance particulière pour en assurer l'exécution,
et que, d'ailleurs, elles n'auraient pas toute l'ef-
ficacité qu'on leur supposait.

Le Conseil d'Etat a prononcé dans ce sens,
en confirmant l'arrêté attaqué.

Vu le décret du 15 octobre 1810, et l'ordonnance
du 14 janvier 1815, sur les établissemens qui répandent une odeur insalubre ou incommode ;

Considérant qu'il résulte des pièces et de l'instruction de l'affaire, et notamment de l'avis motivé du
comité consultatif des arts et manufactures, que
l'odeur exhalée par les os, pendant leur calcination,
ne serait point détruite en totalité par les procédés du
sieur *Julienne*, et que les moyens indiqués pour y
remédier sont insuffisans ou inadmissibles ; qu'ainsi le
préfet de police a eu de justes motifs pour refuser
l'autorisation demandée ;

Art. 1er — La requête du sieur *Julienne* est rejetée.

§. IV. *Du recours contre les arrêtés de refus.*

MÉGISSERIE. (1re espèce.)

Les préfets sont compétens pour accorder ou refuser
l'autorisation de former les établissemens de deuxième classe, à odeur insalubre et incommode, sauf
le recours direct au Conseil d'Etat.

En conséquence, lorsqu'un préfet a refusé d'autoriser un pareil établissement, le Conseil de préfecture ne peut, sans excès de pouvoir, statuer sur la réclamation que forme la partie contre ce refus.

(14 novembre 1821. — Le Ministre de l'intérieur c. Herman.)

Un arrêté du préfet de la Manche, du 19 mars 1820, a statué, après information *de commodo et incommodo*, qu'il n'y avait pas lieu à accorder, au sieur Herman, l'autorisation de conserver une mégisserie qu'il avait illicitement formée. — L'arrêté portait, pour motifs, que la mégisserie était nuisible sous le rapport de l'insalubrité et de l'odeur incommode qu'elle répandait, et qu'elle préjudiciait d'ailleurs à un sieur Chauvet, propriétaire d'une buanderie inférieure.

Le sieur Herman s'est pourvu contre ce refus, devant le Conseil de préfecture, qui, par arrêté du 15 mai, et malgré l'opposition du sieur Chauvet, l'a autorisé à conserver sa mégisserie, sous certaines précautions indiquées.

Le Ministre de l'intérieur a demandé au Conseil d'Etat l'annulation de cet arrêté, comme incompétemment rendu :

« Lorsqu'il s'agit, a dit S. Exc., dans son rapport au Roi, du 26 mai 1821, d'établissemens de cette espèce, compris dans la deuxième classe des tableaux annexés au décret du 15 octobre 1810 et à l'ordonnance du 14 janvier 1815, les formalités prescrites par le décret doivent être remplies. L'entrepreneur forme sa demande, elle est transmise au maire, pour procéder à une information *de commodo et incommodo*. Le sous-préfet prend ensuite un arrêté et le préfet statue, *sauf le recours au Conseil d'Etat par les parties intéressées.* « S'il y a *opposition*, il y sera *statué* par le « Conseil de préfecture, sauf le recours au « Conseil d'Etat ». Tel est le texte de l'art. 7. —Ainsi le Conseil de préfecture n'avait à connaître que de l'opposition du sieur Chauvet ; la réclamation du sieur Herman devait être portée par lui devant V. M., en Conseil d'Etat. Au lieu de ne s'occuper que de l'opposition et de se borner à déclarer qu'elle était ou n'était pas fondée, de renvoyer le sieur Herman à se pourvoir devant qui de droit, le Conseil de préfecture a annulé implicitement l'arrêté du préfet, et a prescrit une disposition qu'il n'appartenait qu'à l'administration d'ordonner. — Je pense que, sous ces deux rapports, l'arrêté du Conseil de préfecture est irrégulier, et j'ai l'honneur de proposer à V .M. de l'annuler. »

Considérant que l'établissement dont il s'agit, est compris dans la deuxième classe des manufactures ou ateliers répandant une odeur insalubre ou incommode, lesquels ne peuvent, aux termes des décret et ordonnance du 15 octobre 1810 et 14 janvier 1815, être formés qu'avec l'autorisation du préfet, sauf le recours à notre Conseil d'Etat ;—Que le préfet du département de la Manche avait refusé l'autorisation demandée ; qu'ainsi le Conseil de préfecture de la Manche, par son arrêté du 15 mai 1820, a excédé ses pouvoirs, en statuant sur ce refus ;

Art. 1er — L'arrêté du Conseil de préfecture du département de la Manche, du 15 mai 1820, est annulé.

Observations. — Il est à remarquer que cet arrêt a été rendu sur le recours du Ministre de l'intérieur. De là, question de savoir s'il a été rendu dans l'intérêt de la loi ou dans celui des opposans. Il paraît que le Ministre de l'intérieur s'est ici considéré comme ministère public, et qu'il a agi en qualité de magistrat supérieur de police. La loi lui donne-t-elle ce droit ? L'affirmative me paraît douteuse. — Si le Ministre n'a agi que dans l'intérêt de la loi, l'arrêt n'a pu profiter à la partie adverse. C'est ce qui résulte clairement de l'arrêt du 23 avril 1823, rapporté ci-dessus, p. 124.

§. V. *Garanties suffisantes.*

AFFINEURS D'OR ET D'ARGENT. (1re esp.)

Il n'y a pas lieu de révoquer l'autorisation d'établir un atelier, qui n'a été donnée qu'après l'accomplissement des formalités prescrites en cette matière, une expertise contradictoire entre le fabricant et les opposans, et une expertise ordonnée d'office.

On doit maintenir cette autorisation, lorsque les mesures de précaution prescrites par l'autorité inférieure donnent une garantie suffisante de l'innocuité de l'atelier.

(19 février 1823. — Paris et consorts c. Lebel.)

Considérant que toutes les formalités prescrites par le décret du 15 octobre 1810, et par notre ordonnance du 14 janvier 1815, pour obtenir l'autorisation demandée par le sieur *Le Bel*, ont été observées, qu'une expertise contradictoire entre les parties a précédé l'autorisation donnée par le préfet de police ; qu'une expertise d'office a éclairé le conseil de préfecture ; que, des divers rapports faits par le Conseil de salubrité, par le comité consultatif des arts et manufactures et par les experts, il résulte que l'autorisation a pu être accordée sous certaines conditions ; —Considérant qu'en autorisant ledit établissement, les mesures de précautions prescrites par l'arrêté du Conseil de préfecture de la Seine donnent une garantie suffisante ;

Art 1er — La requête des sieurs *Paris, Frémont, Graindorge* et consorts, est rejetée.—Art. 2.—L'arrêté du Conseil de préfecture de la Seine, du 29 mars 1822, est confirmé.—Art. 3.—Les sieurs *Paris, Frémont, Graindorge* et consorts sont condamnés aux dépens.

FABRIQUE DE CHANDELLES, ET FONDERIE DE SUIF. (2e espèce.)

Lorsqu'un fabricant veut établir deux ateliers dans un même local, dont l'un est dans la première classe et l'autre dans la seconde, le Conseil de préfecture peut déclarer, sur les oppositions des tiers, qu'il y a lieu seulement d'autoriser celui qui se trouve dans la seconde classe, tout en admettant les oppositions à celui de première classe ; les opposans ne peuvent se plaindre de cette décision sous prétexte d'incompétence ; les Conseils de préfecture peuvent, dans ce cas, diviser la demande en autorisation.

Les fabriques de chandelles sont rangées parmi les établissemens de seconde classe.

Leur éloignement des habitations n'est pas rigoureusement nécessaire, mais ils ne doivent être autorisés qu'après avoir acquis la certitude que les opérations qu'on y pratique sont exécutées de manière à ne pas incommoder les propriétaires du voisinage.

Si le fabricant ne se conforme pas aux conditions qui lui ont été imposées, toutes les voies de poursuites demeurent ouvertes aux parties plaignantes. (1)

(23 juillet 1825.— Motel et Goulard c. Duvivier).

Le sieur Duvivier, épicier à Clermont (Oise), avait demandé l'autorisation de former, dans l'ancien collège de la ville, une fonderie de suif en branches et une fabrique de chandelles. Ces deux établissemens sont rangés dans des classes différentes ; la fonderie de suif est dans la première classe, et la fabrication de chandelles est dans la seconde.

Des oppositions s'étant élevées, le Conseil de préfecture fut d'avis que la fonderie ne pouvait être établie dans le même local ; mais il autorisa la fabrique de chandelles, sous certaines conditions.

Deux des opposans, les dames Motel et Goulard, ont attaqué les décisions du Conseil de préfecture. Elles ont prétendu que la demande du sieur Duvivier ayant pour objet deux établissemens rangés dans des classes différentes, le Conseil de préfecture devait examiner si les formalités prescrites pour parvenir à l'autorisation avaient été remplies, et que, s'il reconnaissait qu'à l'égard de l'un d'eux, ces formalités n'avaient pas été observées, il devait

____

(1) *Voyez* l'arrêt *Tourraud* et cons., 1re classe, fonderie de suif ; *Beaulieu*, ci-après p. 167.

purement et simplement réjeter la demande pour le tout, sans la diviser comme il l'avait fait, en autorisant la fabrication de chandelles. Elles ajoutaient que, malgré les injonctions du Conseil de préfecture, le sieur Duvivier ne cessait de fondre en branches et en pains; en conséquence, elles concluaient à ce qu'aucune autorisation ne fût donnée au sieur Duvivier.

Considérant que le Conseil de préfecture de l'Oise, en faisant une distinction entre la fonderie en branche et la fabrication de chandelles, s'est conformé à la division des classes établies par le décret et l'ordonnance ci-dessus visés, et qu'ainsi il a justement admis les oppositions à la fonderie de suif en branche, qui doit être éloignée des habitations ;

En ce qui concerne la fabrication de chandelles : — Considérant que les établissemens de ce genre appartiennent à la seconde classe ; que leur éloignement des habitations n'est pas rigoureusement nécessaire ; mais qu'ils ne doivent être autorisés qu'après avoir acquis la certitude que les opérations qu'on y pratique sont exécutées de manière à ne pas incommoder les propriétaires du voisinage ; — Considérant qu'au moyen des conditions imposées au sieur *Duvivier*, le Conseil de préfecture a été fondé à rejeter les oppositions à son établissement ; — Considérant, d'ailleurs, que, si le fabricant ne se conforme pas auxdites conditions, toutes les voies de poursuites demeurent ouvertes aux parties plaignantes ;

Art. 1er—La requête de la demoiselle *Motel* et de la dame veuve *Goulard* est rejetée. — Art. 2. — Lesdites dames sont condamnées aux dépens.

FABRIQUE DE CHAPEAUX. (3e espèce.)

Lorsque les mesures de précaution prescrites par l'autorité locale donnent une garantie suffisante contre le danger de la mauvaise odeur ou de l'insalubrité de l'établissement, il y a lieu de maintenir l'autorisation accordée.

(3 juin 1818. — Gay c. Clément et consorts.)

Le sieur Gay, chapelier à Apt (Vaucluse), demanda au sous-préfet l'autorisation d'établir une manufacture de chapeaux, et offrit de prendre toutes les mesures de précaution que l'administration jugerait convenables pour parer à tout inconvénient. L'autorisation lui fut accordée, par suite d'une enquête de *commodo et incommodo*, faite par le maire de la ville, constatant qu'il n'y avait aucun inconvénient à autoriser l'établissement.

Les sieurs Clément et autres propriétaires du voisinage réclamèrent contre cette autorisation devant le Conseil de préfecture, qui fit droit à leur opposition, par un arrêté ainsi motivé : — « Considérant que l'opposition formée contre l'établissement qui fait l'objet de l'arrêté précité, est fondée sur ce que le local où le sieur Gay se propose d'établir la fabrique dont il s'agit, n'a jour que sur deux rues fort étroites, et n'a, d'ailleurs, aucune cour ni arrière-cour dont l'usage serait d'une indispensable nécessité pour cette fabrique, attendu l'exiguïté du local et celle des rues adjacentes ; qu'en outre, les habitans des maisons voisines seraient extrêmement incommodés de cet établissement, par la fumée qui s'en exhalerait et par la vue des ouvriers employés à cette manufacture, qui, par la nature de leur travail, étant obligés d'être sans vêtemens, ne doivent s'y livrer que dans un local disposé de manière à ce qu'on ne puisse les apercevoir de l'extérieur de leur atelier ; — Considérant que le plan des lieux justifie l'énoncé des opposans, en démontrant l'extrême exiguïté de la localité ; — Considérant que les motifs par lesquels ils s'opposent à l'établissement dont il s'agit sont de nature à être pris en considération, puisque, indépendamment de l'incommodité qui en résulterait pour eux, il s'ensuivrait une atteinte aux bonnes mœurs, et que, sous ce rapport, qui naît de l'état des lieux, il ne peut être donné suite à ce sujet. »

Le sieur Gay a déféré cet arrêté au Conseil d'Etat. Il a dit que l'exiguïté du local ne pouvait produire aucun inconvénient nuisible aux voisins ; qu'il n'y avait seulement que la fumée qui s'exhalait de la chaudière, qui pouvait incommoder ; mais que cette incommodité n'existait pas dans une rue qui par sa position était très aérée ; que, d'ailleurs, il s'était offert à prendre les mesures propres à n'incommoder personne, et que le maire, dans l'enquête qui avait eu lieu, reconnaissait que la fumée ne pouvait empêcher la formation de l'établissement ; — Que, relativement à la nudité des ouvriers, que l'on considérait comme une atteinte portée aux bonnes mœurs, cet inconvénient n'existait presque pas, à cause du peu de fréquentation et de passage dans la rue où était situé l'établissement; que, d'ailleurs, lors même que cette considération n'existerait pas, cette raison n'était pas assez puissante pour empêcher un établissement utile, et pour priver un individu des moyens de subvenir à son existence et à celle de sa famille, en fournissant aux besoins de la société.

Vu le décret du 15 octobre 1810, relatif aux manufactures et ateliers qui répandent une odeur insalubre ou incommode ; — Vu notre ordonnance du 14 janvier 1815, sur le même objet ;

Considérant qu'en autorisant l'établissement projeté par le sieur *Norbert Gay*, les mesures de précaution prescrites par le maire et par le sous-préfet de l'arrondissement d'Apt, donnent une garantie suffisante contre le danger de la mauvaise odeur ou de l'insalubrité ; — Considérant que, de l'aveu des opposans, l'exécution de l'arrêté du sous-préfet aurait pu les satisfaire, s'ils n'eussent pas eu la crainte que le sieur *Gay* ne voulût pas s'y soumettre ; que, par ses conclusions, le sieur *Gay* se soumet aux mesures de précaution qui seront indiquées par l'autorité locale ;

Art. 1er — L'arrêté du Conseil de préfecture du département de Vaucluse, du 16 mai 1817, est annulé. —Art. 2.—Le sieur *Norbert Gay* est autorisé à établir une fabrique de chapeaux dans sa maison, sise à Apt, rue Sainte-Croix, aux conditions prescrites par l'arrêté du sous-préfet de l'arrondissement d'Apt, du 29 janvier 1817.—Art. 3.—Les sieurs *Clément, Deca-*

ton, *Meissard*, *Dessane*, *Anselme*, *Chevalier* et *Maillet*, sont condamnés aux dépens.

CHAPEAUX. (4ᵉ espèce.)

Dans l'établissement des fabriques de chapeaux, à Paris, l'administration considère comme des garanties suffisantes contre le danger de la mauvaise odeur et de l'insalubrité, les précautions suivantes : 1° Faire construire la *foule* suivant les règles de l'art ; 2° diriger la cheminée du fourneau dans une cheminée voisine qui s'élève au-dessus des maisons et la faire surmonter d'un tuyau de trois mètres ; — 3° Entourer de murs en moëlons ou en briques, l'étuve dont le tuyau sera piqué, dans la même cheminée ; — 4° Ne brûler que du bois, dans le cas où les voisins seraient incommodés de la fumée, et prendre d'ailleurs toutes les précautions qu'exigent la sûreté publique et la salubrité.

La teinture des chapeaux et le baguetage qui s'ensuit sont écartés de la proximité des habitations. Les *foules* seules y sont tolérées. (1)

(27 décembre 1820.—Frémont et cons. c. Sallerin.)

La fabrique du sieur Sallerin s'établissait à Paris, rue Saint-Martin, n° 112. Les sieurs Frémont, Boyenval et Bresson, propriétaires de maisons sises dans le passage *de la Réunion* et dans l'impasse *des Anglais*, s'opposaient à ce que l'autorisation nécessaire lui fût accordée. Ils demandaient qu'au moins l'administration voulût bien prescrire toutes les mesures nécessaires pour les garantir des inconvéniens qu'ils signalaient.

---

(1) *V.* ci-après, p. 199, l'ord. *Riondel* et *Regniez*.

Le préfet de police, en accordant l'autorisation demandée, a imposé pour conditions les précautions que nous avons relatées.

Les sieurs Frémont et consorts, qui ne les regardaient pas comme suffisantes, se sont pourvus au Conseil d'Etat pour demander que l'autorisation fût révoquée.

Considérant qu'en autorisant l'établissement projeté par le sieur *Sallerin*, les mesures de précaution prescrites par l'arrêté du préfet de police donnent une garantie suffisante contre le danger de la mauvaise odeur ou de l'insalubrité, et que ladite autorisation ne comprend que la *foule*; — Considérant, d'ailleurs, que, dans son mémoire en défense, le sieur *Sallerin* déclare que les opérations relatives à la teinture des chapeaux et au baguetage qui s'ensuit, ne seront pas faites dans l'établissement projeté;

Art. 1er — L'autorisation accordée par l'arrêté du préfet de police, du 28 mars 1820, est confirmée, aux conditions qui y sont portées, et à charge, en outre, par le sieur *Sallerin*, de ne pouvoir pratiquer dans l'établissement par lui projeté, la teinture des chapeaux et le baguetage qui s'ensuit.

Observations. — Les fabriques de chapeaux sont rangées dans la seconde classe des établissemens insalubres, par l'ordonnance du 14 octobre 1815. — Dans l'espèce, le Conseil de préfecture de la Seine avait statué sur les oppositions; il les avait rejetées; l'arrêté d'autorisation, émané du préfet, était postérieur à celui du Conseil de préfecture, et c'était ce dernier qu'attaquaient les opposans. D'après la jurisprudence actuelle, le Conseil de préfecture ne doit statuer sur les oppositions qu'après l'autorisation intervenue; le recours au Conseil d'Etat peut alors se porter régulièrement contre ses arrêtés. Il faut cependant remarquer que l'art. 7 du décret du 15 octobre 1810 permet *à toute partie intéressée* de recourir directement au Conseil d'Etat, contre les arrêtés des préfets. Nous en avons rapporté plusieurs exemples.

DISTILLERIE D'EAU-DE-VIE. (5ᵉ espèce.)

Lorsque toutes les formalités prescrites ont été observées; qu'il est reconnu que l'établissement peut être autorisé en l'assujétissant à certaines conditions; que ces conditions offrent une garantie suffisante, il y a lieu de maintenir l'autorisation accordée.

L'opposition de tiers intervenans dans l'instance au Conseil d'Etat, fondée sur le motif qu'ils n'auraient pas été entendus dans l'enquête *de commodo et incommodo*, doit être rejetée, s'ils ne produisent pas d'autres moyens d'opposition que ceux sur lesquels l'arrêté du Conseil de préfecture a statué contradictoirement avec l'opposant originaire.

(31 juillet 1822.—Regnaud et consorts c. Bertillon.)

Considérant que toutes les formalités prescrites par le décret du 15 octobre 1810, pour obtenir l'autorisation demandée par le sieur *Bertillon*, ont été observées; — Considérant que ceux des intervenans qui se plaignent de n'avoir pas été entendus lors de l'enquête *de commodo et incommodo*, ne produisent pas d'autres moyens d'opposition que ceux du sieur *Regnaud*, sur lesquels il a été statué contradictoirement;—Considérant qu'il résulte des avis du commissaire de police, de l'architecte-voyer et du conseil de salubrité, que l'établissement projeté par le sieur *Bertillon* peut être autorisé, en l'assujétissant à certaines conditions; — Considérant qu'en autorisant ledit établissement, les mesures de précaution prescrites par les arrêtés du Conseil de préfecture et de police du département de la Seine donnent une garantie suffisante;

Art. 1ᵉʳ — La requête du sieur *Regnaud* et la re-

quête du sieur *Dhallu-du-Fresne*, et autres intervenans, sont rejetées. — Art. 2. — L'arrêté du Conseil de préfecture du département de la Seine, du
20 juillet 1821, et l'arrêté du préfet de police, du
30 juillet même année, sont confirmés.— Art. 3.—
Le sieur *Regnaud* et les sieurs *Dhallu* et consorts
sont condamnés aux dépens. Néanmoins, ceux des
intervenans qui se sont désistés ne contribueront pas
aux frais postérieurs à leur désistement.

FABRIQUE DE FAYENCE. (6ᵉ espèce.)

Les Conseils de préfecture ne sont pas appelés à prononcer sur les intérêts du commerce (concurrence
limitée ou restreinte). (1)
Ils doivent appuyer leur décision uniquement dans
l'intérêt de la police, qui est l'insalubrité ou l'incommodité de l'établissement.
Lorsque ces dangers n'existent pas, il y a lieu d'accorder l'autorisation.

(5 janvier 1813.—Scully c. Motret et consorts.)

En 1810, le sieur Scully ayant acquis des
héritiers Champrond une manufacture de faïence
située à Nevers, prit des mesures en conséquence pour la remettre en activité. Les sieurs
Motret et autres faïenciers de la ville se ren-
dirent opposans à la reprise des travaux; ils
prétendirent que cette manufacture, inactive
depuis douze ans, ne pouvait pas être remise
en activité sans une autorisation expresse; ils
invoquaient, en outre, un arrêt du Conseil

____

(1) Voy. ci-dessus, page 88, l'arrêt *Giraucourt*,
du 22 juillet 1818.

d'Etat, du 3 août 1743, qui fixait à onze le nombre des manufactures de faïence à Nevers.

Le Conseil de préfecture fit droit aux oppositions, et le préfet crut devoir consulter le Ministre de l'intérieur, afin d'obtenir son approbation. Son Exc. fit observer que l'arrêt de 1743 était tombé en désuétude, qu'il avait même été abrogé par les lois qui proclament la liberté de l'industrie, et que, par conséquent, il ne pouvait servir de détermination au Conseil de préfecture; que le Gouvernement avait pour principe d'accorder une protection égale à toutes les entreprises industrielles dont l'exploitation n'était nuisible ni à la salubrité publique ni aux droits d'autrui.

Néanmoins, le Conseil de préfecture refusa l'autorisation par un nouvel arrêté; et il paraît qu'il s'était déterminé plutôt par l'arrêt de 1743 que par les dangers de l'insalubrité de l'établissement.

Le sieur Seuly s'est pourvu devant le Conseil d'Etat. Il a soutenu que les arrêtés du Conseil de préfecture devaient être annulés, parce qu'ils étaient incompétens pour prononcer sur les intérêts du commerce; que la loi leur imposait, au contraire, l'obligation d'appuyer leur décision uniquement dans l'intérêt de la police.

Les tiers-opposans ont soutenu, au contraire, que le Conseil de préfecture avait bien jugé, parce que l'intérêt des arts et de l'industrie re-

poussait le monopole et la concurrence illimitée
comme étant l'un et l'autre des excès également
nuisibles.

Considérant que le décret du 15 octobre 1810, relatif à l'établissement ou à la remise en activité d'établissemens regardés comme insalubres, ou pouvant
occasioner des accidens dangereux, n'appelle pas les
Conseils de préfecture à prononcer sur les intérêts du
commerce ; qu'il leur est enjoint, au contraire, d'appuyer leurs décisions uniquement dans l'intérêt de la
police ; que l'arrêté du Conseil de préfecture du département de la Nièvre, contre lequel réclame le sieur
Seuly, n'exprime en aucune manière que la manufacture qu'il veut remettre en activité soit insalubre, ou
puisse occasioner des dangers ; que, d'ailleurs, les
pièces produites prouvent que l'établissement que veut
former le sieur *Seuly* n'est ni insalubre ni dangereux ;

Art. 1.er — L'arrêté du Conseil de préfecture du département de la Nièvre, du 28 janvier 1812, est annulé. — Art. 2. — Le sieur *Seuly* est autorisé à mettre
en activité la fabrique de faïence qu'il se propose d'établir dans la maison qu'il a acquise du sieur Champrond.

FONDERIE DE BRONZES. (7ᵉ espèce.)

Une fonderie, destinée à couler des bronzes, peut être
autorisée dans le centre des habitations, lorsqu'au
moyen de conditions indiquées elle ne peut avoir
aucun inconvénient pour les voisins.

Le Conseil d'Etat peut, néanmoins, exiger que le fabricant n'y coulera que les bronzes qu'il aura modelés.

(23 juillet 1823. — Auriacombe et de Bladis
c. Crosatier.)

Les sieurs Auriacombe et de Bladis avaient
formé opposition à une fonderie de bronzes

que le sieur Crosatier se proposait d'établir rue du Parc-Royal, à Paris, dans le voisinage de leurs habitations. Leurs motifs d'opposition étaient que leurs maisons ne se trouvant pas éloignées de plus de quinze pieds du fourneau à réverbère projeté, les matières mises en fusion répandraient une odeur insalubre, et que le feu nécessaire pour opérer cette fusion pourrait occasioner de fréquens incendies.

Le Conseil de préfecture de la Seine avait rejeté leur opposition, et autorisé le sieur Crosatier à élever la fonderie projetée, sous la condition d'établir des contre-murs suffisans pour résister à l'action de la chaleur, de donner une direction qu'il avait déterminée à la cheminée, et de chauffer son fourneau avec du charbon de bois ou du charbon de terre épuré.

Les tiers-opposans se sont pourvus contre cette décision; mais elle a été confirmée.

Considérant qu'au moyen des conditions indiquées par le Conseil de préfecture, l'établissement projeté par le sieur *Crosatier* peut être autorisé, sans danger ni inconvénient; — Considérant qu'il résulte de la déclaration du sieur *Crosatier* et des renseignemens transmis par le préfet de police, que le fourneau à réverbère n'est destiné qu'à couler les statues et autres ouvrages d'art qu'il aura modelés;

Art. 1er — La requête des sieurs *Auriacombe* et de *Bladis* est rejetée. — Art. 2. — L'arrêté du Conseil de préfecture de la Seine, du 29 mars 1822, est confirmé. — Art. 3. — Indépendamment et en sus des conditions imposées par ledit arrêté, le sieur *Crosa-*

tier ne pourra faire usage de son fourneau à réverbère que pour la fonte des statues et autres ouvrages d'art qu'il aura lui-même modelés. — Art. 4. — Les sieurs *Auriacombe* et *de Bladis* sont condamnés aux dépens.

NOIR D'IVOIRE A VASES CLOS. (8e espèce.)

Lorsque toutes les formalités prescrites ont été observées ; qu'il résulte du rapport des experts que l'établissement projeté ne présentera aucun inconvénient en l'assujétissant à certaines conditions ; que ces conditions donnent aux voisins de l'établissement une garantie suffisante, et leur conservent toute action à l'effet d'en assurer l'exécution, il y a lieu de maintenir l'autorisation accordée.

(18 avril 1821. — Beaulieu c. Larousse.)

Les sieurs Larousse et compagnie avaient demandé l'autorisation d'établir, dans un quartier éloigné de Marseille, une fabrique de noir d'ivoire à vases clos, rangée dans la deuxième classe des établissemens insalubres et incommodes.

L'autorité a fait procéder à une enquête *de commodo et incommodo*. Deux oppositions se sont élevées ; la principale était celle de M. Beaulieu, propriétaire d'un grand domaine situé vis-à-vis du local où devait être construite la fabrique, domaine sur lequel sont établis, depuis deux siècles, des lavoirs à linge et à laine. L'opposition de M. Beaulieu a été fondée sur les inconvéniens graves, selon lui, qui devaient résulter du nouvel établissement par les matières portées à ces lavoirs.

Le Conseil de préfecture, pour éclairer sa religion, a nommé d'office trois experts pour visiter les lieux et donner leur avis. Ils ont procédé en présence des parties, et ils ont ensuite adressé au Conseil de préfecture un avis duquel il est résulté que les sieurs Larousse et compagnie pouvaient sans inconvénient établir leur fabrique dans le lieu désigné.

L'autorisation demandée a été accordée sous certaines conditions, que les fabricans se sont empressés de remplir.

Le sieur Beaulieu s'est pourvu au Conseil d'État contre l'arrêté d'autorisation.—Ses griefs d'appel ont eu trait à la forme et au fond.

En la forme, selon lui, la nomination des experts avait été irrégulière, parce que le Conseil de préfecture n'avait pas suivi la marche tracée par le titre 14 du 2e livre du Code de procédure civile; que les experts n'avaient dû être nommés d'office que sur le refus des parties d'en nommer elles-mêmes; qu'en outre, on ne leur avait pas laissé la faculté de les récuser; qu'au total, cette nomination, et par suite l'opération des experts, avaient été irrégulières.

Au fond, le sieur Beaulieu a soutenu que si la fabrique du sieur Larousse restait placée au nord de ses lavoirs, elle leur nuirait essentiellement, parce que le vent du nord, qui règne constamment dans ce climat, y portait journellement une odeur méphitique, qui déjà faisait déserter ses locataires. « Ces miasmes, a-t-il dit, s'exhalent des os des animaux dont le noir d'ivoire est le produit, surtout lors-qu'on les emploie sans qu'ils soient bien secs et entièrement dégarnis de chair. L'expérience prouve que la précaution de les calciner à vases clos ne pare qu'imparfaitement aux exhalai-sons. »

. Sur les griefs en la forme, le sieur Larousse a répondu qu'après la nomination des experts, le commissaire de police, sur l'ordre qu'il en avait reçu, avait assemblé chez lui les parties, qu'il leur avait donné lecture de l'arrêté qui nommait ces experts, qu'il avait demandé aux opposans s'ils avaient quelques observations à faire, et qu'ils s'étaient bornés à persister dans leurs oppositions.

Sur les moyens du fond, le sieur Larousse a exposé qu'il était reconnu que la nouvelle fabrique ne causait ni odeur ni incommodité; que la direction des vents n'était pas une cause de la prétendue nocuité dont se plaignait M. de Beaulieu; que, s'il y avait odeur incommode, elle ne manquerait pas de s'exhaler par un temps calme; que les vapeurs viendraient pla-ner auprès des habitations situées tant au sud qu'au nord de ladite fabrique; qu'au contraire, à l'aide des appareils adoptés et de la combus-tion des os à vases clos, lutés avec de l'argile,

les gaz inflammables, tels que l'hydrogène car-
bonné et sulfuré, et l'huile animale de Dippel,
étaient immédiatement absorbés par la flamme
du charbon de terre qui les enveloppait; qu'ainsi
le nouvel établissement ne pouvait avoir en
réalité le moindre inconvénient.

Ces garanties ont en effet paru suffisantes au
Conseil d'Etat, qui a maintenu l'autorisation
accordée par le Conseil de préfecture.

Considérant que toutes les formalités prescrites par
le décret du 15 octobre 1810 et par notre ordonnance
du 14 janvier 1815, pour obtenir l'autorisation demandée par les sieurs *Larousse* et compagnie, ont
été observées; — Considérant qu'il résulte de l'avis du
maire de Marseille, et du rapport des experts, que
l'établissement projeté par les sieurs *Larousse* et compagnie ne présentera aucun inconvénient, en l'assujétissant à certaines conditions; — Considérant que
les conditions indiquées par l'arrêté du Conseil de
préfecture donnent aux voisins dudit établissement
une garantie suffisante, et leur conservent toute action
à l'effet d'en assurer l'exécution;
Art. 1er — La requête du sieur *Beaulieu* est rejetée.
— Art. 2. — L'arrêté du Conseil de préfecture du département des Bouches-du-Rhône, du 1er juin 1819,
est confirmé dans toutes ses dispositions. — Art. 3. —
Le sieur *Beaulieu* est condamné aux dépens.

NOIR D'OS. (9e espèce.)

Les fabriques de suif d'os sont rangées dans la première
    classe des établissemens insalubres et incommodes.
Les fabriques de noir d'os sont rangées, au contraire,
    dans la seconde classe.
Lorsque les opposans se sont désistés, et qu'il est re-

connu qu'au moyen de certaines précautions, l'établissement peut subsister sans incommoder ni causer aucun dommage aux voisins, l'autorisation peut être accordée.

(16 janvier 1822. — Bardon c. Mullot et autres.)

Le sieur Bardon, propriétaire à la Villette, près Paris, ayant obtenu l'autorisation d'établir, dans une cour de sa maison, une fabrique de suif d'os, rangée dans la première classe, a demandé à y ajouter un fourneau pour la fabrication du noir d'ivoire et d'os, en brûlant la fumée, établissement placé dans la deuxième classe.

Le conseil de salubrité a émis, le 24 novembre 1820, un avis portant que la permission demandée par le sieur Bardon pouvait être accordée, mais à la condition que son fourneau serait *fumivore*, non-seulement à l'effet de brûler la fumée du combustible, mais encore celle qui pourrait s'échapper des vases dans lesquels les os seraient brûlés.

A l'enquête *de commodo et incommodo*, sept particuliers voisins, parmi lesquels se trouvait le maire de la commune, se sont opposés à ce nouvel établissement.

Le 26 janvier 1821, un arrêté du Conseil de préfecture du département de la Seine a déclaré qu'il y avait lieu de refuser l'autorisation demandée.

Le sieur Bardon s'est pourvu devant le Con-

seil d'Etat. Il a exposé que déjà, par une ordonnance royale du 10 mars 1820, il avait été
autorisé à établir, dans la même maison, et du
côté le plus rapproché des autres habitations,
une fabrique de suif d'os; que, sur sa nouvelle
demande, le conseil de salubrité et l'architecte
de la préfecture de police avaient trouvé parfaitement convenable à sa destination le local
choisi, à cause de sa position isolée et entourée
de jardins; il a ajouté que toutes les précautions par lui prises, ou qui lui étaient indiquées
par ces autorités, offraient de suffisantes garanties contre l'incommodité des exhalaisons.

Sur cette requête, Mgr. le Garde-des-sceaux
a rendu une ordonnance de *soit communiqué*
à tous les opposans. Elle a été exécutée; et, les
délais pour défendre étant échus, le sieur Bardon a rapporté, devant le Conseil, 1° le désistement formel de cinq des opposans; 2° la notification légale de ses moyens d'appel aux deux
autres opposans, qui n'avaient pas jugé à propos d'y répondre. Il en a tiré la conséquence
que ces moyens subsistaient dans toute leur
force, et il a répété que jamais établissement
n'avait été plus propre que le sien à une fabrication de noir d'ivoire et d'os; que, ne devant
brûler que des os entièrement desséchés par
l'extraction du suif, qui avait lieu dans sa fabrique déjà autorisée, deux ou trois fois par
semaine, et la nuit seulement, il n'y avait

réellement aucune crainte raisonnable à concevoir ni pour l'incommodité ni pour la santé publique.

C'est en effet ce qu'a pensé le Conseil d'Etat.

Considérant que, par notre ordonnance ci-dessus visée, le sieur Bardon a déjà été autorisé à établir, dans sadite maison, une fabrique de suif d'os, établissement rangé dans la première classe par les réglemens de la matière; — Considérant que la demande actuelle du requérant tend à convertir en noir les os restant après l'extraction du suif, au moyen d'un appareil fumivore, établissement rangé dans la deuxième classe par ces mêmes réglemens; — Considérant que l'arrêté du Conseil de préfecture, qui rejette cette demande, ne contient pas d'autre motif que l'existence de sept oppositions; mais que, pour cinq de ces oppositions, le sieur Bardon rapporte main-levée pure et simple, et que les deux autres n'ont été soutenues ni par le sieur *Mullot* ni par le *maire de La Villette*, après un délai de trois mois expiré, depuis la signification à eux faite de ladite ordonnance de *soit communiqué*; — Considérant, d'ailleurs, qu'il résulte des rapports et avis ci-dessus visés, qu'au moyen des conditions y énoncées les opérations que le sieur Bardon se propose de pratiquer dans sadite maison pourront y être exécutées de manière à ne pas incommoder les propriétaires voisins, et à ne leur causer aucun dommage;

Art. 1er — L'arrêté du Conseil de préfecture du département de la Seine, du 26 janvier 1821, est annulé. — Art. 2. — Le sieur *Bardon* est autorisé à établir, dans la seconde cour de sa maison, sise rue Neuve-du-Canal, à La Villette, une fabrique de *noir d'ivoire* et de *noir d'os*, à la charge par lui de brûler entièrement la fumée qui pourra résulter de l'emploi du combustible; d'empêcher qu'il ne s'échappe aucune émanation hors des vaisseaux clos qui seront employés pour la combustion des os, et de se conformer, dans ses constructions et dans sa fabrication, aux dispositions qui lui seront prescrites par le préfet de police, sur le rapport de l'architecte commissaire-inspecteur de la petite voirie, et l'avis du conseil de salubrité.

FOUR A CHAUX. (10ᶜ espèce.)

Les fours à chaux sont placés dans la deuxième classe des établissemens (ordonnance du 29 juillet 1818).

Les oppositions à ces sortes d'établissemens doivent être portées devant les Conseils de préfecture, sauf recours au Conseil d'Etat.

Lorsque les opposans ne se présentent pas au Conseil d'Etat pour y défendre l'arrêté attaqué, et que, d'ailleurs, les inconvéniens allégués disparaîtront moyennant certaines précautions et restrictions auxquelles peut être assujéti l'établissement, il y a lieu d'accorder l'autorisation.

(1ᵉʳ mai 1822. — Pain et Barré.)

Les sieurs Pain et Barré ont demandé au préfet du département d'Indre-et-Loire l'autorisation d'ériger un four à chaux dans la commune de Saint-Symphorien, près de Tours.

Après les informations prescrites, cette demande a été soumise au Conseil de préfecture, qui, par arrêté du 1ᵉʳ juin 1820, a déclaré être unanimement d'avis qu'il n'y avait pas lieu de donner l'autorisation, attendu 1° que la proximité de la ville de Tours rendrait la construction d'un four à chaux, à l'endroit projeté, insalubre et dangereuse; 2° que le voisinage de la route, et surtout de deux places où communé-

ment sont stationnés les convois de poudre,
pourrait occasioner des explosions par les étin-
celles qui s'échapperaient des fourneaux; 3° que
les voisins éprouveraient un préjudice réel, et
seraient contraints d'abandonner leurs habitations.

Les sieurs Pain et Barré sollicitèrent l'avis
du préfet, et opposèrent à l'arrêté du Conseil
de préfecture le rapport de l'ingénieur en chef
qui le réfutait en tous ses points. Le préfet
soumit de nouveau la demande au Conseil de
préfecture; mais un nouvel arrêté la rejeta, en
se fondant sur les mêmes motifs, et, en outre,
parce qu'il existait une opposition de la part de
plusieurs habitans de la commune de Saint-
Symphorien, voisins de l'établissement projeté.

Les sieurs Pain et Barré ont déféré ces arrêtés au Conseil d'Etat. Ils les ont argué d'incompétence, et ont fait observer, au fond, qu'il
n'existait, dans les environs de Tours, qu'un
seul four à chaux, dont le propriétaire avait,
par le fait, le monopole d'une espèce de matériaux de première nécessité; qu'il était, par
conséquent, d'un intérêt public d'autoriser leur
établissement.

Le comité consultatif des arts et manufactures, par l'organe du Ministre de l'intérieur,
a donné un avis favorable, en indiquant quelques précautions à prendre, et la permission a
été accordée.

Vu le décret du 15 octobre 1810 et l'ordonnance du 29 juillet 1818;

Considérant, sur la compétence, que l'art. 2 de notre ordonnance du 29 juillet 1818 a placé les fours à chaux dans la deuxième classe des établissemens qui répandent une odeur incommode et insalubre, et les a conséquemment soumis aux dispositions de l'art. 7 du décret du 15 octobre 1810, lequel, en cas d'opposition, établit la compétence des Conseils de préfecture, sauf le recours en notre Conseil d'Etat; — Considérant, sur le fond, que l'arrêté du 23 décembre 1820, qui rejette la proposition des sieurs *Pain* et *Barré*, de faire construire un four à chaux dont l'exploitation se ferait avec de la houille carbonisée, au revers occidental de *la tranchée*, se réfère à l'arrêté antérieur du 1er juin précédent, lequel s'opposait à la formation dudit établissement, au même lieu, et en exploitant ledit four avec de la houille non carbonisée; — Considérant que ledit arrêté du 1er juin 1820 se fonde, en partie, sur l'opposition de sept propriétaires voisins non dénommés dans ledit arrêté, et sur celle du maire de Saint-Symphorien; que lesdites oppositions n'ont pas été soutenues après un délai de plus d'un mois expiré, depuis la signification faite audit maire de l'ordonnance *de soit communiqué*, du 12 décembre 1821; — Considérant, quant aux motifs généraux de sûreté et de salubrité allégués dans ledit arrêté et dans celui du 23 décembre 1820, qu'il résulte, tant du rapport de l'ingénieur en chef que de celui du comité consultatif, que les inconvéniens allégués n'existeraient pas, moyennant diverses précautions et restrictions auxquelles peut être assujéti l'établissement projeté;

Art. 1er — Les arrêtés du Conseil de préfecture du département d'Indre-et-Loire, des 1er juin et 23 décembre 1820, sont annulés. — Art. 2. — Les sieurs *Pain* et *Barré* sont autorisés à établir un four à chaux sur le terrein à eux appartenant, sur le revers occidental de la tranchée, avec les conditions, néanmoins : 1° que ni les bouches de leur fourneau, ni leur fourneau lui-même ne pourra être apparent de la tranchée ; 2° que lesdits exposans se soumettront, quant à la calcination de la chaux, aux mesures de police que l'administration locale croira devoir prendre ; 3° qu'ils se soumettront, quant à la position de leur entrée principale, à ce qui leur sera prescrit au moment où l'on déterminera l'alignement du mur de clôture qui limitera leur établissement du côté de la tranchée ; 4° qu'ils seront tenus, ainsi que la proposition en a été faite par eux, à n'user, dans l'exploitation de ladite usine, que de la houille carbonisée.

FOUR A PLATRE. (11ᶜ espèce.)

Les fours à plâtre sont rangés dans la deuxième classe. Il n'est pas nécessaire que ces sortes d'établissemens soient éloignés des habitations ; mais ils ne doivent être autorisés qu'après avoir acquis la certitude que les opérations qu'on y pratique seront exécutées de manière à ne pas incommoder les propriétaires du voisinage et à ne leur causer aucun dommage.

(4 septembre 1822.—Labbé et consorts c. Vial.)

Considérant que, par notredite ordonnance du 29 juillet 1818, les fours à plâtre sont rangés dans la deuxième classe des établissemens que concernent le décret de 1810 et l'ordonnance de 1815, et qu'ainsi il n'est pas rigoureusement nécessaire que l'atelier projeté par le sieur *Vial* soit éloigné des habitations ; mais que l'administration n'a pu autoriser cet établissement qu'après avoir reconnu avec certitude que les opérations auxquelles il est destiné y seraient exécutées de manière à ne pas incommoder les propriétaires du voisinage et à ne leur causer aucun dommage ; — Considérant qu'il résulte, du rapport de l'architecte-expert, qu'au moyen des précautions qu'il indique, le four à plâtre dont il s'agit ne peut pas présenter les inconvéniens d'insalubrité ou d'incommodité que redoutaient les opposans ; que ces précautions ont été prescrites par l'arrêté attaqué, comme conditions expresses de l'autorisation, et notamment la condition de n'allumer le four qu'après la visite et réception des ouvrages ordonnés ; que ces précautions ont été réellement prises, puisqu'il est constaté par un second rapport de l'expert, que les moyens d'xécution de l'usine ne peuvent nullement compromettre la sûreté et la commodité des propriétés environnantes, et que les ouvrages exécutés doivent être approuvés ; — Considérant que ce n'est qu'après avoir acquis la certitude dont l'arrêté du Conseil de préfecture faisait une condition expresse, que le préfet de Seine-et-Oise a autorisé la mise en feu du four à plâtre, construit par le sieur *Vial*, dans sa propriété, et qu'ainsi les sieurs *Trobé*, *Labbé* et *Richor* ne sont pas fondés dans leur recours contre ledit arrêté du Conseil de préfecture ;

Art. 1er—Les requêtes des sieurs *Labbé*, *Trobé* et *Richor* sont rejetées. — Art. 2. — Les sieurs *Labbé*, *Trobé* et *Richor* sont condamnés aux dépens.

PLOMBERIE.—LAMIN. DE PLOMB. (12ᵉ esp.)

Bien que les plomberies et lamineries de plomb soient rangées dans la deuxième classe des établissemens dont l'éloignement des habitations n'est pas rigoureusement nécessaire ; il importe néanmoins de n'en permettre la formation qu'après avoir acquis la certitude que les opérations qu'on y pratique seront exécutées de manière à ne pas incommoder les propriétaires du voisinage, ou à y causer des dommages.

Si les conditions proposées par le Conseil de salubrité

ne donnaient pas une garantie suffisante, le Conseil de préfecture est fondé à admettre les oppositions à l'établissement projeté.

Si de nouvelles conditions imposées par le comité consultatif des arts et manufactures font disparaître les inconvéniens redoutés, il y a lieu, par le Conseil d'Etat, d'accorder l'autorisation.

Si quelques-unes de ces conditions ne sont pas assez explicitement déterminées, le Conseil d'Etat peut les déterminer.

En cas de contravention aux dispositions prescrites par l'ordonnance d'autorisation, le préfet de police a été autorisé, dans l'espèce, à suspendre la marche de l'atelier.

Si des tiers éprouvent des dommages, ils peuvent en poursuivre la réparation ; et c'est aux tribunaux qu'ils doivent s'adresser à cet effet.

(2 juillet 1823. — Régny).

Les membres du conseil de salubrité avaient proposé d'autoriser le sieur Régny à élever à Clichy, près de Paris, une plomberie et une laminerie de plomb, dont le moteur serait une pompe à feu, à cheminée fumivore, de simple pression, d'après le système de Wath et Botton. Neuf propriétaires ayant formé opposition à cet établissement, le Conseil de préfecture de la Seine, par arrêté du 22 novembre 1822, avait refusé l'autorisation, sur le motif que les précautions imposées ne suffiraient pas pour détruire les incommodités résultant de la fumée et des évacuations de l'établissement.

Le sieur de Régny s'est pourvu devant le Conseil d'Etat, contre cet arrêté.

Le comité consultatif des arts et manufactures, consulté, a exprimé l'avis que l'établissement projeté devait être autorisé, en imposant toutefois au sieur de Régny plusieurs obligations qu'il indiquait.

Ces obligations n'ont pas paru suffisamment expliquées au Conseil d'Etat, qui, tout en accordant l'autorisation demandée, a déterminé les précautions à prendre, et prévu le cas où des contraventions à l'autorisation seraient commises.

Considérant que les plomberies et lamineries de plomb sont rangées dans la deuxième classe des établissemens dont l'éloignement des habitations n'est pas rigoureusement nécessaire, mais qu'il importe néanmoins de ne permettre leur formation qu'après avoir acquis la certitude que les opérations qu'on y pratique seront exécutées de manière à ne pas incommoder les propriétaires du voisinage, ni à leur causer des dommages ; — Considérant que les conditions proposées par le Conseil de salubrité, ne donnaient pas une garantie suffisante, et qu'ainsi le Conseil de préfecture avait été fondé à admettre les oppositions à l'établissement projeté par le sieur *de Régny;*—Considérant que les nouvelles conditions proposées par le Comité consultatif des arts et manufactures, et approuvées par notre Ministre de l'intérieur, font disparaître les inconvéniens redoutés par les opposans ; Considérant, néanmoins, que quelques-unes desdites conditions n'ont pas été assez explicitement déterminées ;

Art 1er — L'arrêté du Conseil de préfecture de la

Seine, du 22 novembre 1822, est réformé ainsi qu'il suit : — Art. 2. — L'établissement projeté par le sieur *Artimond de Régny*, dans la commune de Clichy, rue de Neuilly, n° 43, est autorisé, aux conditions suivantes : 1° La cheminée de la pompe à feu aura au moins trente mètres de hauteur, et brûlera la fumée ; 2° si le sieur *de Régny* emploie des fours à réverbères pour fondre le plomb, les cheminées desdits fours communiqueront avec la cheminée de la pompe à feu, sous la même condition de brûler toutes les fumées ; 3° les fourneaux et ateliers seront placés à vingt mètres au moins des murs d'enceinte de l'établissement ; 4° il est interdit au sieur *de Régny* de réduire l'oxide de plomb, dans ledit établissement ; 5° avant la mise en activité de la plomberie, il sera procédé, par le conseil de salubrité, à la reconnaissance des diverses parties de l'établissement, et il en sera dressé procès-verbal ; 6° en cas de contravention à l'une des conditions ci-dessus prescrites, le préfet de police demeure autorisé à suspendre la marche de l'atelier de plomberie et laminerie de plomb du sieur *de Régny*, sans préjudice des dommages-intérêts réclamés par les tiers, et qui seront jugés par les tribunaux. — Art. 3. — Les dépens sont compensés entre les parties.

Observations. — Cet arrêt contient deux dispositions remarquables : celle par laquelle le préfet de police est autorisé à suspendre la marche de l'atelier, dans le cas de contravention aux conditions prescrites ; l'autre, la réserve de l'action en dommages-intérêts devant les tribunaux, s'il y a lieu. — Sur la première, nous faisons remarquer que la juridiction du préfet ne peut être exercée que jusqu'à ce qu'il y ait opposition du fabricant, et que si, cette opposition survient, le Conseil de préfecture doit être saisi de la contestation. — Sur la seconde, on avait prétendu que l'action en indemnité pour dommage n'était accordée par les réglemens qu'à l'égard des établissemens formés avant le décret du 15 octobre 1810 ; à l'appui de cette prétention, on invoquait les dispositions de l'article 11 de ce décret ; on allait jusqu'à dire que si l'action en indemnité était portée devant les tribunaux, on exposerait ceux-ci à détruire l'autorisation accordée par l'administration ; qu'ainsi les règles qui tracent la limite des deux pouvoirs seraient violées : on concluait que l'action en indemnité devait être refusée contre tous les propriétaires d'ateliers formés depuis 1810. — L'arrêt que nous venons de rapporter, décide le contraire, au grand avantage des propriétés voisines : c'est un hommage rendu à la propriété.

POTERIE. (13ᵉ espèce.)

Les poteries de terre ne sont pas rangées dans la classe des usines pour lesquelles il importe d'examiner si la reproduction des bois dans le canton et les besoins des communes environnantes permettent d'accorder l'autorisation. (Ordonnance de 1815.)
Des oppositions fondées sur la crainte d'une concurrence nuisible à des intérêts particuliers, ne méritent pas d'être prises en considération.

(23 juin 1819.—Blaise et cons. c. Lusigny.)

La dame veuve Lusigny, propriétaire d'une manœuvrerie dite de la *Maison-fort,* canton de Saint-Amand, département de la Nièvre, s'est fait autoriser à établir une poterie de terre. Le sieur Blaise et consorts, exploitant des poteries dans le voisinage, se sont opposés à l'établissement projeté de la dame Lusigny. Ils prétendaient que cette nouvelle manufacture nuirait à leurs intérêts particuliers, par suite de la concurrence, et qu'en outre son exploitation porterait préjudice aux communes environnantes, à cause de la grande consommation du bois.

En conséquence, les opposans se sont pourvus devant le Conseil d'État, contre l'arrêté d'autorisation et ont conclu à ce qu'il fût annulé avec dépens.

Vu le décret du 15 octobre 1810, et notre ordonnance du 14 janvier 1815, sur les établissemens qui répandent une odeur incommode et insalubre;

Considérant que les poteries de terre ne sont pas rangées dans la classe des usines pour lesquelles il importe d'examiner si la reproduction des bois dans le canton et les besoins des communes environnantes permettent d'accorder l'autorisation; — Considérant que les autres motifs de l'opposition formée contre l'établissement projeté, ne reposent que sur la crainte d'une concurrence nuisible à des intérêts particuliers;

Art. 1er—Les requêtes des sieurs *Blaise* et consorts sont rejetées.—Art. 2.—L'arrêté du Conseil de préfecture du département de la Nièvre, du 22 novembre 1817 est et demeure confirmé.—Art. 3.—Les sieurs *Blaise* et consorts sont condamnés aux dépens.

RAFFINERIE DE SUCRE. (14ᵉ espèce.)

Lorsque, au moyen des conditions qui lui ont été imposées, l'établissement projeté ne peut compromettre ni la sûreté publique ni la salubrité, il y a lieu de maintenir l'autorisation accordée.

(28 septembre 1816.—Boulay et cons. c. Adam.)

L'établissement du sieur Adam, situé à Montrouge, près de Paris, avait pour opposans les sieurs Boulay de la Meurthe, Amaury Duval et autres propriétaires de maisons de plaisance situées dans cette commune, qui prétendaient que les localités le rendaient dangereux et incommode pour tous les habitans, tant à cause des exhalaisons insalubres que de la fumée.

Le sieur Adam opposait les rapports et avis de l'architecte – inspecteur de la petite voirie, du conseil de salubrité, l'enquête *de commodo et incommodo*, l'arrêté du Conseil de préfecture qui avait rejeté les oppositions, et faisait observer que les inconvéniens signalés étaient imaginaires, puisqu'il existait à Paris, dans l'intérieur de la ville même, beaucoup d'établissemens du même genre; il demandait, en conséquence, que l'arrêté du préfet de police qui l'avait autorisé fût maintenu.

Considérant qu'il résulte des rapports et avis susdits, et notamment des déclarations de la majorité des propriétaires et habitans entendus dans l'enquête, que l'établissement projeté par le sieur *Adam*, ne peut compromettre ni la sûreté ni la salubrité, au moyen des charges et conditions qui lui ont été imposées, et qu'en conséquence, l'utilité publique ne s'oppose pas à l'exercice de l'industrie dudit sieur *Adam* ;

Art. 1er — L'opposition du sieur comte *Boulay* et consorts est rejetée. Les arrêtés susdits du Conseil de préfecture du département de la Seine et du préfet de police, des 10 mars et 27 avril 1815, seront exécutés suivant leur forme et teneur. — Art. 2. — Ledit sieur *Boulay* et consorts sont condamnés aux dépens.

RAFFINERIE DE SUCRE. (15ᵉ espèce.)

Les raffineries de sucre sont placées dans la classe des

établissemens dont l'éloignement des habitations
n'est pas rigoureusement nécessaire, mais dont il
importe néanmoins de ne permettre la formation
qu'après avoir acquis la certitude que les opérations
qu'on y pratique seront exécutées de manière à ne
pas incommoder les propriétaires du voisinage ni
leur causer des dommages.

Lorsque cette certitude est acquise et que le fabricant
remplit les conditions à lui imposées, il y a lieu de
maintenir l'autorisation.

Néanmoins, si le fabricant, en négligeant d'observer
les conditions prescrites, donne lieu à de nouvelles
plaintes, les peines par lui encourues pour fait de
contravention seront prononcées par qui de droit.

(24 mars 1819. — Chaulin.)

Le sieur Chaulin obtient du préfet de police, à Paris, l'autorisation d'établir une raffinerie de sucre dans une maison située rue
Blanche. Les propriétaires et habitans des maisons environnantes, et l'intendant de l'hôpital
militaire de la Maison du Roi, réclament contre cette autorisation, pour cause d'insalubrité.
Le sieur Chaulin demande qu'il soit procédé,
avant faire droit, à la visite du local où se
trouve sa raffinerie, et à l'examen des divers
procédés et opérations auxquels donne lieu son
exploitation journalière, afin d'en constater les
résultats à l'égard des voisins et de l'hôpital
militaire.

M. le Garde-des-sceaux, pour éclairer le
Conseil d'État, nomme des commissaires qui
font leur rapport et pensent : 1° que, dans l'é-

16.

tat actuel de la raffinerie du sieur Chaulin, les travaux qui s'y exécutent ne peuvent ni nuire à ses voisins ni leur être incommodes; 2° que si, antérieurement à l'époque où ils ont pris connaissance de son établissement, il a donné lieu à quelques réclamations légitimes, les précautions qu'il a prises, les procédés qu'il a suivis et les soins qu'il a mis dans l'exécution de ses opérations, ont détruit aujourd'hui toutes les causes de ces réclamations; 3° que l'on doit veiller à ce qu'il continue à mettre le même soin dans la direction de ses ateliers, et à ce que, quels que soient les procédés qu'il emploie ou qu'il emploiera à l'avenir, il n'en résulte aucun nouvel inconvénient, soit par la fumée des fourneaux, soit par les vapeurs émanant de ses chaudières, soit par la nature de ses résidus, soit enfin par la manière dont il en procurera l'écoulement au-dehors, pour maintenir la propreté dans toutes les parties de son établissement et de la voie publique;

Le Conseil d'Etat adopte ce rapport et maintient l'autorisation.

Vu le décret du 15 octobre 1810 et notre ordonnance du 14 janvier 1815, contenant réglement sur les fabriques et ateliers qui répandent une odeur insalubre et incommode;

Considérant que, par notre ordonnance du 14 janvier 1815, sur les établissemens incommodes et insalubres, les raffineries de sucre sont placées dans la classe de ceux dont l'éloignement des habitations n'est pas rigoureusement nécessaire, mais dont il importe néanmoins de ne permettre la formation qu'après avoir acquis la certitude que les opérations qu'on y pratique seront exécutées de manière à ne pas incommoder les propriétaires du voisinage ni leur causer des dommages ; — Considérant que, dans l'espèce, les précautions à prendre contre l'incommodité et l'insalubrité sont d'autant plus impérieusement commandées, qu'il s'agit d'en préserver un hôpital; — Considérant que l'intérêt des propriétaires et habitans des maisons voisines est suffisamment garanti par celui qu'inspirent les malades dudit hôpital ; — Considérant que, par l'arrêté du Conseil de préfecture du 1er août 1817, et par celui du préfet de police du 5 du même mois, la raffinerie du sieur *Chaulin* n'a été autorisée qu'à la charge d'observer les précautions qui ont été indiquées par le conseil de salubrité ; — Considérant qu'il résulte du rapport des commissaires de la faculté de médecine, que, tant que ledit sieur *Chaulin* a exécuté et exécutera lesdites conditions, son établissement ne peut nuire à ses voisins ni leur être incommode, mais qu'il importe de veiller à ce qu'il ne s'en écarte pas désormais ;—Considérant que les commissaires du conseil de salubrité ont adhéré purement et simplement aux conditions dudit rapport, et que les officiers en chef de l'hôpital y ont également adhéré, mais sous la réserve expresse que, dans le cas où le sieur *Chaulin*, par négligence, défaut d'entretien, changemens de procédés ou autrement, ferait renaître les inconvéniens dont on a eu à se plaindre dans l'origine de son établissement, il devra être pris contre lui telles mesures répressives que de droit ;

Art. 1er — L'autorisation donnée, sous certaines conditions, au sieur *Chaulin*, par l'arrêté du Conseil de Préfecture du département de la Seine, du 1er août 1817, et prescrites par celui du préfet de police, du 5 du même mois, est approuvée.—Art. 2.—Dans le cas où ledit sieur *Chaulin*, en négligeant d'observer lesdites conditions, donnerait lieu à de nouvelles plaintes, les peines par lui encourues pour fait de contravention, seront prononcées par qui de droit.— Art. 3.—Les dépens sont compensés entre les parties.

TANNERIE. (16ᵉ espèce.)

Lorsque toutes les formalités exigées par le décret du 15 octobre 1810, pour établir une tannerie, ont été remplies, et que la rétractation volontaire des opposans, à condition que le fabricant s'interdira la fabrication des cuirs de buffles et de chamois, prouve qu'il n'existe aucun motif pour lui refuser l'autorisation qu'il sollicite, il y a lieu d'autoriser la mise en activité de l'atelier.

(7 février 1813. — Langlet c. Budin et cons.)

Le sieur Langlet, de Beauvais (Oise), ayant acquis une partie de la tannerie de Louis Hinard, failli, et voulant continuer la fabrication, rencontra des oppositions de la part de plusieurs voisins; ces opposans donnaient pour motifs, que les travaux de la tannerie avaient été interrompus pendant plus de six mois, et que, d'après le décret du 15 octobre 1810, l'atelier ne pouvait être rétabli qu'après une nouvelle autorisation.

Le sieur Langlet s'adressa au préfet, et demanda que, sans avoir égard aux oppositions, il fût autorisé à reprendre les travaux de sa fabrique, et déclara, en même temps, qu'il s'interdisait la fabrication des cuirs de buffles et de chamois.

Le préfet, considérant qu'il n'y avait pas interruption et par conséquent qu'il n'y avait pas lieu d'appliquer l'article 11 du décret de 1810; considérant ensuite que le changement de propriétaire d'une fabrique ne change en rien l'état de cette fabrique, accorda l'autorisation demandée.

Néanmoins les oppositions ayant été renouvelées devant le Conseil de préfecture, ce Conseil déclara qu'il n'y avait pas lieu d'autoriser le sieur Langlet.

Dans cet état, celui-ci a obtenu la rétractation volontaire du plus grand nombre des opposans, après leur avoir fait connaître la condition qu'il s'était imposée, de ne pas fabriquer les cuirs de buffles et de chamois; et cette circonstance a déterminé le Conseil d'Etat à maintenir l'autorisation et à annuler l'arrêté du Conseil de préfecture.

Considérant que toutes les formalités exigées par notre décret du 15 octobre 1810, ont été remplies, et que la rétractation volontaire des opposans, à condition que le requérant ne fabriquerait ni buffles ni chamois, prouve qu'il n'existe aucun motif pour lui refuser l'autorisation qu'il sollicite ;

Art. 1er.—L'arrêté du Conseil de préfecture du département de l'Oise, en date du 1er février 1812, est annulé.—Art. 2.—Le sieur *Langlet* est autorisé à reprendre les travaux de tannerie et corroverie dans les bâtimens qu'il a acquis à Beauvais, du sieur Hinard, sous la condition, qu'il a acceptée de s'interdire la fabrication des cuirs de buffles et de chamois.

TANNERIE. (17e espèce.)

Les tanneries sont placées dans la classe des établissemens dont l'éloignement des habitations n'est pas rigoureusement nécessaire, mais dont il importe néanmoins de ne permettre la formation qu'après avoir acquis la certitude que les opérations qu'on y pratique seront exécutées de manière à ne pas incommoder les propriétaires du voisinage, ni à leur causer des dommages.

Lorsque cette certitude est acquise, et qu'au moyen de certaines précautions, il est possible de conserver un établissement industriel, il y a lieu d'accorder l'autorisation.

(8 juillet 1818. — Combe.)

Vu le décret du 15 octobre 1810, et notre ordonnance du 14 janvier 1815, contenant réglement sur les fabriques et ateliers qui répandent une odeur insalubre ou incommode ;

Considérant que, par notre ordonnance du 14 janvier 1815, sur les établissemens incommodes ou insalubres, les tanneries sont placées dans la classe de ceux dont l'éloignement des habitations n'est pas rigoureusement nécessaire, mais dont il importe néanmoins de ne permettre la formation qu'après avoir acquis la certitude que les opérations qu'on y pratique seront exécutées de manière à ne pas incommoder les propriétaires du voisinage, ni à leur causer de dommage ; — Considérant que les blanchisseurs de Sèvres étaient fondés à craindre l'établissement d'une tannerie qui n'aurait pas été assujétie à des conditions conservatrices de la bonne qualité des eaux ; — Considérant qu'il résulte du procès-verbal d'enquête *de commodo et incommodo*, et du premier avis du conseil de salubrité, qu'en accordant l'autorisation demandée, il y aurait des précautions à prendre pour que les eaux de la tannerie ne fussent point nuisibles aux blanchisseurs ; — Considérant qu'au moyen de précautions indiquées par la nouvelle commission de salubrité, il est possible de conserver, dans la commune de Sèvres, un établissement industriel, sans nuire aux travaux des blanchisseurs ;

Art. 1er—L'arrêté du Conseil de préfecture de police du département de la Seine, du 31 octobre 1817, est annulé.—Art. 2.—Le sieur *Combe* est autorisé à transférer sa tannerie dans la maison par lui acquise à cet effet, au coin des rues du Château et du Colombier, de la commune de Sèvres ; — Art. 3. — Il se conformera aux dispositions suivantes : 1° les eaux pluviales qui arrosent les tas de tan et de tannée, seront retenues ou dirigées extérieurement, de manière à ne pouvoir se mêler avec les eaux du ruisseau des blanchisseurs ; 2° le sieur *Combe* n'opèrera le gonflement des peaux qu'à l'aide des jus aigres des tannées, ainsi qu'il a déclaré être dans l'usage de le faire ; il ne pourra employer d'autres procédés avant d'en avoir obtenu l'autorisation ; 3° dans aucun cas, et sans exception des jours de fêtes et des heures de nuit et de repos, il ne pourra jeter l'eau des plains dans ledit ruisseau ; il sera tenu de transporter cette eau à la rivière ou à la voierie, dans un tonneau fermé ; 4° les autres eaux qui auront servi à la préparation des cuirs, pourront être versées dans ledit ruisseau, mais seulement de nuit et aux heures que la police municipale sera tenue de fixer ; 5° en tête de l'aqueduc voûté qui conduit les eaux dudit ruisseau en dehors de la propriété du sieur *Combe*, il sera placé une grille de fer dont les barreaux seront espacés de 15 à 16 centimètres, et recouverts d'une toile métallique, dont les mailles n'auront pas plus de 2 centimètres de côté ; cette grille ainsi maillée, occupera la totalité de l'aqueduc et y sera scellée à demeure.—Art.4.—Dans le cas où le sieur *Combe* contreviendrait aux dispositions ci-dessus prescrites, les peines encourues seront prononcées par qui de droit ; et, de plus, si les contraventions devenaient graves et fréquentes, la présente autorisation sera par nous révoquée ; — Art. 5. — Les dépens sont compensés entre les parties.

TANNERIE. (18ᵉ espèce.)

Les tanneries sont placées dans la classe des établissemens et ateliers dont l'éloignement des habitations n'est pas rigoureusement nécessaire, mais dont il importe néanmoins de ne permettre la formation qu'après avoir acquis la certitude que les opérations qu'on y pratique, seront exécutées de manière à ne pas incommoder les propriétaires du voisinage ni à leur causer des dommages.

Lorsque les inconvéniens reconnus peuvent disparaître en imposant au fabricant des conditions préservatives, il y a lieu d'accorder l'autorisation.

(14 juillet 1819. — Marchant Delecolle c. Martial Hennet).

Le sieur Marchant Delecolle, tanneur à Bavay, département du Nord, voulait établir une tannerie ; le sieur Martial Hennet, son voisin, s'y opposa sous le prétexte que l'établissement projeté serait incommode et préjudiciable aux voisins. Le Conseil de préfecture fit droit à l'opposition, et rejeta l'autorisation demandée.

Sur le recours du sieur Marchant Delecolle, le Conseil d'Etat a accordé l'autorisation avec certaines conditions préservatives.

Vu le décret du 15 octobre 1810, et notre ordonnance du 14 janvier 1815 ;

Considérant qu'aux termes de notre dite ordonnance du 14 janvier 1815, les tanneries sont placées dans la classe des établissemens et ateliers dont l'éloignement des habitations n'est pas rigoureusement nécessaire, mais dont il importe néanmoins de ne permettre la formation qu'après avoir acquis la certitude que les opérations qu'on y pratique seront exécutées de manière à ne pas incommoder les propriétaires du voisinage ni à leur causer des dommages; — Considérant qu'il résulte de l'enquête *de commodo et incommodo* et de l'instruction de l'affaire que, d'après la disposition du terrein désigné par le sieur *Delecolle,* pour y établir une tannerie, l'établissement projeté serait incommode et préjudiciable aux voisins; — Considérant, néanmoins, que ces inconvéniens peuvent disparaître en imposant au sieur *Delecolle* des conditions préservatives;

Art. 1er — L'arrêté du Conseil de préfecture du département du Nord, du 24 août 1818, est annulé. — Art. 2. — Le sieur *Delecolle* est autorisé à établir une tannerie dans le lieu désigné, à la charge par lui: 1° de placer les caves à tan sur la terrasse qui borde le rempart; 2° de laver les cuirs verts hors de la ville; 3° de ne jamais vider les plains sur le sol de son terrein et d'en conduire extérieurement les eaux dans des tonneaux fermés, pour être vidés au lieu qui sera assigné par la police municipale; 4° de ne pouvoir, dans aucun cas, consacrer à l'usage de la tannerie et à l'égout des eaux de pluie qui auront arrosé les tas de tan et de tannée, la porte commune avec la propriété du sieur Hennet et d'ouvrir une autre issue pour l'exploitation de ladite tannerie.—Art. 3. — En cas de refus, de la part du sieur *Delecolle,* d'exécuter les conditions ci-dessus prescrites, la présente autorisation cessera d'avoir son effet. — Art. 4.—Les dépens sont compensés entre les parties.

TANNERIE. (19e espèce.)

Les tanneries sont placées dans la classe des établissemens dont l'éloignement n'est pas rigoureusement nécessaire, mais dont il importe néanmoins de ne

permettre la formation qu'après avoir acquis la certitude que les opérations qu'on y pratique seront
exécutées de manière à ne pas incommoder les pro
priétaires du voisinage, ni à leur causer des dommages.

Lorsque cette certitude est acquise et qu'au moyen de
certaines précautions, il est possible de conserver
un établissement utile ; il y a lieu d'accorder l'autorisation.

Néanmoins, si le fabricant ne remplit pas les conditions, l'autorisation peut être révoquée, et des
peines prononcées contre lui.

(14 avril 1824. — Sarreau c. Lapeyrie et autres.)

Le sieur Sarreau, briquetier et tanneur à
Saint-Nicolas-de-la-Grave, arrondissement de
Castel Sarrasin (Tarn-et-Garonne), avait établi une tannerie sur les bords du ruisseau des
Camerabes. Quelque temps après sa mise en
activité, le sieur Lapeyrie et autres voisins,
élevèrent des réclamations motivées sur l'incommodité et l'insalubrité de la fabrication des
peaux, et le sieur Sarreau fut obligé de se pourvoir en autorisation.

Il s'adressa, en conséquence, au sous-préfet
de l'arrondissement, lequel ordonna des enquêtes *de commodo et incommodo*, dont le résultat servit de base à un arrêté du Conseil de
préfecture qui refusa l'autorisation et ordonna
la démolition de la fabrique.

Le sieur Sarreau a déféré cette décision au
Conseil d'Etat.

L'instruction n'ayant pas paru suffisante au Conseil d'Etat qui voulait prononcer sur le fond, M. le Garde-des-Sceaux, en sa qualité de président du comité du contentieux, a ordonné une expertise, à l'effet de constater : 1° quels avaient été la cause et le résultat des épidémies et épizooties qui avaient eu lieu dans le hameau de Notre-Dame-de-la-Grave; 2° quelle pouvait être l'influence de la tannerie du sieur Sarreau, sur la salubrité ou l'insalubrité du ruisseau qui recevait les eaux de ladite tannerie; 3° en cas d'insalubrité quels seraient les moyens possibles de déverser les eaux de la tannerie, sans dommage pour les propriétés riveraines; 4° enfin, dans le cas où il paraîtrait convenable et juste de maintenir ladite tannerie, quels seraient les autres moyens de précaution à prendre pour donner aux voisins la garantie que leur sort ne serait pas aggravé par l'autorisation de l'établissement.

Cette expertise a été rapportée devant le Conseil d'Etat.

Considérant que, par notre ordonnance du 14 janvier 1815, sur les établissemens incommodes et insalubres, les tanneries sont placées dans la classe de ceux dont l'éloignement n'est pas rigoureusement nécessaire, mais dont il importe néanmoins de ne permettre la formation qu'après avoir acquis la certitude que les opérations qu'on y pratique seront exécutées de manière à ne pas incommoder les propriétaires du voisinage, ni à leur causer des dommages ; — Considérant qu'il résulte du procès-verbal de visite des lieux qu'en accordant l'autorisation demandée, il y aurait des précautions à prendre pour que les eaux de la tannerie ne fussent pas nuisibles aux propriétés inférieures ; qu'ainsi les oppositions des sieurs *Lapeyrie* et consorts étaient fondées ; — Considérant, néanmoins, qu'au moyen des précautions ci-après indiquées, il est possible de conserver, dans la commune de St.-Nicolas-de-la-Grave, un établissement industriel, sans nuire aux propriétés voisines ;

Art. 1er — L'arrêté du Conseil de préfecture du département de Tarn - et - Garonne, du 15 juin 1820, est annulé. — Art. 2. — Le sieur *Sarreau* est autorisé à établir une tannerie dans le lieu par lui indiqué, à la charge, 1° de ne pouvoir dériver, pour l'usage de sa fabrique, qu'une partie des eaux du ruisseau des *Camerabes*, suivant le réglement d'eau qui sera fait à ce sujet, par le préfet de Tarn-et-Garonne ; 2° de ne pouvoir déverser ensuite, dans ledit ruisseau, les eaux ainsi dérivées, ni aucune portion de celles qui auront servi à la préparation des cuirs ; 3° de transporter lesdites eaux dans un tonneau fermé, à 700 mètres de la tannerie, au lieu qui sera désigné par la police municipale ; 4° de fermer toutes les ouvertures nord-est, placées à l'étage destiné au dessèchement des cuirs. — Art. 3. — Dans le cas où le sieur *Sarreau* contreviendrait aux dispositions ci-dessus prescrites, les peines encourues seront prononcées par qui de droit, et de plus, la présente autorisation sera par nous révoquée. — Art. 4. — Les dépens sont compensés entre les parties.

Observations.—Comme il s'agit ici d'un établissement de seconde classe, il me semble résulter de l'esprit des réglemens et de l'application que le Conseil d'Etat en a faite dans les affaires Dehollain et Riondel, que nous exposerons plus loin, au paragraphe 6, que la révocation de l'autorisation, dans le cas d'inexécution des conditions imposées, ne peut être poursuivie que devant le Conseil de préfecture, si le fabriquant contredit la demande en révocation : l'affaire étant alors essentiellement contentieuse, le tribunal administratif doit seul être saisi. Voyez ci-dessus, p. 179, l'arrêt *Régny* et nos observations sur cet arrêt.

Quant aux *peines* dont parle l'arrêt que nous venons de rapporter, elles ne pourraient être que celles déterminées, pour la contravention aux réglemens de police, par l'article 471 du code pénal. Mais il paraît constant que jusqu'ici les tribunaux se sont refusés à prononcer ces peines.

§. VI. *Du recours en cas d'inexécution des conditions imposées par l'autorisation.*

MOULIN A HUILE. (1re espèce.)

Pour cette classe d'ateliers insalubres ou seulement incommodes, les Conseils de préfecture sont compétens pour connaître des réclamations relatives à la stricte exécution des arrêtés d'autorisation.

Lorsqu'un fabricant ne se conforme pas à l'acte d'autorisation, il se met dans le cas de voir supprimer son établissement sur la demande de tiers-opposans.

(3 février 1819. — Dehollain c. Raparlier.)

Le sieur Raparlier avait obtenu du sous-préfet de Cambray l'autorisation d'établir un moulin à huile dans un souterrain situé sous l'ancienne salle capitulaire de la métropole de cette ville, à condition d'employer un mécanisme qui ne ferait aucun bruit. Ce fabricant, au lieu de remplir cette condition en se servant de presses muettes ou tout autre mécanisme équivalent, employa des béliers ou étampes, dont le bruit est très incommode.

Le sieur Dehollain, intéressé, comme plus proche voisin, à la stricte exécution de la permission donnée, réclama devant le Conseil de préfecture, et demanda que le sieur Raparlier fût tenu de se conformer à l'acte d'autorisation, ou bien que son établissement fût supprimé.

Le Conseil de préfecture fit droit à cette réclamation, en imposant au fabricant certaines conditions qui atténuaient les inconvéniens signalés, sans pour cela les détruire.

Sur le recours du sieur Dehollain, le Conseil d'Etat a condamné le fabricant à se conformer à l'autorisation, et à employer un mécanisme autre que les béliers ou étampes.

Vu le décret du 15 octobre 1810 et notre ordonnance du 14 janvier 1815, sur les manufactures et ateliers qui répandent une odeur insalubre ou incommode ;

Considérant, sur la compétence, qu'aux termes de l'article 8 du décret du 15 obtobre 1810, le Conseil de préfecture était compétent pour connaître des réclamations relatives à l'autorisation donnée au sieur *Raparlier*, de construire un moulin à l'huile dont le mécanisme ne devait faire aucun bruit ; — Considérant, au fond, que cette autorisation a été régulièrement accordée le 19 février 1813, au sieur *Raparlier*, et que le sieur *Dehollain* se borne à demander la stricte exécution de la permission donnée, sinon la suppression de l'établissement, dans le cas où le sieur *Raparlier* ne se conformerait pas audit arrêté du 19 février 1813 ; — Considérant que le sieur *Raparlier* a volontairement et sans autorisation apporté des changemens notables au mécanisme qu'il avait projeté ; qu'il reconnaît avoir renoncé aux procédés par lui indiqués, et qu'il est revenu à l'ancienne méthode des béliers ou étampes ; — Considérant, d'ailleurs, que le sieur *Raparlier* peut, à l'instar de plusieurs fabricans d'huile, se servir de presses muettes ou de tout autre procédé analogue, ainsi qu'il en avait d'avance contracté l'obligation ;

Art. 1er — L'arrêté du Conseil de préfecture du département du Nord, du 27 octobre 1817, est annulé. —Art. 2.—Le sieur *Raparlier* se conformera à l'autorisation à lui accordée par l'arrêté du 19 février 1815 ; en conséquence, il substituera à l'emploi des béliers ou étampes, un système quelconque de presses muettes ou tout autre mécanisme équivalent ; si mieux il n'aime renoncer au bénéfice de ladite autorisation, et en solliciter une nouvelle.—Art. 3.—Le sieur *Raparlier* est condamné aux dépens.

Voyez ci-dessus, p. 196, nos observations sur l'arrêt *Sarreau*.

TEINTURERIE DE CHAPEAUX. (2e espèce.)

L'autorisation d'établir une manufacture de chapeaux qui a été régulièrement accordée sous certaines conditions, ne peut être révoquée sur les plaintes des opposans, lorsque le fabricant les a exactement remplies.

S'il est reconnu plus tard que les conditions étaient insuffisantes, il y a lieu d'en imposer de nouvelles, et alors si le fabricant refuse de les exécuter, l'établissement peut être supprimé.

Cette suppression peut être ordonnée, dans ce cas, par le Conseil de préfecture en première instance, et par le Conseil d'Etat, en appel.

L'opération du baguetage dans une manufacture de chapeaux n'est pas inséparable de celle de la teinture ; ces deux opérations peuvent se faire en divers lieux, d'où il suit qu'il peut être défendu au fabricant de baguter dans son atelier, sans révoquer l'autorisation d'y teindre les chapeaux.

(31 mars 1819. — Riondel et Regniez c. Edon et cons.)

Les sieurs Riondel et Regniez avaient été autorisés par le préfet de police, à Paris, à établir une teinturerie de chapeaux dans la rue du Roi-de-Sicile, à la charge de remplir certaines conditions, et de prendre toutes les précautions qu'exigent la sûreté publique et la salubrité. Les procédés employés par eux donnèrent lieu à des plaintes de la part des voisins, les sieurs Edon et consorts, et le Conseil de préfecture révoqua l'autorisation, et ordonna la suppression de l'établissement, sur un avis du conseil de salubrité, portant que les conditions prescrites étaient insuffisantes.

Les fabricans ont déféré cet arrêté au Conseil d'État, qui l'a annulé, en modifiant toutefois l'autorisation accordée.

Vu le décret du 15 octobre 1810 et notre ordonnance du 14 janvier 1815, sur les établissemens qui répandent une odeur incommode ou insalubre ; — Considérant que l'autorisation d'établir une teinturerie de chapeaux a été régulièrement accordée le 25 juin 1817, sous certaines conditions et à charge, en outre, de prendre toutes les précautions qu'exigent la sûreté publique et la salubrité ; — Considérant qu'il résulte du second rapport du conseil de salubrité que les conditions prescrites ont été insuffisantes, et que les procédés employés par les sieurs *Riondel* et *Regniez* ont donné lieu à de justes plaintes ; — Considérant qu'il importe de faire cesser lesdites plaintes, et qu'il n'y aurait lieu de révoquer l'autorisation que dans le cas où les sieurs *Riondel* et *Regniez* refuseraient d'exécuter les nouvelles dispositions qui pourront être ordonnées par le préfet de police ; —Considérant que l'opération du baguetage n'est pas inséparable de celle de la teinture des chapeaux ; que ces deux opérations peuvent se faire en divers lieux, ainsi que cela est pratiqué par plusieurs teinturiers, et qu'en effet, elle n'a pas été explicitement comprise dans l'autorisation donnée le 25 juin 1817 ; — Considérant qu'il pouvait être défendu aux sieurs *Riondel* et *Regniez* de baguetter dans leur atelier de la rue du Roi-de-Sicile, sans révoquer l'autorisation d'y teindre les chapeaux ;

Art. 1er — L'arrêté du Conseil de préfecture du 14 août 1818, portant révocation de l'autorisation du 25 juin 1817 est annulé.—Art.—Le préfet de police sur l'avis des membres du conseil de salubrité et des architectes de la voirie, prescrira les nouvelles dispositions à suivre pour que les maisons voisines de la teinturerie des sieurs *Riondel* et *Regniez* soient préservées de l'incommodité de la buée et de la fumée. Les sieurs *Riondel* et *Regniez* seront tenus de s'y conformer, si mieux ils n'aiment renoncer à l'autorisation du 25 juin 1817.—Art. 3.—Il est interdit aux sieurs *Riondel* et *Regniez* de pratiquer l'opération du baguetage dans leur atelier de la rue du Roi-de-Sicile, n.57. Ils se retireront devant le préfet de police pour demander l'autorisation de faire ledit baguetage dans un autre local.—Art. 4.—Les dépens sont compensés entre les parties.

Nota. *Voyez* aussi p.196, nos observations sur l'arrêt *Sarreau*.

§. VII. *De l'autorisation nécessaire pour la translation des ateliers antérieurs au réglement de 1810.*

RAFFINERIE DE SUCRE. (1re espèce.)

Les raffineries existantes lors de la publication du décret du 15 octobre 1810, font partie des établissemens *maintenus* par l'article 11 de ce décret; mais ces établissemens cessent de jouir de cet avantage, d'après l'article 13, dès qu'ils sont *transférés* sur un autre emplacement.

Ils rentrent alors dans la catégorie des établissemens à former, et ne peuvent être remis en activité qu'après avoir obtenu une nouvelle autorisation.

(17 novembre 1819.— Boivin.)

Vu le décret du 15 octobre 1810 et notre ordonnance du 14 janvier 1815, sur les établissemens et ateliers qui répandent une odeur insalubre ou incommode; —Considérant que les raffineries existantes, lors de la publication du décret précité, font partie des établissemens maintenus par l'article 11 de ce décret ; mais que lesdits établissemens cessent de jouir de cet avantage, d'après l'article 13, dès qu'ils sont transférés, comme dans l'espèce, sur un autre emplacement ; qu'ils rentrent alors dans la catégorie des établissemens à former, et ne peuvent être remis en activité qu'après avoir obtenu, s'il y a lieu, une nouvelle permission ; — Considérant que l'emplacement dont le sieur *Boivin* a fait choix pour y établir sa raffinerie est situé, non sur le devant de la maison, comme celle du sieur *Soupent* dont il a acquis l'usine, mais au fond de la cour, qui a quarante mètres de long ; et que, sous ce rapport, le nouvel emplacement est préférable à l'ancien ; — Considérant qu'il existe une autre cour entre le bâtiment où les ateliers sont placés et l'établissement de filature créé en faveur des indigens ; et que le grenier à fourrage du sieur Laug, l'un des opposans, se trouve aussi à une grande distance dudit bâtiment, et de l'autre côté de l'impasse ; — Considérant, en outre, que le conseil de salubrité a reconnu que les fourneaux étaient construits dans les règles de l'art ; que toutes les précautions étaient prises contre les dangers du feu, et estimé qu'il y avait lieu d'accorder la permission demandée, à condition que le requérant ferait établir une borne-fontaine dans l'impasse des hospitaliers, au débouché des eaux de sa fabrique ;

Art. 1er — L'arrêté du Conseil de préfecture du département de la Seine, en date du 18 juin 1817, est annulé.—Art. 2.—Le nouvel établissement est autorisé à la charge par le requérant, de ne point employer le sang de bœuf dans les opérations de sa fabrique ; de rendre fumivores les fourneaux qui ne le seraient point encore, et de faire établir à ses frais une borne-fontaine au lieu indiqué par le conseil de salubrité. —Art. 3 —Le requérant ne pourra jouir du bénéfice de la présente autorisation qu'après avoir justifié à notre Conseiller d'Etat, préfet de police, qu'il a rempli les conditions qui lui sont imposées.

TANNERIE. (2e espèce.)

La translation d'un établissement formé antérieurement au décret de 1810 (art. 11) ne peut avoir lieu sans autorisation préalable.

Les Conseils de préfecture ne peuvent connaître des oppositions avant que la translation ait été autorisée.

(17 août 1825.— De Vergèses c. Coppert.)

Le sieur Coppert possède un établissement de tannerie à Issoire (Puy-de-Dôme), depuis près de vingt ans, par conséquent antérieurement au décret de 1810. Il en a transporté une partie dans une maison contiguë, sans avoir préalablement demandé l'autorisation spéciale au préfet de son département ; et, dans cet état, se sont élevées les oppositions des voisins, au nombre desquels figure le sieur de Vergèses. Le Conseil de préfecture les a rejetées par arrêté du 4 août 1823, attendu que l'établissement avait été formé avant la publication du décret du 15 octobre 1810.

Le sieur de Vergèses ayant attaqué cette décision, le Conseil d'Etat l'a infirmée pour cause d'incompétence.

Considérant que l'article 11 du décret du 15 octobre 1810, ne s'applique qu'aux anciens établissemens, tels qu'ils existaient à cette époque, et que, dans l'espèce, il est reconnu qu'une partie de l'établissement du sieur *Coppert* a été déplacée postérieurement et sans autorisation; — Considérant que la translation de l'établissement du sieur *Coppert* sur une propriété contiguë, n'ayant pas été autorisée, le Conseil de préfecture n'était pas compétent pour statuer en cet état de la cause ;

Art. 1er — Le sieur *Coppert* est renvoyé devant le préfet du département du Puy-de-Dôme, pour obtenir, s'il y a lieu, l'autorisation qui lui est nécessaire, sauf à être ensuite statué, par le Conseil de préfecture, sur les oppositions qui pourraient être formées à la décision du préfet. — Art. 2. — Les dépens sont compensés entre les parties.

Observations. — Le Conseil d'Etat a fait ici l'application de la jurisprudence adoptée pour les autorisations de former des établissemens nouveaux. Il y avait même motif ; il est évident que le tribunal administratif ne peut statuer que lorsque le fabricant a titre suffisant, et qu'il s'agit de lui procurer exécution.

§. VIII. *De la nécessité d'une autorisation nouvelle, après une interruption de six mois.*

RAFFINERIE DE SUCRE. (1re espèce.)

C'est aux préfets qu'il appartient d'exécuter les dispositions des articles 11 et 13 du décret du 15 octobre 1810, relatives aux établissemens formés anté-

rieurement à la publication de ce décret, et dont
les travaux ont été suspendus.

La question de savoir si ces établissemens ne peuvent
être remis en activité qu'après avoir obtenu une
nouvelle autorisation, n'est pas de la compétence
des Conseils de préfecture.

Les Conseils de préfecture donnent un avis sur les
oppositions aux établissemens de première classe.

Ils prononcent, par arrêté, sur celles relatives aux
établissemens de deuxième classe, par suite de
l'information *de commodo et incommodo.*

(24 décembre 1818.—Héritiers Marlet.)

Au décès du sieur Marlet (antérieur à 1810),
raffineur de sucre à Bordeaux, les travaux de son
établissement furent suspendus. Quelque temps
après, ses héritiers ayant voulu les reprendre,
et continuer à exploiter l'établissement, le Conseil de préfecture prit un arrêté portant que,
d'après les dispositions du décret du 15 octobre
1810, il ne pouvait être remis en activité sans
avoir obtenu une nouvelle autorisation.

Les héritiers Marlet ont attaqué cet arrêté
devant le Conseil d'Etat.

Vu le décret du 15 octobre 1810 et notre ordonnance du 14 janvier 1815, sur les manufactures et
ateliers qui répandent une odeur insalubre ou incommode, et notamment les articles 4, 7, 11 et 13 dudit
décret, ainsi que la nomenclature jointe à ladite ordonnance;

Considérant qu'il s'agit, dans l'espèce, d'un établissement rangé, par notre ordonnance du 14 janvier 1815, dans la deuxième classe des manufactures;
que si, par suite d'une interruption de travaux, les
dispositions de l'art. 13 du décret du 15 octobre 1810

18

avaient pu paraître applicables à ladite raffinerie, maintenue implicitement par l'art. 11 du même décret, c'était au préfet seul qu'il appartenait d'exécuter ces dispositions ; que le décret du 15 octobre 1810 n'attribue aux Conseils de préfecture la faculté de donner un avis en cette matière, que lorsqu'il y a des oppositions à l'établissement des manufactures de première classe, et la faculté de statuer, par un arrêté, que s'il y a des oppositions à la formation d'établissemens de deuxième classe par suite de l'information prescrite *de commodo et incommodo*; qu'aucune de ces circonstances ne s'est présentée dans l'espèce, qu'ainsi le Conseil de préfecture du département de la Gironde, en déclarant, comme il l'a fait, que la raffinerie du sieur *Marlet* ne peut être remise en activité, a méconnu les bornes de ses attributions ;

Art. 1er—L'arrêté du Conseil de préfecture du département de la Gironde, du 9 juillet 1818, est annulé pour cause d'incompétence.

TANNERIE. (2e esp.)

L'article 15 du décret du 15 octobre 1810, oblige les propriétaires d'établissemens autorisés avant ledit décret, à prendre une nouvelle autorisation, quand l'activité de leurs manufactures et usines a été suspendue pendant six mois.

(29 octobre 1823.— Guez et autres c. Segond).

Le sieur Niel exploitait, à Marseille, une tannerie appartenant au sieur Segond. En 1819, il cessa sa profession de tanneur, et l'établissement resta dans l'inaction jusqu'en 1821, époque à laquelle le propriétaire le remit en activité.

Les sieurs Guez et autres habitans voisins de la tannerie s'opposèrent à la reprise des travaux, par le motif qu'ayant été interrompus pendant plus de six mois, il fallait une nouvelle autorisation, conformément à l'art. 13 du décret du 15 octobre 1810.

Le sieur Segond répondit que la déclaration que le sieur Niel avait faite qu'il cessait sa profession de tanneur n'avait eu pour but que d'économiser les frais de patente, et que, dans le fait, l'établissement n'avait pas été interrompu dans son exploitation; il rapportait, à l'appui de cette assertion, plusieurs certificats qui en constataient la véracité.

Le Conseil de préfecture, saisi des oppositions, les rejeta comme mal fondées; mais, en appel, son arrêté a été annulé.

Considérant qu'il résulte des pièces jointes au dossier, que l'établissement de tannerie du sieur *Segond*, formé *avant* 1810, a cessé d'être en activité depuis la fin de 1817 jusqu'en avril 1821 ; que l'article 13 du décret du 15 octobre 1810 oblige les propriétaires d'établissemens autorisés *avant ledit décret*, à prendre une nouvelle autorisation, quand l'activité de leurs manufactures et usines a été suspendue pendant six mois ; qu'ainsi les oppositions des sieurs *Guez* et consorts étaient fondées ;

Art. 1er—L'arrêté du Conseil de préfecture du département des Bouches-du-Rhône, en date du 10 novembre 1821, est annulé, sauf au sieur *Segond* à se conformer aux dispositions du décret du 15 octobre 1810 et de l'ordonnance du 14 janvier 1815, pour obtenir, s'il y a lieu, une nouvelle autorisation pour l'établissement de sa tannerie. — Art. 2. — Le sieur *Segond*, père, est condamné aux dépens.

FABRIQUE DE CHAPEAUX. (3ᵉ espèce.)

Les fabriques de chapeaux appartiennent à la seconde classe.

Le recours contre la décision du préfet qui refuse d'autoriser des établissemens de ce genre, est ouvert au fabricant devant le *Conseil d'Etat* directement (art. 7 du décret du 15 octobre 1810).

Aucun établissement ne peut être remis en activité, après une interruption de six mois, qu'après avoir obtenu une nouvelle autorisation ; il importe peu qu'il ait été formé *avant* ou *depuis* le décret de 1810 (art. 13).

Lorsque le fabricant n'a point satisfait à toutes les conditions qui lui avaient été imposées primitivement, et qu'il est reconnu, en outre, que le local occupé par l'atelier s'oppose à l'accomplissement desdites conditions, il y a lieu de refuser l'autorisation demandée.

(5 mars 1825.— Garet c. Persin.)

Le sieur Garet obtient, en 1820, du préfet de police de Paris, l'autorisation d'établir une fabrique de chapeaux dans le local qu'il possède rue St.-Paul, n° 15. Quelque temps après que celui-ci eut établi sa *foule*, le sieur Persin devient acquéreur de la maison et lui intente une action judiciaire, sous prétexte qu'il détériore sa propriété. — 9 août 1823, jugement du tribunal civil de la Seine qui rejette l'action du sieur Persin. Durant l'instance, Garet a été forcé d'interrompre ses travaux ; il se croit, par ce fait, obligé de demander une nouvelle autorisation pour remettre son établissement

en activité : il s'adresse au préfet de police.
Mais ce fonctionnaire lui refuse la nouvelle
autorisation, et lui fait défense de continuer sa
fabrication, par le motif qu'il n'a pas rempli
les conditions qui lui étaient imposées, dès le
commencement, pour la construction de sa
foule.

Recours au Conseil contre cette décision. —
Le sieur Garet a établi, d'abord, la légalité de
son pourvoi; il s'est fondé sur l'art. 7 du décret
du 15 octobre 1810, ainsi conçu : « L'autorisation de former des manufactures et ateliers
compris dans la seconde classe, ne sera accordée qu'après que les formalités suivantes auront
été remplies. L'entrepreneur adressera d'abord
sa demande au sous-préfet de son arrondissement, qui la transmettra au maire de la commune dans laquelle on projette de former l'établissement, en le chargeant de procéder à des
informations *de commodo et incommodo.* Ces
informations terminées, le sous-préfet prendra
sur le tout un arrêté qu'il transmettra au préfet. *Celui-ci statuera, sauf le recours en
notre Conseil d'État, par toutes les parties
intéressées.....* »

Ensuite, passant au fond de la cause, il a
soutenu que le préfet de police avait commis
un excès de pouvoir en lui refusant l'autorisation de remettre son établissement en activité,
attendu qu'ignorant son droit, il avait demandé

une autorisation qu'il avait déjà ; que, par conséquent, le préfet de police aurait dû confirmer purement et simplement la première autorisation.

« La seule disposition légale, disait-il, qui exige une nouvelle autorisation après l'interruption des travaux, est l'art. 13 du décret du 15 octobre 1810 ; il porte ce que suit : « *Les établissemens maintenus par l'art.* 11 cesseront de jouir de cet avantage, dès qu'ils seront transférés dans un autre emplacement, ou qu'il y aura une *interruption de six mois* dans les travaux ; dans l'un et l'autre cas, ils rentreront dans la catégorie des établissemens à former, et ils ne pourront être remis en activité *qu'après avoir obtenu,* s'il y a lieu, *une nouvelle autorisation.* »

« Il est évident que ces dispositions ne concernent que les établissemens dont il est question dans l'art. 11, c'est-à-dire, *ceux qui étaient en activité au* 15 *octobre* 1810. Ce n'est donc aussi que pour ces mêmes établissemens qu'existe l'obligation d'obtenir une *nouvelle* autorisation, après l'interruption des travaux pendant six mois.

« Le législateur a eu pour but, dans cet article, de porter la surveillance administrative sur les établissemens formés sans le secours des garanties publiques, inscrites aux nouveaux réglemens ; et de combiner, de cette manière, autant qu'il était possible, le respect pour les droits acquis, avec l'intérêt de la salubrité publique. Il serait injuste d'appliquer la disposition de l'art. 13 aux ateliers ouverts *depuis* 1810. Pour ceux-ci, toutes les précautions exigées ont été suivies, toutes les formalités exécutées. L'autorisation en vertu de laquelle ils ont été mis en activité, n'a été accordée qu'après ample instruction. Ainsi, l'autorité tutélaire qui veille à la tranquillité et à la sûreté publiques, a été suffisamment éclairée sur les avantages et les inconvéniens de chacun des établissemens par elle ensuite autorisés.

« Il n'y a donc pas, pour les ateliers formés *avant* le décret de 1810, et pour ceux formés *depuis*, les mêmes raisons d'imposer le besoin et le devoir d'une autorisation nouvelle; étendue aux établissemens formés depuis 1810, cette nécessité, bien que, sous certains rapports, elle favorisât l'extension de l'autorité administrative, aurait le grand inconvénient de jeter de l'incertitude sur cette masse imposante de propriétés industrielles.

« La nouvelle demande était donc complètement inutile, et le refus qui a été fait, le 24 novembre 1823, ne saurait porter aucun préjudice à l'industrie du fabricant. L'autorisation du 14 avril 1820 avait créé pour lui un droit qu'il ne pouvait plus perdre. L'arrêté du 24 novembre 1823 doit donc être annulé, pour ren-

dre à l'autorisation du 14 avril 1820 la force
et les effets qu'elle doit avoir.

« Dans le cas même où l'on admettrait
que l'art. 13 du décret du 15 octobre 1810
dût s'appliquer aux établissemens formés *depuis* ce décret, il serait impossible de supposer que l'interruption *judiciaire* pût faire
encourir la déchéance. S'il en était ainsi, un
opposant, qui serait propriétaire ou voisin de
l'édifice où l'on voudrait former l'établissement
en litige, pourrait toujours, par un moyen détourné, faire revivre son opposition, même
après que les tribunaux administratifs, qui en
sont les seuls juges compétens, l'auraient rejetée. Rien ne serait plus facile que de trouver
un prétexte pour intenter, devant l'autorité
judiciaire, un procès à un fabricant, et de rendre par là illusoires, pour ce dernier, l'autorisation qu'il aurait obtenue et le rejet des
oppositions. Sous aucun rapport, la déchéance
pour interruption dans les travaux ne serait
donc applicable à l'établissement en litige. »

Le sieur Persin a soutenu que le pourvoi
était non recevable, attendu qu'il s'agissait
d'un arrêté de préfet dont l'appel, suivant la
jurisprudence du Conseil d'Etat, devait être
porté devant le Ministre de l'intérieur. Ensuite
il a dit qu'il était mal fondé, par la raison que
le préfet de police avait le droit de refuser ou
d'accorder l'autorisation; qu'ainsi le sieur Garet

n'avait pas lieu de se plaindre ; que, d'ailleurs, au fond, l'emplacement de la fabrique ne pouvait convenir, à moins de détériorer la maison et de nuire aux voisins.

Le sieur Garet a répondu, sur la fin de non-recevoir, qu'il y avait exception à la règle générale ; et que la loi spéciale de la matière autorisait, d'une manière formelle et incontestable, le recours direct devant le Conseil d'État.

Considérant qu'aux termes de l'article 7 du décret du 15 octobre 1810, applicable aux établissemens de seconde classe, le recours à notre Conseil d'Etat, contre la décision du préfet, est ouvert *à toutes parties intéressées* ; que les fabriques de chapeaux appartiennent à la seconde classe des ateliers insalubres ou incommodes, et qu'ainsi le sieur *Garet* est recevable à se pourvoir, conformément aux dispositions dudit article 7 ; — Considérant qu'il résulte de l'article 13 dudit décret, tel qu'il a été constamment appliqué (1) qu'aucun établissement ne peut être re-

---

(1) Cet usage, nous le savons, s'est introduit, et cet arrêt le consacre ; mais il n'en est pas moins vrai qu'il est contraire au texte même du réglement ; et nous devons faire remarquer encore que cet usage, dont parle l'arrêt, n'est suivi que par l'administration active ; que jusqu'ici l'administration contentieuse n'avait pas eu à statuer sur cette question, et qu'ainsi nul *précédent*, véritablement digne d'autorité pour les juges administratifs et surtout pour le Roi, en son Conseil d'Etat, ne s'était jusqu'ici présenté. — Nous croyons qu'après un nouvel examen, s'il y a lieu, d'autres principes seront adoptés.

mis en activité, après une interruption de six mois,
qu'après avoir obtenu une nouvelle permission ;

Au fond, considérant qu'il résulte de l'instruction
de l'affaire que le sieur *Garet* n'a point satisfait à
toutes les conditions qui lui avaient été imposées
en 1820, et qu'il est reconnu que le local occupé par
le sieur *Garet* s'oppose encore à l'accomplissement
desdites conditions ; qu'ainsi, le préfet de police a eu
de justes motifs de refuser la permission demandée,
en 1823, par le sieur *Garet* ;

Art. 1er.—La requête du sieur *Garet* est rejetée.—
Art. 2.—Le sieur *Garet* est condamné aux dépens.

§. IX. *Établissemens non compris dans la Nomenclature.*

TUILERIE. (1re esp.)

Les tuileries ne sont point portées sur le tableau des
ateliers insalubres ou incommodes, d'où il suit
qu'un individu a pu former un établissement de
cette nature sans être assujéti à l'observation des
formalités prescrites par les réglemens.
Lorsqu'il est reconnu que l'exploitation d'une tuilerie
n'est ni nuisible ni incommode, et qu'elle est au
contraire avantageuse au pays où elle est située, il
y a lieu d'en permettre la continuation.

(14 janvier 1818.— Castagna.)

Les frères Castagna exploitaient une tuilerie, située dans la commune de Saillans (Gironde), lorsque le maire de cette commune
s'opposa à ce qu'ils continuassent leur exploitation, sous prétexte que cet établissement était
insalubre et incommode pour les voisins.

Les frères Castagna s'adressèrent au Conseil

de préfecture et demandèrent l'autorisation de continuer leur exploitation. Ce Conseil refusa l'autorisation; mais le préfet ayant reconnu que son arrêté n'avait été précédé d'aucune enquête ni visite des lieux, commit l'ingénieur en chef du département pour faire son rapport.

L'ingénieur fut d'avis qu'il pouvait être permis aux frères Castagna de continuer l'exploitation de leur établissement; et, d'après ce rapport, les frères Castagna, se croyant suffisamment autorisés, continuèrent leur fabrication.

Dans cet état, le maire de la commune dressa un procès-verbal contre eux pour constater qu'ils étaient en contravention contre l'arrêté du Conseil de préfecture qui leur avait refusé l'autorisation. Ce procès-verbal fut approuvé par le sous-préfet de Libourne, qui ordonna la suppression de l'établissement dans un délai déterminé.

Les frères Castagna ont recouru devant le Conseil d'État, pour demander l'annulation de l'arrêté du Conseil de préfecture et de celui du sous-préfet.

Considérant que les tuileries n'étaient point portées sur le tableau des états et professions nuisibles ou incommodes, annexé au décret du 15 octobre 1810; et que, dès-lors, les sieurs *Castagna* ont pu former un établissement de cette nature, sans être assujétis à l'observation des formalités prescrites par ce décret;

— Considérant qu'il est justifié, par la déclaration

des principaux habitans de la commune de Saillans, et l'avis de l'ingénieur en chef du département, que l'exploitation des sieurs *Castagna* n'est ni nuisible ni incommode, et qu'elle est, au contraire, avantageuse au pays où elle est située ;

Art. 1er—L'arrêté du Conseil de préfecture du département de la Gironde, en date du 15 juin 1813, et tout ce qui s'en est suivi, est annulé.—Art. 2.—Les sieurs *Castagna* sont autorisés à continuer l'exploitation de leur tuilerie, située dans la commune de Saillans.

Observations. — Les tuileries et briqueteries n'ont été rangées dans la nomenclature des ateliers incommodes ou insalubres (deuxième classe) que par l'ordonnance royale du 14 janvier 1815. Comme le Conseil d'État n'a été saisi de l'affaire qu'après la publication de ce réglement, il a pu tout-à-la-fois annuler pour cause d'excès de pouvoir, l'arrêté du Conseil de préfecture, et les mesures d'exécution qui l'avaient suivi, et en même temps procéder à l'examen de l'innocuité de l'atelier. Mais peut-être aurait-il fallu, pour la rigoureuse observation des formes, se borner à prononcer l'annulation des arrêtés attaqués, et renvoyer le fabricant à suivre les formalités prescrites par les réglemens.

CHANTIER DE BOIS. (2e esp.)

Les chantiers de bois ne sont placés dans aucune des classes des établissemens insalubres mentionnés dans le décret du 15 octobre 1810 ; d'où il suit que ces dispositions ne leur sont point applicables.

Des tiers opposans, sur des motifs de convenance, ne peuvent empêcher un établissement utile au public, surtout lorsqu'il se trouve situé dans les limites désignées par l'autorité pour l'établissement des chantiers de bois.

(24 mars 1819. — Delagrange et consorts c. Salaun.)

Le sieur Salaun, marchand de bois à Paris, a été autorisé, par le Conseil de préfecture de la Seine, à établir un chantier sur un terrein situé rue Neuve-des-Mathurins, appartenant au sieur de Grefulhe. Cette autorisation a été attaquée, devant le Conseil d'Etat, par le comte Delagrange et autres particuliers demeurant dans la rue des Mathurins; leur pourvoi a été rejeté comme non recevable et mal fondé.

Vu le décret du 15 octobre 1810, sur les manufactures qui répandent une odeur incommode ou insalubre;

Considérant que les chantiers de bois ne sont placés dans aucune des classes des établissemens insalubres, mentionnés dans le décret du 15 octobre 1810, et qu'en conséquence ses dispositions ne lui sont pas applicables; — Considérant qu'aux termes de l'ordonnance de police du 27 ventose an X, le terrein en question se trouve situé dans les limites du quatrième arrondissement désigné pour l'établissement des chantiers; — Considérant que l'opposition des requérans n'est fondée que sur des motifs de convenance qui ne sont pas suffisans pour empêcher un établisement utile au public;

Art. 1er — La requête du comte *Delagrange* et consorts est rejetée. — Art. 2. — Les sieurs comte *Delagrange* et consorts sont condamnés aux dépens.

Observations. — Les chantiers de bois à brûler n'ont été rangés dans la nomenclature (3e classe) que par l'ordonnance du 9 février 1825. Jusque-là il ne pouvait être procédé qu'en vertu de l'ordonnance de police du 27 ventose an X. Mais, de l'application de cette ordonnance, il ne résultait et ne pouvait résulter aucune juridiction pour le Conseil de préfecture de la Seine; elle se puisait dans l'art. 2 de l'arrêté du gouvernement du 6 messidor an x qui, ainsi que l'arrêt qui va suivre l'a reconnu, attribue au Conseil de préfecture de la Seine toutes les affaires contentieuses administratives qui sont dans les attributions du préfet de police.

CHANTIER DE BOIS. (3ᵉ espèce.)

Le Conseil d'Etat autorise l'établissement d'un chantier de bois à brûler, à la charge de remplir certaines conditions pour prévenir les dangers d'incendie.

(12 mai 1819. — Talboutier c. les dames de la Visitation.)

Considérant, sur la compétence, qu'en vertu de l'art. 2 de l'arrêté du gouvernement du 6 messidor an x, le Conseil de préfecture était compétent pour prononcer sur toutes les affaires contentieuses administratives qui sont dans les attributions du préfet de police; et qu'il s'agit, dans l'espèce, d'une question contentieuse relative à des intérêts privés; — Considérant, sur le fond, que l'emplacement du chantier projeté par le sieur Talboutier n'est entouré d'aucune maison d'habitation, et que tous les propriétaires des terreins environnans ont donné leur consentement, à l'exception des dames de la Visitation; — Considérant que l'emplacement du chantier projeté est dans les limites d'un des arrondissemens assignés aux chantiers de bois; que déjà il a été permis d'adosser deux chantiers au mur de clôture du jardin desdites dames, et qu'il n'existe aucun motif de refuser le même avantage au sieur Talboutier, sauf à lui imposer les conditions par lui souscrites pour prévenir les dangers d'incendie, lesquelles sont propres à concilier les intérêts respectifs des parties;

Art. 1er —L'arrêté du préfet de police du 1er juillet 1818, et l'arrêté du Conseil de préfecture du département de la Seine, du 7 août suivant, sont annulés.— Art. 2. — Il est permis au sieur *Talboutier* d'établir un chantier de bois à brûler sur le terrein qu'il a loué à cet effet rue d'Ulm, quartier Saint-Bernard, en se conformant aux lois et réglemens sur la matière, et à la charge par lui, — 1° De ne pouvoir effectuer aucun remblai, ni exhausser le sol sur trois mètres de largeur, à partir du pied du talus le long du mur de clôture du jardin des *Dames de la Visitation*; — 2° De planter et d'entretenir une haie de peupliers parallèlement audit mur et sur toute sa longueur. — Art. 3. — Les *Dames de la Visitation* sont condamnées aux dépens.

CHANTIER DE BOIS. (4e espèce.)

L'administration considère comme garanties suffisantes pour les voisins contre les dangers et le désagrément d'un chantier de bois, à Paris, les conditions suivantes :

Choisir un emplacement éloigné de toute maison d'habitation, et situé dans les limites assignées à ces sortes d'établissemens ; — Ne pouvoir effectuer aucun remblai ni rehausser le sol sur trois mètres de largeur, à partir du pied du talus le long des murs de clôture des jardins contigus ; — Planter, s'il en est requis, et entretenir une haie de peupliers parallèlement auxdits murs, et sur toute leur longueur.

(25 avril 1820. — Talboutier c. Gourousseau et cons.)

L'emplacement choisi était situé rue d'Ulm, à Paris. Les opposans étaient des propriétaires de maisons et terreins situés rue des Postes. Ils attaquaient, devant le Conseil d'Etat, par la voie de la tierce-opposition, l'ordonnance royale du 12 mai 1819, que nous venons de rapporter.

Durant l'instance, le sieur Talboutier a déclaré qu'il consentait à exécuter également, vis-à-vis des propriétés des opposans, les conditions fixées par l'ordonnance du 12 mai 1819.

Considérant, au fond, que l'emplacement du chantier que le sieur *Talboutier* a été autorisé à établir, en vertu de notre ordonnance du 12 mai 1819, n'est entouré d'aucune maison d'habitation ; que cet emplacement est dans les limites d'un des arrondissemens assignés aux chantiers de bois ; que déjà il a été permis d'établir deux chantiers dans des terreins adjacens ; qu'il n'existe aucun motif de retirer au sieur *Talboutier* la faculté qui lui a été accordée de jouir du même avantage, sauf à lui imposer, conformément à ses offres, les conditions exprimées en notre dite ordonnance, pour prévenir les dangers d'incendie, lesquelles sont propres à concilier les intérêts respectifs des parties ;

Art. 1er — Les requêtes des sieurs *Gourousseau*, *Payen* et *Graux*, sont rejetées en ce qui concerne le rapport de notre ordonnance du 12 mai 1819, qui a permis au sieur *Talboutier* d'établir un chantier, rue d'Ulm, à Paris, sous de certaines conditions. — Art. 2. — Les conditions exprimées en notre dite ordonnance, concernant le jardin des Dames de la Visitation, sont déclarées communes aux murs de clôture des jardins des sieurs *Gourousseau*, *Payen* et *Graux*, donnant sur le terrein occupé par le chantier du sieur *Talboutier*, situé rue d'Ulm, à Paris ; — En conséquence, le sieur *Talboutier* sera tenu, — 1° De ne pouvoir effectuer aucun remblai, ni rehausser le sol sur trois mètres de largeur à partir du pied du talus le long du mur de clôture desdits jardins ; — 2° De planter, s'il en est requis, et d'entretenir une haie de peupliers pa-

rallèlement auxdits murs, et sur toute leur longueur.
— Art. 3. — Les sieurs *Gourousseau*, *Payen* et *Graux* sont condamnés aux dépens.

SECTION III.

ATELIERS DE TROISIÈME CLASSE.

§. I. *Autorisation. — Formalités à remplir. — Jugement des oppositions.*

BRASSERIE SANS DISTILLERIE. (1ʳᵉ esp.)

Les brasseries dans lesquelles il ne doit être fait aucune distillerie sont comprises dans la troisième classe des établissemens qui peuvent rester sans inconvénient auprès des habitations particulières, et pour la formation desquels il est nécessaire de se munir d'une permission.

Les sous-préfets sont seuls compétens pour accorder ou refuser l'autorisation nécessaire à cette classe d'ateliers.

Les délibérations des Conseils de préfecture prises en forme d'*avis* ne sont pas susceptibles d'être attaquées devant le Conseil d'Etat par la voie contentieuse.

Lorsque, dans le cas dont il s'agit, le Conseil de préfecture n'a fait qu'émettre un *avis*, sa délibération ne fait point obstacle à ce que les formalités prescrites pour les établissemens de troisième classe soient ensuite observées. —

(19 mars 1823.—Holland et Letort.)

Le sieur Holland était propriétaire d'une brasserie située dans la ville de Tours et affermée au sieur Letort. Celui-ci, pour donner plus de développement à son usine, a créé, du

19.

consentement du propriétaire, une brasserie secondaire dans la rue Rabelais, à une très petite distance du principal établissement.

Un voisin de la nouvelle fabrique s'est plaint des odeurs insalubres que répandait ce second atelier; et, sur sa plainte, le maire de Tours a fait défense aux sieurs Holland et Letort de continuer leurs opérations, jusqu'à ce qu'ils eussent obtenu l'autorisation légale.

Quelques jours après, il a été dressé un procès-verbal *de commodo et incommodo*, duquel il est résulté qu'un seul voisin se plaignait des odeurs prétendues malsaines, émanées de l'atelier.

Le sieur Letort a formé, près du préfet d'Indre-et-Loire, une demande en autorisation, à l'effet d'être maintenu dans l'exploitation de ce second établissement. Le préfet a cru devoir renvoyer l'affaire au Conseil de préfecture, et celui-ci a pris un arrêté dans lequel il a énoncé qu'il était d'avis qu'il y avait lieu de refuser au sieur Letort l'autorisation par lui demandée.

Le sieur Letort a formé opposition à cet arrêté, et le sieur Holland a cru devoir intervenir en sa qualité de propriétaire. Le Conseil de préfecture a maintenu sa décision.

Recours au Conseil d'Etat.

Considérant que l'usine projetée par le sieur *Letort* aîné est consacrée à des opérations de brasserie, et qu'il n'y sera fait aucune distillerie; — Considérant que les brasseries sont comprises dans la troisième classe des établissemens qui peuvent rester sans inconvénient auprès des habitations particulières, et pour la formation desquels il est nécessaire de se munir d'une permission, aux termes des articles 2 et 8 du décret du 15 octobre 1810 et de l'article 3 de notre ordonnance du 14 janvier 1815 ; — Considérant que, dans l'instruction de cette affaire, le Conseil de préfecture d'Indre-et-Loire s'est écarté des formalités prescrites ; — Considérant néaumoins que les délibérations dudit conseil, ayant été prises en forme d'*avis*, ne sont pas susceptibles d'être attaquées par la voie contentieuse, mais qu'elles ne font point obstacle à ce que les formalités prescrites pour les établissemens de troisième classe soient exactement observées;

Art. 1er — La requête des sieurs *Holland* et *Letort aîné*, tendant à l'annulation des *avis* du Conseil de préfecture du département d'Indre-et-Loire, des 20 août et 14 septembre 1822, est rejetée. — Art. 2. — Lesdits sieurs se retireront devant l'administration, pour obtenir, s'il y a lieu, la permission exigée pour les établissemens de troisième classe.

FOUR A PLATRE. (2ᵉ espèce.)

Lorsqu'il s'agit d'autoriser un établissement de troisième classe, dans l'arrondissement du chef-lieu du département, le préfet est compétent pour prononcer, comme sous-préfet, sur la demande en autorisation.

Les voisins de l'établissement projeté ont qualité pour y former opposition.

Lorsque des établissemens ont été maintenus par l'article 11 du décret du 15 octobre 1810, ce n'est pas un motif pour en autoriser d'autres dont l'incommodité a été reconnue.

(22 décembre 1824.—Basire c. Simon, Pinel et autres.)

Le sieur Basire, propriétaire d'un four à plâtre permanent, à Rouen, avait été autorisé par le préfet à en établir un autre non permanent, travaillant un mois par an. Des oppositions s'étant élevées, et le Conseil de préfecture les ayant accueillies, l'autorisation s'est trouvée ainsi révoquée.

Le sieur Basire a attaqué l'arrêté du Conseil de préfecture. Il a prétendu qu'il était vicié d'incompétence, parce que les Conseils de préfecture ne sont appelés à prononcer que sur les oppositions relatives aux autorisations données par les sous-préfets, et que, dans l'espèce, c'était le préfet qui avait autorisé. (Art. 2 et 8 du décret du 15 octobre 1810, et art. 3 de l'ordonnance.)

Au fond, il a objecté que son établissement ne pouvait être incommode dans un emplacement où il en existait trois autres, depuis long-temps, qui avaient été maintenus par l'art. 11 du décret de 1810.

Les tiers-opposans ont soutenu, sur l'incompétence, que l'autorisation donnée par le préfet ne changeait en rien les attributions des Conseils de préfecture, par la raison que, dans ce cas, le préfet remplaçait le sous-préfet, les chefs-lieux de département n'ayant pas de sous-préfecture ; sur le fond, que l'incommodité était incontestable, et qu'elle résultait de l'enquête *de commodo et incommodo*, des procès-verbaux dressés par un chimiste et un médecin, et de l'avis du maire.

Considérant qu'il s'agit d'un établissement de troisième classe, et que, dans l'arrondissement du chef-lieu du département, le préfet était compétent pour prononcer, comme sous-préfet, sur la demande en autorisation; — Considérant que les voisins de l'établissement projeté avaient qualité pour y former opposition; — Au fond, considérant que les trois fours à plâtre anciennement établis au boulevart Beauvoisine de Rouen ont été maintenus par l'art. 11 du décret du 15 octobre 1810, mais que ce n'est pas un motif d'autoriser la construction d'un quatrième four, dont l'incommodité a été reconnue;

Art. 1er—La requête du sieur *Basire* est rejetée.— Art. 2. — Le sieur *Basire* est condamné aux dépens.

CENDRES GRAVELÉES. (3e espèce.)

Lorsque les appareils des fabriques de cendres gravelées ne sont pas disposés de manière à neutraliser l'odeur que répandent les lies de vin brûlées, ces manufactures doivent être rangées dans la première classe. (1)

Si les fabricans n'ont pas en la facilité de préparer les moyens de neutraliser l'odeur des lies de vin, à cause de la suspension des travaux de leur atelier, prescrite par l'autorité locale, on ne peut leur refuser la faculté de faire construire les appareils reconnus nécessaires.

------

(1) C'est ce qui a eu lieu, en effet, lorsqu'on a refait la nomenclature de 1815. (Voy. l'ordonnance de cette époque.)

(1er février 1813. — Blanc.)

Les sieurs Blanc frères, négocians à Lyon, avaient établi, au commencement de 1810, une fabrique de cendres gravelées, extraites de lies de vin brûlées. Cet établissement allait être mis en activité, lorsque parut le décret du 15 octobre de la même année, dont la nomenclature ne parlait pas de ce genre de fabrication.

Les sieurs Blanc s'adressèrent néanmoins au préfet du Rhône pour obtenir une autorisation spéciale qui leur permît de continuer les travaux de la manufacture. Cette demande donna lieu à des oppositions de la part de plusieurs habitans de la commune de Vaise, où elle était située; et les oppositions étaient fondées sur ce que les vapeurs qui émanaient de l'établissement étaient incommodes et insalubres. Le Conseil de préfecture ordonna provisoirement la suspension des travaux, et le préfet consulta l'autorité supérieure, pour savoir à quelle classe devait appartenir l'atelier en litige.

Le bureau consultatif établi auprès du Ministre du commerce et des manufactures émit l'avis que les fabriques de cendres gravelées qui ont des appareils tels qu'ils empêchent l'odeur de se répandre hors de l'atelier doivent être placés dans la troisième classe; mais qu'elles doivent être rangées dans la première, lorsqu'elles exhalent une odeur sensible dans le voisinage.

Cet avis, converti en décision par le Ministre, fut communiqué au Conseil de préfecture, qui, par arrêté du 13 mars 1812, déclara qu'il y avait lieu, par les fabricans, de chercher un autre emplacement plus propice à leur établissement.

Dans cet état, et sur le pourvoi des sieurs Blanc, il a été prononcé dans les termes suivans :

Considérant que quand les appareils des fabriques de cendres gravelées ne sont pas disposés de manière à neutraliser l'odeur que répandent les lies de vin brûlées, ces manufactures doivent être rangées dans la première classe, dont notre décret du 15 octobre 1810 a déterminé l'emplacement ; — Considérant que, s'il est reconnu que, dans leur état actuel, les appareils de la manufacture que les sieurs *Blanc* demandent à établir, n'ont pas les qualités propres à faire placer leur établissement dans la troisième classe, c'est que, d'après l'ordre qui leur a été donné de suspendre leurs travaux, ils n'ont pas eu la facilité de préparer les moyens de neutraliser l'odeur des lies de vin, mais qu'on ne peut leur refuser la faculté de faire construire les appareils reconnus possibles;

Art. 1er — L'arrêté du Conseil de préfecture du département du Rhône, du 13 mars 1812, et la décision du préfet, du 4 avril suivant, sont maintenus en ce qu'ils suspendent la mise en activité de la fabrique des sieurs *Blanc*. —Art. 2.— Il est accordé à ces négocians un délai jusqu'au 1er juillet 1813, pour construire les appareils qu'ils se proposent d'établir pour neutraliser l'odeur des lies de vin brûlées. — Art. 3.—

A cette époque, il sera constaté par experts si les procédés exécutés par les sieurs Blanc sont satisfaisans, et prononcé sur le rapport desdits experts, en conformité des dispositions de notre décret du 15 octobre 1810, et de la décision interprétative de notre Ministre des manufactures et du commerce, du 7 février 1812.

§. II. *Garanties insuffisantes.*

TEINTURERIE.

Les teintureries sont rangées dans la troisième classe. Les autorisations pour les établissemens de cette classe sont données par les sous-préfets, et, s'il y a des réclamations, elles sont portées au Conseil de préfecture.

Depuis la suppression des sous-préfectures dans les chefs-lieux de département, les préfets sont seuls compétens pour accorder l'autorisation d'établir des ateliers de troisième classe.

Lorsqu'il est constant, en fait, qu'un nouvel atelier peut nuire à un établissement voisin en exercice depuis long-temps, il y a lieu de refuser l'autorisation demandée.

(17 août 1825. — Potrais c. Caussin.)

Le sieur Caussin est propriétaire, sur la rivière du Maine, à Angers, d'une maison située en amont d'un établissement de bains tenu par le sieur Potrais. En 1823, il a établi un atelier de teinturerie, dont les eaux et les résidus se jettent dans la rivière, à deux mètres au-dessus de la pompe des bains du sieur Potrais. Ce dernier s'est plaint devant le maire de cette nouvelle entreprise, en disant qu'elle tendait à détruire son établissement, par l'altération continuelle de la limpidité de l'eau, et il a appuyé sa plainte sur des attestations authentiques de médecins et pharmaciens. Le maire a ordonné une descente sur les lieux, et pendant cet interlocutoire, le sieur Caussin a obtenu du préfet l'autorisation d'exploiter son atelier, avec une clause ainsi conçue : « Sauf aux par« ties à traiter de gré à gré de la garantie de « leurs intérêts respectifs, ou à les régler par « les voies de droit. »

Le sieur Potrais a porté son opposition devant le Conseil de préfecture, et a conclu à ce que l'autorisation fût déclarée nulle dans les mains de son voisin. Le Conseil de préfecture a reconnu que l'opposition était fondée; mais, au lieu d'y faire droit, se croyant incompétent, il a renvoyé les parties à se pourvoir. Ses motifs étaient : « qu'aucune loi, ordonnance ou dé« cret n'attribuent aux Conseils de préfecture « le droit de statuer sur les arrêtés des préfets, « et que M. le préfet de Maine-et-Loire ne « précise pas, dans son arrêté du 27 octobre « 1823, que ledit arrêté ait été pris par lui « comme sous-préfet de l'arrondissement d'An« gers. »

Le sieur Potrais s'est pourvu devant le Conseil d'État. Il a soutenu, 1° que les oppositions aux établissemens de troisième classe étaient du ressort exclusif des Conseils de préfecture, aux termes du décret de 1810 et de l'ordonnance du 14 janvier 1815; 2° il a prouvé que, depuis l'ordonnance du 20 décembre 1815, qui a supprimé les sous-préfectures dans les chefs-lieux de département, les préfets remplissaient les fonctions de sous-préfets, et que, sous ce rapport, leurs arrêtés, comme autorisations, pouvaient être annulés sur oppositions par les Conseils de préfecture; que, dans ce cas, il y avait exception à la règle générale qui soumet les actes préfectoraux au Ministre que la matière concerne. Au fond, il a dit que son établissement était d'utilité publique, et que ce serait l'anéantir, si on laissait subsister dans le voisinage un atelier insalubre.

Le sieur Caussin a nié cette dernière assertion. Il a soutenu que l'industrie était libre, et que M. le préfet avait bien agi en donnant l'autorisation, sauf aux parties à se garantir leurs intérêts respectifs par des mesures de précaution. Admettre le contraire, disait-il, c'est sacrifier des intérêts privés à des intérêts privés, et se complaire dans l'arbitraire. L'intervention de l'autorité administrative dans les établissemens qui peuvent intéresser la salubrité, consiste à vérifier si l'air que nous respirons, si nécessaire à tous, n'est pas vicié; si, par conséquent, il n'y a pas de danger public, ni aucune des incommodités graves qui produisent des maladies ou des affections dangereuses, et peuvent nuire à l'ordre et à la bonne police.

En la forme, il a prétendu que le Conseil de préfecture était incompétent; que ce soit le maire, le sous-préfet, le préfet qui autorise, peu importe; il suffit qu'il y ait une permission de l'autorité administrative. Le vœu de l'ordonnance de 1815 est accompli. L'intervention du conseil de préfecture est inutile; la loi se tait à cet égard, et on en conçoit le motif. Les établissemens de troisième classe sont par eux-mêmes présumés non dangereux; la permission n'est exigée que pour l'observation de quelques précautions peu importantes : c'est un objet de police municipale et locale. Faire intervenir le Conseil de préfecture dans ce cas, c'est lui proposer de se rendre juge de police, et de s'immiscer dans l'administration locale : *de minimis non curat prætor.* La loi n'a pas voulu donner aux discussions cette latitude, et dès que l'administration locale a vérifié que la santé publique était à couvert, c'en est assez pour elle. Elle s'en rapporte à cette surveillance, qui est beaucoup mieux placée dans sa main qu'au sein du premier corps de l'Etat, qui ne connaît pas les localités, et ne peut pas voir les lieux comme M. le préfet les a vus.

Le Conseil n'a pas eu égard à ces moyens. L'appel du sieur Potrais a été reconnu fondé tant au fond qu'en la forme.

Sur la compétence : — Considérant que les teintureries sont rangées dans la troisième classe des établissemens incommodes ou insalubres; qu'aux termes du décret et de l'ordonnance précités, les autorisations pour les établissemens de cette classe, sont donnés par les sous-préfets, et que, s'il y a des réclamations, elles sont portées au Conseil de préfecture; —Considérant que l'arrêté du 27 octobre 1823, portant autorisation d'établir une teinturerie, a été pris par le préfet, comme faisant fonctions de sous-préfet de l'arrondissement du chef-lieu, et que le Conseil de préfecture aurait dû statuer sur la réclamation portée devant lui; — Au fond, considérant que l'établissement de bains du sieur *Potrais* existait long-temps avant la teinturerie projetée par le sieur *Caussin*; qu'il est établi par tous les rapports que cette teinturerie verse ses eaux et ses résidus à deux mètres en amont de la pompe des bains du sieur *Potrais*; qu'il en résulte des inconvéniens graves pour cet établissement, et que les autres moyens d'écoulement proposés par le sieur *Caussin* ont été reconnus impraticables; — Considérant qu'il n'est pas juste de troubler la jouissance antérieurement acquise à l'établissement des bains;

Art. 1er — L'arrêté du Conseil de préfecture du département de Maine-et-Loire, du 12 janvier 1824, est annulé. —Art. 2.—L'arrêté pris, le 27 octobre 1823, par le préfet du département de Maine-et-Loire, faisant fonctions de sous-préfet, à l'effet d'autoriser l'établissement de teinturerie du sieur *Caussin*, est annulé. — Art. 3. — Le sieur *Caussin* est condamné aux dépens.

§. III. *Du recours contre les refus d'autorisation.*

HUILERIE. (1re espèce.)

Les huileries sont rangées dans la troisième classe.
Les permissions nécessaires pour les établissemens de troisième classe doivent être délivrées par les sous-

préfets, après avoir pris l'avis des maires et de la police locale.

S'il s'élève des oppositions contre les établissemens de troisième classe, elles doivent être jugées en Conseil de préfecture.

Les Conseils de préfecture connaissent, sans distinction, des réclamations du fabricant qui *se plaint du refus du sous-préfet*, comme de celles des opposans qui se plaignent de l'établissement.

Lorsque l'instruction première de l'affaire n'a été ni assez détaillée ni assez éclairée pour que le Conseil d'Etat puisse statuer en connaissance de cause sur le mérite des oppositions à l'établissement projeté, il y a lieu de surseoir et d'ordonner une nouvelle enquête *de commodo et incommodo*.

(29 août 1821. — Nausé.)

Considérant, sur la compétence, que les huileries sont rangées dans la troisième classe ; — Qu'aux termes de l'art. 3 de l'ordonnance de 1815, les permissions nécessaires pour les établissemens de troisième classe, doivent être délivrées par les sous-préfets après avoir pris l'avis des maires et de la police locale, conformément aux art. 2 et 3 du décret de 1810 ; — Que, d'après l'art. 8 dudit décret, s'il s'élève des réclamations contre la décision prise sur une demande en formation de manufacture ou d'ateliers compris dans la troisième classe, elles seront jugées en Conseil de préfecture ; — Que ledit art. 8 ne fait aucune distinction entre les réclamations *des requérans* et celles *des opposans* (1) ; — Qu'ainsi, le Conseil de préfecture du département du Haut-Rhin était compétent pour connaître de la réclamation faite par le sieur *Nausé* contre la décision prise par le sous-préfet d'Altkirch ; — Considérant, au fond, que l'instruction première de l'affaire n'a été

______

(1) Voy. l'arrêt *Herman*, 2e classe, p. 151.

20.

ni assez détaillée ni assez éclairée pour que nous puissions, quant à présent, statuer en connaissance de cause sur le mérite des oppositions à l'établissement projeté;

Art. 1er — Il est sursis à statuer sur l'arrêté du Conseil de préfecture du département du Haut-Rhin, du 25 mai 1820. — Art. 2. — Avant faire droit, il sera procédé, par les soins de notre Ministre de l'intérieur, à une enquête *de commodo et incommodo* sur l'établissement dont il s'agit, pour, sur le vu de ladite enquête, être par nous statué ce qu'il appartiendra.

Observations. — Il est utile de remarquer ici la différence qui existe entre les ateliers de première et de seconde classe, sur le recours à exercer par le fabricant contre l'arrêté de refus. Dans la seconde classe, le refus émane du préfet; la réclamation du fabricant repoussé ne peut alors être portée que devant le Conseil d'État directement. Dans la troisième classe, le refus émane du sous-préfet (d'après l'art. 3 de l'ordonnance du 14 janvier 1815); le refus ne doit pas être déféré au préfet, ainsi que sembleraient l'indiquer les principes généraux de la compétence administrative. La réclamation du fabricant ne peut être portée que devant le Conseil de préfecture, seul juge légal du contentieux de l'administration. C'est donc ici une bizarrerie, et il est probable que le législateur a eu pour but de donner une plus large garantie au libre exercice de l'industrie, en lui offrant le recours à une réunion d'hommes nécessairement plus calmes dans leur délibération qu'un simple administrateur. Si, d'ailleurs, ce sont des oppositions de voisins, et non des motifs généraux de police administrative, qui ont porté le sous-préfet à refuser l'autorisation, comme il est naturel de croire que la réclamation du fabricant contre ce refus fera renaître ces oppositions, il est plus régulier de saisir sur-le-champ le seul juge des contestations administratives. — C'est probablement le même motif qui, pour les ateliers de seconde classe, a fait ouvrir à toutes les parties intéressées le recours direct au Conseil d'État contre les arrêtés des préfets. Voyez, au surplus, l'arrêt qui suit.

HUILERIE. (2ᵉ espèce.)

Les Conseils de préfecture sont compétens pour prononcer sur la réclamation portée devant lui par un fabricant contre le refus d'autorisation que lui a fait le sous-préfet.

Ils ne peuvent prononcer sans appel sur les oppositions aux établissemens incommodes et insalubres.

Il n'y a pas lieu d'ordonner une contre enquête *de commodo et incommodo*, sur la demande d'une partie, lorsque l'enquête faite par l'ordre de l'administration ne laisse rien à desirer sur la connaissance des effets de l'établissement projeté.

S'il résulte de cette dernière enquête que l'établissement projeté (une huilerie) serait établi dans une rue étroite, et au premier étage d'une maison entourée d'édifices plus ou moins remplis de matières faciles à enflammer, et que les secours seraient difficiles à administrer, en cas d'incendie, il y a lieu, par le Conseil d'État, de refuser l'autorisation.

Il est d'une bonne police d'éloigner autant qu'il est possible des habitations les établissemens à odeurs incommodes ou insalubres.

(18 juin 1823. — Nausé.)

Le sous-préfet d'Altkirch (Haut-Rhin) avait refusé au sieur Nausé l'autorisation d'établir une huilerie dans une rue de cette ville.— Sur la réclamation portée par le sieur Nausé devant le conseil de préfecture, l'arrêté du sous-préfet avait été annulé, et le sieur Nausé avait été autorisé à former son établissement. — Le Ministre de l'intérieur s'étant pourvu au Conseil d'Etat, il fut ordonné une nouvelle enquête.

Le sieur Nausé ayant repris l'instance devant le Conseil d'Etat, il s'est élevé à ce sujet une question fort importante, celle de savoir si les Conseils de préfecture sont compétens pour annuler les arrêtés des sous-préfets portant défense de construire un établissement de troisième classe, et si leurs décisions sont susceptibles de recours devant le Conseil d'Etat.

Le sieur Nausé prétendait qu'aux termes du décret du 15 octobre 1810 et de l'ordonnance du 14 janvier 1815, les Conseils de préfecture étaient compétens pour statuer sur les arrêtés des sous-préfets, et que leurs décisions étaient définitives.

Voici comment le Ministre de l'intérieur a traité cette double question : « Il me semble, a dit Son Excellence, que le Conseil de préfecture n'avait pas à connaître de la réclamation formée par le sieur Nausé contre l'arrêté du sous-préfet d'Altkirch. — A la vérité, le décret du 24 janvier 1810 dit, art. 8 : *Les réclamations seront jugées par les Conseils de préfecture.* Mais je crois que le mot *réclamation* s'entend de l'opposition que formeraient des voisins à un établissement, et non de celle que ferait un particulier au sujet de l'acte qui lui aurait refusé d'autoriser cet établissement. — Dans les affaires de cette espèce, deux autorités sont appelées à intervenir, l'administrateur et le juge administratif : l'administrateur, pour régler et disposer ; le juge pour statuer, non pas sur l'acte de l'administrateur, qu'il ne pourrait approuver ou improuver, mais sur le mérite de la réclamation contre l'établissement, à raison des avantages ou des inconvéniens qui pourraient en résulter. — Cette distinction établie par notre législation sur la division des pouvoirs se remarque même dans le décret du 15 octobre 1810. — En effet, il y est dit : 1° que les permissions sont accordées pour les manufactures de première classe par V. M.; pour celles de deuxième et troisième classes par le préfet ou le sous-préfet, après les formalités prescrites; 2° que tout particulier sera admis à proposer ses moyens d'opposition ; que, s'il y a des oppositions aux premières, le Conseil de préfecture donnera son avis, sauf la décision du Conseil d'Etat; 3° qu'il sera statué sur les oppositions aux secondes par le Conseil de préfecture, sauf recours au Conseil d'Etat; 4° enfin que le préfet statuera sur les demandes en autorisation d'établissemens, *sauf le même recours au Conseil d'Etat par toutes les parties intéressées.* »

« Il suit de cette dernière disposition que les Conseils de préfecture ne sont juges que des oppositions aux demandes, et qu'ils ne peuvent connaître des arrêtés qui auraient accueilli ces

demandes, puisque les parties intéressées n'ont
de recours à exercer contre les arrêtés du préfet que devant le Gouvernement. — L'ordre
de juridiction établi pour les établissemens de
première et de seconde classe me paraît évidemment devoir s'appliquer à ceux de troisième; autrement, l'article 8 du décret serait
contraire aux cinquième et septième, et aux
principes constitutifs des autorités. — Ainsi
l'arrêté du Conseil de préfecture du Haut-Rhin
me paraît avoir été pris incompétemment, en
ce qu'il prononce sur une demande en établissement d'un moulin interdit par un arrêté du
sous-préfet, et que le préfet seul pouvait infirmer, sauf recours à l'autorité supérieure. »

Le sieur Nausé a essayé de détruire ces objections par les raisonnemens suivans :

L'art. 8 du décret du 15 octobre 1810 ne
parle pas d'*opposition;* il dit que, s'il s'élève
des *réclamations* contre les décisions du sous-préfet, sur une demande en formation de manufacture ou d'atelier compris dans la troisième
classe, elles seront jugées par le Conseil de
préfecture. Cette disposition est explicite; par
cela seul qu'elle emploie le terme *réclamation,*
elle embrasse tout à-la-fois le recours de celui
à qui la permission *a été refusée* par le sous-préfet et celui des individus qui, lorsque la
permission *a été accordée,* s'y étaient rendus
opposans. — Et le Conseil de préfecture est

évidemment compétent pour annuler ou confirmer l'arrêté du sous-préfet. Car, s'il n'en
était pas ainsi ; si, comme le prétend S. Exc.
le Ministre de l'intérieur, le Conseil de préfecture ne pouvait statuer que sur le mérite des
oppositions, sans toucher à l'arrêté du sous-
préfet, il en résulterait que la loi aurait con-
féré un droit inutile au Conseil de préfecture,
puisque, de quelque manière qu'il prononçât,
l'arrêté du sous-préfet devrait toujours être
exécuté. — Or, il est impossible de concevoir
que la loi accorde à une autorité le droit de
statuer, et qu'elle rende en même temps ses
jugemens illusoires. — Mais, ajoutait le sieur
Nausé, non-seulement le Conseil de préfecture
était compétent pour statuer, mais sa décision
était définitive. Car il s'agit ici d'un établissement placé, par l'ordonnance du 14 janvier 1815,
dans la troisième classe, et, pour les établissemens de cette nature, le recours au Conseil
d'Etat n'est pas admissible ; c'est ce qui résulte
du décret du 15 octobre 1810, qui réserve
formellement l'appel pour les établissemens de
la première et deuxième classe, tandis qu'il
garde le silence à cet égard pour les établissemens de la troisième. — Le sieur Nausé concluait donc au rejet pur et simple, de l'appel
formé par le Ministre de l'intérieur contre
l'arrêté du Conseil de préfecture du Haut-Rhin,
qui l'autorisait à exploiter son huilerie, et sub-

sidiairement à ce qu'il fût admis à faire une contre-enquête *de commodo et incommodo*.

Ses conclusions ont été rejetées par l'ordonnance suivante :

Considérant qu'aucune disposition du décret du 15 octobre 1810 et de l'ordonnance du 14 janvier 1815 n'attribue aux Conseils de préfecture le droit de prononcer *sans appel* (1) sur les oppositions aux établissemens incommodes et insalubres ; — Considérant que le dernier procès-verbal d'enquête et les rapports qui l'ont précédé ne laissent rien à desirer sur la connaissance des effets de l'établissement projeté, et qu'ainsi il n'y a pas lieu d'ordonner une contre-enquête ; — Considérant qu'il résulte du dernier procès-verbal que l'huilerie projetée par le sieur *Nausé* serait établie dans une rue étroite, et au premier étage d'une maison entourée d'édifices plus ou moins remplis de matières faciles à enflammer ; que, sous ce rapport, les secours, en cas d'incendie, seraient difficiles à administrer ; — Considérant qu'il est d'une bonne police d'éloigner autant que possible des habitations les établissemens à odeur incommode ou insalubre ;

Art.¹ᵉʳ — L'arrêté compétemment pris (2) par le Conseil de préfecture du Haut-Rhin, le 23 mai 1820, est annulé au fond. En conséquence, l'arrêté du sous-préfet d'Altkirch, du 2 mars 1820, portant refus d'au-

---

(1) L'appel au Conseil d'Etat est la règle générale ; pour que le droit de le former fût interdit dans certains cas, il faudrait que l'exception fût formellement établie par les lois.

(2) L'arrêt se sert du mot *compétemment pris* pour repousser l'exception d'incompétence proposée par le Ministre, et sur laquelle nous avons rédigé les observations qui suivent l'arrêt précédent.

torisation de l'huilerie projetée par le sieur *Nausé*
sera exécuté suivant sa forme et teneur.

FABRIQUE DE GÉLATINE. (3ᵉ espèce.)

Lorsque le fabricant élève des réclamations contre la
décision prise par le préfet de police, à Paris, pour
les fabriques de troisième classe, elles doivent être
jugées par le Conseil de préfecture. (Art. 8 du décret
de 1810.)
S'il est reconnu que le local occupé par le fabricant
ne peut, à raison de son exiguïté, recevoir un atelier, sans incommodité pour les voisins, il y a lieu
de refuser l'autorisation.

(4 janvier 1824. — Veuve Harmant.)

La dame Harmant avait demandé l'autorisation d'établir une fabrique de gélatine dans
son habitation, rue du Fer-à-Moulin. Le préfet de police lui ayant refusé l'autorisation,
elle crut devoir réclamer contre ce refus devant
le Conseil de préfecture de la Seine, qui, à son
tour, rejeta sa réclamation comme mal fondée,
attendu que le local destiné à fabriquer était
trop petit.

Dans cet état, elle a réclamé contre ces deux
décisions; elle attaquait devant le Conseil d'Etat,
pour incompétence, celle du Conseil de préfecture.

Sur la compétence : — Considérant qu'aux termes
de l'art. 8 du décret du 15 octobre 1810, s'il s'élève
des réclamations contre la décision prise par le préfet
de police pour les fabriques de troisième classe, elles
seront jugées au Conseil de préfecture, et qu'ainsi le

Conseil de préfecture de la Seine n'a pas excédé sa compétence, en statuant sur la réclamation portée devant lui par la dame *Harmant*; — Au fond, — Considérant qu'il résulte de l'examen des pièces, que le local occupé par la dame *Harmant* ne peut, à raison de son exiguïté, recevoir une fabrique de gélatine, sans incommodité pour les voisins;

Art. 1er — La requête de la dame veuve *Harmant* est rejetée.

§. IV. *Garanties suffisantes.*

POMPE A FEU. (1re espèce.)

Les Conseils de préfecture sont compétens pour prononcer sur les réclamations qui s'élèvent relativement à l'établissement des manufactures de troisième classe.

Des tiers-opposans qui ont adhéré à l'arrêté d'autorisation confirmé purement et simplement par le Conseil de préfecture sont sans intérêt à demander d'être renvoyés devant le même Conseil de préfecture, sous le prétexte qu'ils n'y ont pas été entendus.

Lorsque les précautions auxquelles s'est soumis le fabricant paraissent suffisantes, il n'y a pas lieu de maintenir les conditions qui lui ont été imposées, et qui ne sont autorisées par aucune des dispositions du décret du 15 octobre 1810.

(3 février 1819. — Délevacque c. de Haussy de Robécourt et consorts.)

Le sieur Délevacque fils, négociant à Péronne (Somme), avait obtenu du sous-préfet de cette ville l'autorisation de construire une pompe à feu, brûlant sa fumée, et destinée à servir de moteur à des moulins à blé et à huile, et à des mécaniques à filer et à carder le coton. Le sous-préfet, dans deux articles de son arrêté, lui avait imposé certaines conditions non autorisées par le décret de 1810, et qui étaient onéreuses et embarrassantes pour lui. Cet arrêté d'autorisation ayant été soumis au Conseil de préfecture, par suite des oppositions des sieurs de Robécourt et consorts, les conditions imposées ont été confirmées. De là pourvoi devant le Conseil d'Etat de la part du sieur Délévacque.

Ce fabricant a soutenu que les précautions auxquelles il s'était soumis, soit par l'établissement de presses muettes, soit par la construction de machines à incendie, paraissaient suffisantes contre les inconvéniens et dangers que l'arrêté d'autorisation avait prévus, et qu'ainsi il y avait lieu d'annuler les art. 4 et 5 dudit arrêté, qui lui imposaient d'ailleurs des conditions non autorisées par la législation spéciale de la matière.

Les tiers-opposans ont demandé que le pourvoi fût rejeté comme non recevable, attendu qu'ils n'avaient point été parties dans l'instruction sur laquelle était intervenu l'arrêté du Conseil de préfecture.

Vu le décret du 15 octobre 1810 et l'ordonnance du 14 janvier 1815, relatifs à l'établissement des usines et manufactures; — Considérant, sur la compétence, qu'aux termes de l'art. 8 du décret du 15 octobre 1810, les Conseils de préfecture sont compétens pour prononcer sur les réclamations qui s'élèvent relativement

à l'établissement des manufactures de troisième classe ;
— Considérant, sur la fin de non-recevoir, que les sieurs *de Haussy de Robécourt* et consorts déclarent, par leur propre requête, qu'ils ont unanimement adhéré à l'arrêté du sous-préfet de Péronne, confirmé purement et simplement par l'arrêté du Conseil de préfecture ; que, par conséquent, ils sont sans intérêt à demander d'être renvoyés devant le même Conseil de préfecture, sous le prétexte qu'ils n'y ont pas été entendus ; — Considérant, au fond, que les entraves apportées à l'établissement du sieur *Délevacque* par les art. 4 et 5 de l'arrêté du sous-préfet ne sont autorisées par aucune disposition du décret du 15 octobre 1810, et que les précautions auxquelles le sieur *Délevacque* s'est soumis, soit par l'établissement de presses muettes, soit par la construction de machines à incendie, paraissent suffisantes contre les inconvéniens et dangers que lesdits articles ont eu pour objets de prévenir ;

Art. 1er — L'arrêté du sous-préfet de Péronne, du 29 avril 1818, approuvé par arrêté du Conseil de préfecture du département de la Somme, est confirmé, sauf les art. 4 et 5 dudit arrêté, qui sont annulés. — Art. 2. — Les sieurs *de Haussy de Robécourt* et consorts sont condamnés aux dépens.

BRASSERIE. (2e espèce.)

Les brasseries sont rangées dans la troisième classe des établissemens qui peuvent rester sans inconvénient auprès des habitations particulières, et pour la formation desquelles il est néanmoins nécessaire de se munir d'une permission.

Lorsque toutes les formalités prescrites pour ce genre d'établissemens ont été observées, il y a lieu de maintenir l'autorisation.

Les Conseils de préfecture jugent en première instance les oppositions relatives aux établissemens de troisième classe, et le recours est ouvert devant le Conseil d'Etat aux tiers-opposans.

(18 avril 1821.—Plaisançon et consorts c. Miller.)

Après l'observation de toutes les formalités prescrites par le décret du 15 octobre 1810, et l'ordonnance du 14 janvier 1815, le sieur Miller avait obtenu du Conseil de préfecture du département de la Loire la permission d'établir, dans la ville de Montbrison, une brasserie, rangée dans la troisième classe des établissemens insalubres et incommodes.

L'arrêté rendu en sa faveur avait rejeté les oppositions d'un certain nombre de voisins, parmi lesquels se trouvaient les sieurs Plaisançon, Rodde et autres.

Ceux-ci ont déféré cet arrêté à la censure du Conseil d'Etat.

Le sieur Miller a prétendu que le recours était inadmissible, par le motif que le Conseil de préfecture avait prononcé en dernier ressort.

A cet argument les opposans ont, avec raison, répondu qu'en toute matière administrative les Conseils de préfecture ne sont que des juges de première instance, et que, par conséquent, le recours contre leurs décisions était de plein droit recevable devant le Conseil d'Etat.

C'est, en effet, ce qui a été décidé.

Vu le décret du 15 octobre 1810, et notre ordonnance du 15 janvier 1815, sur les établissemens à odeur insalubre et incommode; — Considérant, sur la fin de non-recevoir, que l'art. 8 du décret du 15 octobre 1810 n'interdit pas le recours contre les arrêtés des conseils de préfecture relatifs aux établissemens de troisième classe, et que les recours ont toujours été admis en pareil cas; (1) — Considérant qu'aux termes des décret et ordonnance précités les brasseries sont rangées dans la troisième classe des établissemens et ateliers qui peuvent rester sans inconvénient auprès des habitations particulières, et pour la formation desquels il est néanmoins nécessaire de se munir d'une permission ;—Considérant que toutes les formalités prescrites par le décret du 15 octobre 1810, et par notre ordonnance du 14 janvier 1815, pour obtenir la permission demandée par le sieur *Miller*, ont été observées ; — Statuant au fond, et *adoptant les motifs* qui ont déterminé le Conseil de préfecture à rejeter les oppositions;

Art. 1er — La requête des sieurs *Plaisançon* et consorts est rejetée. — Art. 2. — L'arrêté du Conseil de préfecture du département de la Loire, du 21 février 1820, est confirmé.—Art. 3.—Les sieurs *Plaisançon* et consorts sont condamnés aux dépens.

TUILERIE. (3e espèce.)

Lorsqu'il résulte des faits de l'enquête *de commodo et incommodo* qu'un établissement de troisième classe n'est pas nuisible aux habitans, il n'y a pas lieu d'en ordonner la destruction, quoiqu'il ait été construit sans autorisation.

Les Conseils de préfecture sont incompétens pour statuer sur les contraventions commises aux dispo-

____

(1) Voy. ci-dessus, pag. 255, l'arrêt *Nausé*, du 18 juin 1823.

sitions de l'ordonnance de 1669, sur les eaux et forêts.

Ces contraventions doivent être poursuivies devant les tribunaux, sur la plainte de l'administration des forêts.

(15 août 1821.—Soutra c. Maignet.)

Vu l'ordonnance de 1669 sur les eaux et forêts, et l'avis du Conseil d'État, du 22 brumaire an 14 (13 novembre 1805), sur ladite ordonnance; —En ce qui concerne l'application du décret du 15 octobre 1810 et de l'ordonnance du 14 janvier 1815, relatifs aux établissemens qui répandent une odeur insalubre ou incommode : — Considérant que, sur le nombre de *cent douze* habitans entendus dans l'enquête *de commodo et incommodo*, deux seulement, dont le sieur *Maignet*, fabricant de tuiles, se sont déclarés opposans, et qu'il résulte des faits de l'enquête que l'établissement de l'exposant n'est pas nuisible aux habitans; et que, sous ce rapport, il n'y avait pas lieu d'en ordonner la destruction; —En ce qui concerne l'application de l'ordonnance de 1669, sur les eaux et forêts; —Considérant que le Conseil de préfecture était incompétent pour statuer sur la contravention, qui ne pourrait être poursuivie, s'il y avait lieu, que devant les tribunaux, sur la plainte de l'administration des forêts;

Art. 1er — Les arrêtés du Conseil de préfecture du département des Hautes-Pyrénées, des 23 juin et 22 novembre 1819, sont annulés.—Art. 2.—Le sieur *Maignet* est condamné aux dépens.

§. V. *Etablissemens antérieurs au décret de 1810.*

FABRIQUE DE COLLE.

Un fourneau construit pour fabriquer la colle ne peut

être conservé qu'autant que sa construction est antérieure au décret de 1810. (Art. 11.)

Si le fabricant ne justifie pas de l'ancienne existence
de son fourneau, il est dès-lors soumis aux autres
formalités prescrites par les réglemens.

Les sous-préfets sont chargés d'accorder les permissions relatives aux établissemens de troisième classe.

(24 décembre 1818. — Chatelet c. Lebrun et cons.)

Il s'agissait, dans l'espèce, d'un établissement formé à Lisieux, par la dame Chatelet,
pour la fabrication de l'espèce de colle appelée
végéto-animale, qui sert, dans ce pays, à la
confection des étoffes de laine.

Des réclamations se sont élevées de la part
de quelques voisins, et le sous-préfet de l'arrondissement a rejeté sa demande.

Le fabricant ayant passé outre, le Conseil de
préfecture, saisi de la contestation, a ordonné
la fermeture de l'atelier, comme préjudiciable
à la sûreté et à la salubrité publiques. Il a motivé, en outre. sa décision sur ce que l'entrepreneur, à l'époque de la formation de son
établissement, n'avait pas obtenu de l'autorité
administrative la permission nécessaire.

La dame Chatelet s'est pourvue devant le
Conseil d'Etat. Elle a prétendu que sa fabrique,
ainsi que le fourneau qu'elle avait construit,
existaient depuis long-temps, et avaient une
date antérieure à la législation sur la matière
des ateliers insalubres.

Devant le Conseil d'Etat, la difficulté reposait donc sur un point de fait qu'il s'agissait de bien éclaircir :

La fabrique dont on demandait le déplacement était-elle en activité lors de la publication du décret du 15 octobre 1810, ou bien n'a-t-elle été établie qu'à une date postérieure?

Dans le premier cas, les dispositions de l'article 11 de ce réglement étaient applicables à l'espèce, et la dame Chatelet devait être maintenue dans la jouissance de son établissement d'industrie.

Dans le second, elle était tenue de remplir les formalités exigées par l'art. 2 de ce décret, et sa fabrique ne pouvait subsister qu'en vertu d'une permission expresse des autorités locales.

Vu le décret du 15 octobre 1810, et notre ordonnance du 14 janvier 1815, sur les établissemens insalubres et incommodes; — Considérant qu'aux termes de l'art. 11 du décret du 15 octobre 1810, le fourneau de la dame veuve *Chatelet*, pour la fabrique de colle, n'aurait pu être conservé dans la ville de Lisieux qu'autant que sa construction aurait été antérieure à la publication dudit décret; — Considérant que ladite dame n'a pas justifié de l'ancienne existence de son fourneau, et que dès-lors elle a été soumise aux autres formalités prescrites par ledit décret, et par notre ordonnance du 14 janvier 1815; — Considérant que le sous-préfet qui, aux termes de l'art. 5 de ladite ordonnance, est chargé d'accorder les permissions relatives aux établissemens de troisième classe, a rejeté la demande faite par la dame veuve *Chatelet*, et qu'ainsi la fabrique de colle de cette dame n'a pas été autorisée;

Art. 1er — La requête de la dame veuve *Chatelet* est rejetée. — Art. 2. — L'arrêté du Conseil de préfecture du département du Calvados, du 18 janvier 1817, est confirmé. — Art. 3. — La dame veuve *Chatelet* est condamnée aux dépens.

§. VI. *Etablissemens non compris dans la Nomenclature.*

SALPÊTRERIE.

Les fabriques de salpêtre ne sont pas comprises dans la nomenclature des fabriques dangereuses ou insalubres portée au décret du 15 octobre 1810.

Lorsque les ateliers de ce genre de fabrication ont été convenablement établis, et examinés par les gens de l'art, qu'il a été reconnu qu'ils ne peuvent nuire à la sûreté ni à la salubrité publiques, il y a lieu de maintenir l'autorisation accordée.

(15 novembre 1814. — Nicolaï et consorts c. Maraist.)

L'opposition des sieurs de Nicolaï et consorts avait pour objet une fabrique de salpêtre située dans la rue Martel, à Paris, exploitée par le sieur Maraist, et autorisée par un arrêté du préfet de police.

Il s'agissait d'examiner, 1° si ce genre d'établissement était classé dans la nomenclature du décret de 1810, et si d'ailleurs il présentait des garanties suffisantes sous le rapport de la sûreté et de la salubrité publiques.

Considérant que les fabriques de salpêtre ne sont pas comprises dans la nomenclature des fabriques dangereuses ou insalubres, au décret du 15 octobre 1810, et qu'en conséquence on ne peut appliquer à la fabrique de salpêtre du sieur *Maraist* les dispositions de ce décret ; — Considérant que les ateliers de ce fabricant ayant été convenablement établis, et examinés par les gens de l'art, il a été reconnu qu'ils ne peuvent nuire à la sûreté ni à la salubrité publiques ;

Le Roi, en son Conseil, a rejeté et rejette la requête du comte *de Nicolaï* et autres habitans de la rue Martel, a ordonné et ordonne que l'arrêté du préfet de police de Paris, du 13 mai 1812, sera exécuté suivant sa forme et teneur, et condamne les sieurs comte *de Nicolaï* et consorts aux dépens.

Observations. — Les fabriques de salpêtre n'ont été rangées dans la nomenclature (troisième classe) que par l'ordonnance du 14 janvier 1815. — De cette circonstance sort la preuve d'une irrégularité remarquable. Le pourvoi formé directement contre l'arrêté du préfet de police n'aurait pas dû être admis par le Conseil d'Etat ; car cet arrêté n'était alors qu'une simple mesure de police administrative, et rentrait dans la règle générale, qui veut que les arrêtés des préfets soient soumis aux Ministres que la matière concerne ; il n'y a d'exception à cette règle que pour les cas d'incompétence, dans lesquels le Conseil d'Etat peut être saisi directement.

RELEVÉ DE LA JURISPRUDENCE.

La Jurisprudence du Conseil d'État, en cette matière, offre 84 arrêts, ainsi répartis :

PREMIÈRE CLASSE : — 18 arrêts, dont 9 refusent ou révoquent l'autorisation sur les oppositions des voisins ;

Et 9 l'accordent, nonobstant ces oppositions.

DEUXIÈME CLASSE : — 54 arrêts, dont 9, sur les oppositions des voisins, refusent l'autorisation parce que la fabrication ne présentait pas de garanties suffisantes ;

25 accordent l'autorisation, moyennant certaines conditions préservatives ;

17 cassent des arrêtés de l'autorité inférieure, pour vice d'incompétence, et renvoient les parties à se pourvoir pour obtenir l'autorisation de former, transporter ou remettre en activité leurs ateliers, en observant les formalités réquises ;

1 qui casse, dans l'intérêt de la loi, sur le rapport du Ministre de l'intérieur, un arrêté de Conseil de préfecture qui s'était déclaré incompétent pour prononcer sur les oppositions.

TROISIÈME CLASSE : — 12 arrêts, dont 5 refusent l'autorisation ;

5 l'accordent sous certaines conditions préservatives ;

1 renvoie le fabricant à se pourvoir pour l'obtenir, en suivant les formalités réquises ;

Et 1 surseoit à statuer, et ordonne une enquête *de commodo et incommodo.*

Il est à remarquer que ce dernier (du 29 août 1821) a été rendu sur la poursuite du Ministre de l'intérieur, agissant dans l'intérêt public, contre le particulier demandeur en autorisation. Voy. aussi p. 151 et 153.

TROISIÈME PARTIE.

CIRCULAIRES,

ET INSTRUCTIONS MINISTÉRIELLES.

Le Ministre de l'Intérieur aux Préfets, concernant l'exécution du Décret de 1810.

22 novembre 1811.

Vous connaissez le décret du 15 octobre 1810, qui règle les formalités à remplir par les entrepreneurs d'établissemens qui répandent une odeur insalubre ou incommode. Quelques-unes de ces dispositions, ayant fait naître des demandes d'explications, je crois devoir suppléer, par des détails, aux lacunes qui peuvent s'y trouver. Vous savez qu'il divise les établissemens en trois classes, et que ni les uns ni les autres ne peuvent être mis en activité *sans une permission de l'autorité administrative.* La formation de ceux qui sont compris dans la première classe, ne pouvant avoir lieu qu'en vertu d'un décret rendu en Conseil d'Etat, et qu'après qu'il a été apposé des affiches dans un rayon de cinq kilomètres, il était nécessaire de déterminer la durée de ces affiches. J'ai pensé qu'elle devait être d'un mois. Vous voudrez bien veiller à l'accomplissement de cette formalité, dont le but est de faire connaître le projet de former l'établissement, afin que ceux qui auraient des réclamations à présenter, ne puissent se plaindre de n'avoir pas été avertis en temps utile. Que ce projet donne naissance ou non à des oppositions, le certificat des maires des communes dans lesquelles les affiches auront été apposées, devra mentionner cette circonstance. S'il est adressé un mémoire, il conviendra de le joindre aux pièces de l'affaire, afin que l'autorité qu'indique le décret du 15 octobre, pour statuer sur les oppositions, puisse juger si elles sont fondées.

Il est arrivé quelquefois que des Conseils de préfecture ont pris des décisions contraires à des demandes en formation d'établissemens, ou en suppression de ceux en activité avant le décret du 15 octobre : ces décisions ont donné lieu à des particuliers de m'écrire, pour me prier de les annuler. Ce n'est point à moi qu'ils auraient dû s'adresser pour obtenir cette annulation. Le décret trace aux parties la marche qu'elles ont à suivre. Elles doivent se pourvoir à la commission du contentieux du Conseil d'Etat, en employant le ministère d'un avocat près ce Conseil. Il conviendrait de faire connaître cette marche à ceux dont on n'aurait point accueilli les demandes; on leur éviterait ainsi une correspondance qui ne saurait leur faire atteindre le but qu'ils se proposent, et à moi des réponses dans lesquelles je ne puis que les renvoyer aux dispositions qui régissent la matière.

Quoique la nomenclature annexée au décret du 15 octobre ait été rédigée avec soin, le temps a néanmoins fait connaître qu'on avait oublié d'y comprendre quelques fabrications qui ont des rapports avec celles dont il parle. Ces fabrications ayant été l'objet de demandes d'instructions de la part de plusieurs préfets, je crois devoir vous indiquer la classe dans laquelle elles doivent être rangées. Vous trouverez ci-joint une nomenclature supplémentaire à ce sujet, nomenclature qui servira dorénavant de règle aux autorités du département dont l'administration vous est confiée.

Voilà quelles sont les instructions que je crois devoir vous adresser. Il serait inutile d'entrer dans des détails pour faire sentir l'importance des dispositions du décret du 15 octobre : elle est telle qu'il ne saurait recevoir une trop grande publicité. Les mesures qu'il prescrit intéressent toutes les communes, puisque, dans toutes, il existe ou il peut se former des établissemens qui répandent une odeur insalubre et incommode. S'il convient de n'accorder des permissions qu'après s'être assuré que les exploitations ne nuisent ni à la salubrité publique ni aux propriétés d'autrui, il serait, d'un autre côté, contraire aux vues du gouvernement de dégoûter, par des tracasseries injustes, les personnes qui auraient le projet de former des ateliers de la nature de ceux dont il est ici question. Leur industrie nous procure des produits, ou qui sont indispensables pour la consommation journalière, ou que nous serions obligés de tirer de l'étranger, s'ils ne les fabriquaient pas. Sous ces deux rapports, elle mérite donc la protection de l'administration. On a plusieurs fois exprimé le desir de voir déterminer, d'une manière positive, la distance où ces établissemens doivent être des habitations particulières. Si cette détermination avait été possible, il n'est pas douteux qu'il n'eût fallu déférer à ce vœu ; mais quelque bonne volonté qu'ait en l'administration à cet égard, elle n'a pu en remplir l'objet. Un établissement peut, en effet, quoique très rapproché des maisons, être placé de manière à n'incommoder personne ; tandis qu'un autre, qui en est assez éloigné, va, par sa situation, les couvrir de vapeurs qui en rendront le séjour désagréable. Un pareil état de choses s'oppose donc à ce qu'il soit établi des règles fixes, et l'on est dans la nécessité de laisser aux autorités locales le soin de déterminer les distances. Si l'on doit s'en rapporter à leur sagesse pour cet objet, j'aime à croire que, dans l'examen des demandes, elles se mettront au-dessus de toutes les petites passions, et que, mues uniquement par des motifs d'utilité publique, elles donneront des avis.

dictés par des considérations d'un ordre supérieur, telles que le besoin d'occuper la classe ouvrière , et de procurer à la localité un établissement dont l'exploitation doit augmenter ses richesses. Il ne tiendra pas à vous que ces vues ne soient remplies ; j'en ai pour garant votre zèle pour tout ce qui peut ajouter à la prospérité de notre industrie. Je desire qu'en donnant la plus grande publicité au décret , vous fassiez connaître en même temps , aux sous-préfets et aux maires, les principes qui doivent les diriger. Les élémens de la lettre que vous leur écrirez peuvent être pris, en partie, dans celle que j'ai l'honneur de vous adresser. Vous ajouterez d'autres détails si vous les jugez utiles. Veuillez m'informer de ce que vous aurez fait sur cet objet.

Le Directeur général de l'Agriculture , du Commerce , des Arts et Manufactures , aux Préfets , concernant l'exécution de l'Ordonnance de 1815.

4 mars 1815.

Le décret du 15 octobre 1810 a prescrit différentes mesures au sujet des établissemens qui répandent une odeur insalubre ou incommode. Vous savez qu'il les divise en trois classes, et qu'on ne peut les former sans une permission de l'autorité administrative. La nomenclature annexée à ce décret ne les comprenant pas tous, il m'a paru nécessaire d'en faire dresser une plus complète. S. M. a bien voulu, sur la proposition du Ministre de l'intérieur, l'approuver le 14 janvier dernier ; et, dorénavant, elle doit servir de règle aux autorités, toutes les fois qu'il leur sera adressé des demandes en formation d'établissemens de la nature de ceux dont il est ici question.

Je n'ai pas besoin de vous rappeler que les dispositions du décret du 15 octobre sont de la plus haute importance : elles présentent à-la-fois une garantie aux propriétaires et aux entrepreneurs d'établissemens insalubres ou incommodes: aux propriétaires, en les assurant qu'il ne sera point formé, dans leur voisinage, à leur insu et sans des précautions, des ateliers dont l'activité peut, par des exhalaisons nuisibles ou désagréables, préjudicier à leurs propriétés; aux entrepreneurs, en leur donnant la certitude que, lorsqu'ils auront obtenu une permission, ils ne seront plus troublés dans l'exercice de leur industrie. Sous ce double rapport, la législation actuelle est, pour les uns et les autres, un véritable bienfait, en ce qu'elle prévient les difficultés qui s'élevaient souvent entre eux. Auparavant, les fabriques de produits chimiques n'avaient, à certains égards, qu'une existence précaire. Des dispositions positives n'étant pas établies, la clôture de manufactures, dont la formation avait entraîné des dépenses considérables, était quelquefois ordonnée. Delà, la ruine de l'entrepreneur, et, par suite, celle d'une industrie, dont l'exploitation nous procurait des marchandises qu'il fallait souvent tirer de l'étranger.

L'ordonnance du 14 janvier renferme deux dispositions nouvelles d'un grand intérêt. La première met en harmonie les articles 2 et 8 du décret du 13 octobre qui ne s'expliquait pas positivement sur l'autorité qui doit délivrer les permissions nécessaires pour la mise en activité des établissemens portés dans la troisième classe; elle donne cette attribution aux sous-préfets, qui ne peuvent l'exercer qu'après avoir pris préalablement l'avis des maires. Par l'autre, les préfets sont autorisés à suspendre la formation ou l'exploitation de certains établissemens que l'on pourrait créer, bien qu'ils ne soient compris dans aucune des classes de la nouvelle nomenclature. Ce qui a fait penser que ces dispositions seraient utiles, c'est d'une part, d'empêcher la continuation des travaux dont le résultat nuirait à la salubrité publique ou aux intérêts des propriétaires du voisinage, et, de l'autre, celle de ne pas retarder la formation de fabriques dont l'activité peut ne présenter aucun inconvénient. S'il survenait, dans votre département, des affaires qui fussent de la nature de celles dont il est ici question, je vous serai obligé de m'en informer, afin que j'examine ce qu'il sera convenable de prescrire.

Le décret du 15 octobre, en déterminant les formalités à remplir pour la mise en activité des établissemens compris dans la première classe, n'a point parlé de la durée des affiches qui doivent être apposées dans un rayon de cinq kilomètres. Une décision du Ministre de l'intérieur a réparé cette omission, en la fixant à un mois. Depuis, il a été réglé qu'indépendamment des affiches, de la visite des lieux par un architecte, et d'un rapport fait par des hommes chargés, dans la localité, de ce qui concerne la salubrité publique, il serait dressé un procès-verbal *de commodo et incommodo, dans lequel tous les voisins de l'établissement projeté seraient entendus.*

Il importe beaucoup de veiller à la stricte exécution de cette disposition : elle a été prescrite pour prévenir les plaintes que des particuliers pourraient adresser, au moment de la mise en activité des travaux, pour n'avoir pas été avertis en temps utile, et pour s'être trouvés, de cette manière, dans l'impossibilité de présenter des réclamations. Que le projet de former l'établissement fasse naître ou non des oppositions, les certificats des maires des communes dans lesquelles il aura été apposé des affiches, devront faire mention de cette circonstance. S'il s'en élève, elles seront soumises au Conseil de préfecture, afin qu'aux termes de l'article 4 du décret du 15 octobre, il donne son avis sur leur objet. Vous voudrez bien ensuite m'adresser toutes les pièces de l'affaire, afin que je propose d'accorder, s'il y a lieu, la permission.

La marche à suivre ne sera pas entièrement la même, lorsqu'il sera question des établissemens de deuxième et troisième classes. Vous savez que ce sont les préfets et sous-préfets qui accordent, après qu'il a été rempli différentes formalités, les permissions pour la mise en activité de ces établissemens. Au lieu de m'adresser, ainsi que l'ont fait souvent plusieurs préfets, la délibération du Conseil de préfecture, sur les oppositions, vous la notifierez directement aux parties intéressées, afin que celle qui n'en sera pas satisfaite, puisse, si elle le juge convenable, se pourvoir au comité contentieux du Conseil d'Etat. Vous ne suspendrez cette notification que dans le cas où vous ne partageriez pas l'opinion du Conseil de préfecture : alors toutes les pièces de l'affaire me seront transmises avec vos observations, afin que j'examine s'il y a lieu de provoquer une décision contraire à celle qu'aura prise le Conseil.

Le même décret du 15 octobre indique les formalités à remplir, lorsque, en cas de graves inconvéniens pour la salubrité publique, la culture, ou quelque autre motif d'intérêt général, on sollicite le déplacement d'un atelier de première classe. Ce déplacement ne peut avoir lieu qu'en vertu d'une ordonnance de S. M. rendue sur le vu du rapport de la police locale, de l'avis du Conseil de préfecture et des moyens de défense des manufacturiers.—Par ma lettre du 15 juin dernier, je vous ai prié de m'envoyer, tous les six mois, l'état des établissemens de 2ᵉ et 3ᵉ classe dont la formation aura été autorisée dans votre département. J'ai l'honneur de vous renouveler cette demande. Je tiens d'autant plus à avoir l'état dont il s'agit, qu'indépendamment des renseignemens que j'y trouverai, il me procurera encore la certitude que les autorités locales surveillent l'exécution de mesures qui n'ont pas moins pour objet la salubrité publique, que l'intérêt des fabricans et des propriétaires.

Le décret du 15 octobre, l'ordonnance du 14 janvier et la nouvelle nomenclature qui s'y trouve jointe, ne sauraient recevoir une trop grande publicité. Les uns et les autres de ces actes intéressent l'universalité des communes du royaume, puisque, dans toutes, il existe ou il peut se former des établissemens insalubres ou incommodes. Dans leur exécution, il se présentera souvent des cas où la sagesse de l'autorité locale préviendra les difficultés que pourraient faire naître la malveillance ou la rivalité. S'il est juste qu'on ne place pas, auprès des habitations, des ateliers dont l'activité peut causer du préjudice aux propriétaires, il ne convient pas moins de protéger les hommes utiles qui les forment : leur industrie nous procure des produits souvent indispensables pour la consommation journalière, et, sous ce point de vue, ils méritent un intérêt particulier. Il a été demandé, plusieurs fois, qu'on déterminât, d'une manière positive, la distance où les établissemens insalubres ou incommodes doivent être des habitations. S'il avait été possible de le faire, l'administration se serait empressée de déférer à ce vœu. Des motifs de plusieurs sortes ont rendu inutile sa bonne volonté à cet égard. Un établissement peut, quoique très rapproché des maisons, être placé de manière à n'incommoder personne; tandis qu'un autre qui en est éloigné, les couvrira de vapeurs qui en rendront le séjour fort désagréable : sa situation, sur une hauteur, peut amener ce résultat. Il n'est donc pas possible de fixer les distances; on a dû laisser ce soin à la sagesse des autorités locales. Dans l'examen des demandes de permissions, elles se mettront sans doute au-dessus des petites passions; et, mues uniquement par des motifs d'utilité publique, elles donneront des avis dictés par des considérations d'un ordre élevé : j'en ai pour garant la prudence et le discernement qu'une foule d'entre elles ont déjà montrés dans plusieurs circonstances. Vous jugerez sans doute convenable, en adressant aux sous-préfets et aux maires des principales communes de votre département, le décret du 15 octobre, l'ordonnance du 14 janvier, et la nouvelle nomenclature, d'entrer dans quelques détails sur les principes qui doivent les diriger. Je me repose sur votre zèle du soin de les éclairer, bien persuadé de votre empressement à seconder mes vues.

Le Ministre de l'Intérieur aux Préfets.

19 août 1825.

Monsieur le préfet, les principes posés dans les ordonnances royales rendues sur le rapport du comité du contentieux, les 10 septembre et 24 décembre 1823, 14 janvier et 30 juin 1824, 27 avril, 11 mai et 13 juillet 1825 (1), ont fixé le sens du dernier paragraphe de l'article 7 du décret du 15 octobre 1810, relatif aux établissemens et ateliers insalubres ou incommodes, lequel est ainsi conçu : « S'il y a opposition, il y sera statué par le Con-« seil de préfecture, sauf le recours au Conseil « d'État. »

Voici de quelle manière était interprété le plus généralement cet article : Avant de prendre aucune décision, les préfets déféraient aux Conseils de préfecture, les oppositions aux demandes qui leur avaient été présentées à l'effet d'obtenir l'autorisation de former des établissemens insalubres ou incommodes de seconde classe.

Suivant la jurisprudence actuelle du Conseil d'État,

---

(1) V. ces ordonnances, ci-dessus, p. 126 et suiv.

et qui est consacrée par les ordonnances ci-dessus rappelées, les Conseils de préfecture n'ont juridiction pour statuer sur les oppositions, qu'après l'autorisation du préfet.

MM. les préfets ne doivent pas s'étonner de cette jurisprudence. Quand ils accordent une autorisation sur la requête de la partie intéressée, ils font un acte d'administration qui n'appartient qu'à eux, et qui est étranger au Conseil de préfecture. Mais leur décision administrative peut éprouver une opposition de la part d'un tiers qui intervient, parce qu'il croit lésés ses intérêts privés. Alors l'affaire change de nature ; elle devient litigieuse, et se porte naturellement en première instance au Conseil de préfecture, avec recours, par la voie du contentieux, au Roi en son Conseil d'État.

Cette marche, étant désormais la seule à suivre dans l'espèce dont il s'agit, je vous l'indique, M. le préfet, afin qu'elle vous serve de règle, et je vous invite à vous y conformer strictement.

Veuillez m'accuser la réception de la présente circulaire, dont vous trouverez ci-jointe une expédition qui est destinée au Conseil de préfecture de votre département.

ÉTAT GÉNÉRAL

DES ÉTABLISSEMENS INSALUBRES,

INCOMMODES OU DANGEREUX,

Dressé par ordre du Ministre de l'intérieur, d'après la loi du 21 avril 1810, le décret du 15 octobre 1810, les ordonnances des 14 janvier 1815, 29 juillet 1810, 8 juin 1822, 25 juin et 29 octobre 1823, 20 août 1824 et 9 février 1825.

(Mai 1825.)

DÉSIGNATION des ateliers et établissemens.	INDICATION SOMMAIRE de leurs inconvéniens.	Leurs classes.	DATES des décrets et ordonnances de classement.
Absinthe (Distillerie d'extrait ou esprit d').	Danger d'incendie.	2.	9 février 1825. Omis au décret de 1810, et à l'ord. de 1815.
Acétate de plomb, *Sel de saturne* (Fabrication de l').	Quelques inconvéniens, mais seulement pour la santé des ouvriers.	3.	14 janv. 1815. Omis au décret de 1810.
Acide muriatique (Fabrication de l') à vases clos.	Odeur désagréable et incommode quand les appareils perdent, ce qui a lieu de temps à autre.	2.	*Idem.* Omis au décret de 1810.
Acide muriatique oxigéné (Fabrication de l'). Voir *Chlore.*	*Idem.*	2.	*Idem.*
Acide muriatique oxigéné (Fabrication de l') quand il est employé dans les établissemens même où on le prépare. Voir *Chlore.*	*Idem.*	2.	9 fév. 1825. Omis au décret de 1810, et à l'ord. de 1815.
Acide nitrique, *Eau forte* (Fabrication de l').	Ne se fabrique plus d'après l'ancien procédé. Voir l'article ci-après.	1.	Décr. de 1810, et ordon. du 14 janv. 1815.
Acide nitrique, *Eau forte* (Fabrication de l'), par la décomposition du salpêtre au moyen de l'acide sulfurique, dans l'appareil de *Wolf.*	Odeur désagréable et incommode quand les appareils perdent, ce qui arrive de temps à autre.	2.	9 fév. 1825. Omis au décret de 1810.

DÉSIGNATION des ateliers et établissemens.	INDICATION SOMMAIRE de leurs inconvéniens.	Leurs classes.	DATES des décrets et ordonnances de classement.
Acide pyroligneux (Fabriques d'), lorsque les gaz se répandent dans l'air sans être brûlés.	Beaucoup de fumée et odeur empyreumatique très désagréable.	1.	14 janv. 1815. Omis au décret de 1810.
Acide pyroligneux (Fabrique d'), lorsque les gaz sont brûlés.	Un peu de fumée et d'odeur empyreumatique.	2.	Idem. Omis au décret de 1810.
Acide sulfurique (Fabrication de l').	Odeur désagréable, insalubre et nuisible à la végétation.	1.	Idem. Décr. de 1810, et ordon. du 14 janv. 1815.
Acier (Fabrique d').	Fumée et danger du feu.	2.	Idem. Omis au décret de 1810.
Affinage de l'or et de l'argent par l'acide sulfurique, quand les gaz dégagés pendant cette opération sont versés dans l'atmosphère.	Dégagement de gaz nuisible.	1.	9 février 1825.
Affinage de l'or et de l'argent par l'acide sulfurique, quand les gaz dégagés pendant cette opération sont condensés.	Très peu d'inconvénient quand les appareils sont bien montés et fonctionnent bien.	2.	9 février 1825.
Affinage de l'or et de l'argent au moyen du départ et du fourneau à vent. Voir Or.	Cet art n'existe plus.	1.	14 janv. 1815.
Affinage de métaux au fourneau à coupelle ou au fourneau à reverbère.	Fumée et vapeurs insalubres et nuisibles à la végétation.	1.	Idem.
Alcali caustique en dissolution (Fabrication de l'). Voir Eau seconde.	Très peu d'inconvénient.	3.	Idem. Omis au décret de 1810.
Allumettes (Fabrication d') préparées avec des poudres ou matières détonnantes et fulminantes. Voir Poudres fulminantes.	Tous les dangers de la fabrication des poudres fulminantes.	1.	25 juin 1825. Cette ordonn. du 25 juin 1825 est spéciale.
Amidonniers.	Odeur fort désagréable.	1.	Décr. de 1810, et ordon. du 14 janv. 1815.
Arcansons ou résines de pin (Travail en grand des), soit pour la fonte et l'épuration de ces matières, soit pour en extraire la térébenthine.	Danger du feu et odeur très désagréable.	1.	9 fév. 1825. Omis au décret du 15 oct. 1810 et à l'ordon. du 14 janv. 1815.

DÉSIGNATION des ateliers et établissemens.	INDICATION SOMMAIRE de leurs inconvéniens.	Leurs classes.	DATES des décrets et ordonnances de classement.
Artificiers.	Danger d'incendie et d'explosion.	1.	Décret de 1810 et ordon. du 14 janv. 1815.
Batteurs d'or et d'argent.	Bruit.	3.	Idem. Omis au décret de 1810.
Bitume en planches (Fabriques de).	Danger d'incendie.	2.	9 février 1825. Omis au décret de 1810, et à l'ord. de 1815.
Blanc de plomb ou de céruse (Fabriques de).	Quelques inconvéniens, seulement pour la santé des ouvriers.	2.	14 janv. 1815. Omis au décret de 1810.
Bleu de Prusse (Fabriques de), lorsqu'on n'y brûle pas la fumée et le gaz hydrogène sulfuré.	Odeur désagréable, insalubre.	1.	Idem. Omis au décret de 1810.
Bleu de Prusse (Fabriques de), lorsqu'elles brûlent leur fumée et le gaz hydrogène sulfuré, etc.	Très peu d'inconvénient si les appareils sont parfaits, ce qui n'a pas lieu constamment.	2.	Idem. Omis au décret de 1810.
Bleu de Prusse (Dépôts de sang des animaux destiné à la fabrication du). Voir *Sang des animaux.*	Odeur très désagréable, surtout si le sang conservé n'est pas à l'état sec.	1.	9 février 1825. Omis au décret de 1810 et à l'ord. de 1815.
Blanc d'Espagne (Fabriques de).	Très peu d'inconvénient.	3.	14 janv. 1815. Omis au décret de 1810.
Bois dorés (Brûleries des).	Très peu d'inconvénient, l'opération se faisant très en petit.	3.	Idem. Omis au décret de 1810.
Borax artificiel (Fabriques de).	Très peu d'inconvénient.	3.	9 févr. 1825. Omis au décret de 1810 et à l'ord. de 1815.
Borax (Raffinage du).	Très peu d'inconvénient.	3.	14 janv. 1815. Omis au décret de 1810.
Boues et immondices (Dépôts de). Voir *Voiries.*	Odeur très désagréable et insalubre.	1.	9 févr. 1825. Omis au décret de 1810.
Bougies de blanc de baleine (Fabrique de).	Quelque danger d'incendie.	3.	Idem. Omis au décret de 1810 et à l'ord. de 1815.
Boutons métalliques (Fabrication des).	Bruit.	3.	Décr. de 1810, et ordon. du 14 janv. 1815.
Boyaudiers.	Odeur très désagréable	1.	Idem.

DÉSIGNATION des ateliers et établissemens.	INDICATION SOMMAIRE de leurs inconvéniens.	Leurs classes.	DATES des décrets et ordonnances de classement.
Brasseries.	et insalubre. Fumée épaisse quand les fourneaux sont mal construits, et un peu d'odeur.	3.	Et déc. de 1810. *Idem.*
Briqueteries. Voir *Tuileries.*	Fumée abondante au commencement de la fournée.	2.	*Idem.* Omis au décret de 1810.
Briqueteries ne faisant qu'une seule fournée en plein air, comme on le fait en Flandre.	*Idem.*	3.	*Idem.* Omis au décret de 1810.
Buanderies.	Inconvéniens graves par la décomposition des eaux de savon, quand elles n'ont pas d'écoulement.	3.	*Idem.* Omis au décret de 1810.
Calcination d'os d'animaux lorsqu'on n'y brûle pas la fumée.	Odeur très désagréable de matières animales brûlées, portées à une grande distance.	1.	9 févr. 1825. Omis au décret de 1810, et à l'ord. de 1815.
Calcination d'os d'animaux lorsque la fumée est brûlée.	Odeur toujours sensible, même avec des appareils bien construits.	2.	*Idem.* Omis au décret de 1810, et à l'ord. de 1815.
Camphre (Préparation et raffinage du).	Odeur forte, et quelque danger d'incendie.	3.	14 janv. 1815. Omis au décret de 1810.
Caractères d'imprimerie (Fonderies de).	Très peu d'inconvénient.	3.	*Idem.* Et déc. de 1810.
Cartonniers.	Un peu d'odeur désagréable.	2.	*Idem.* Et déc. de 1810.
Cendres (Laveurs de).	Très peu d'inconvénient.	3.	*Idem.* Omis au décret de 1810.
Cendres bleues et autres précipités du cuivre (Fabrication des).	Aucun inconvénient, si ce n'est celui de l'écoulement au-dehors des eaux de lavage.	3.	*Idem.* Omis au décret de 1810.
Cendres d'orfèvre (Traitement des) par le plomb.	Fumée et vapeurs insalubres.	1.	*Idem.* Omis au décret de 1810.
Cendres d'orfèvre (Traitement des) par le mercure et la distillation des amalgames.	Danger à cause du mercure en vapeur dans l'atelier.	2.	*Idem.* Omis au décret de 1810.
Cendres gravelées (Fabrication des), lorsqu'on laisse répandre la fumée.	Fumée très épaisse et très désagréable par sa puanteur.	1.	*Idem.* Omis au décret de 1810.

DÉSIGNATION des ateliers et établissemens.	INDICATION SOMMAIRE de leurs inconvéniens.	Leurs classes.	DATES des décrets et ordonnances de classement.
au-dehors Cendres gravelées (Fabrication des) lorsqu'on brûle la fumée, etc.	Un peu d'odeur.	2.	14 janv. 1815. Omis au décret de 1810.
Céruse (Fabriques de) Voir *Blanc de plomb.*	Quelques inconvéniens, seulement pour la santé des ouvriers.	1.	*Idem.*
Chairs ou débris d'animaux (les dépôts, les ateliers ou les fabriques où ces matières sont préparées par la macération, ou desséchées pour être employées à quelqu'autre fabrication.	Odeur très désagréable.	1.	9 février 1815. Omis au décret de 1810, et à l'ord. de 1815.
Chamoiseurs.	Un peu d'odeur.	2.	14 janv. 1815. Omis au décret de 1810.
Chandeliers.	Quelque danger du feu et un peu d'odeur.	2.	*Idem.* Et déc. de 1810.
Chantiers de bois à brûler, dans les villes.	Danger du feu exigeant la surveillance de la police.	3.	9 février 1825. Omis au décret de 1810.
Chanvre (Rouissage du), en grand par son séjour dans l'eau.	Exhalaisons très insalubres.	1.	Décr. de 1810, et ordonn. du 14 janv. 1815.
Chapeaux (Fabriques de).	Buée et odeur assez désagréables ; poussière noire occasionée par le battage après la teinture, et portée au loin.	2.	*Idem.* Omis au décret de 1810.
Charbon animal (La fabrication ou la revivification du), lorsqu'on n'y brûle pas la fumée.	Odeur très désagréable de matières animales brûlées, portées à une grande distance.	1	9 février 1825. Omis au décret de 1810, et à l'ord. de 1815.
Charbon animal (La fabrication ou la revivification du), lorsque la fumée est brûlée.	Odeur toujours sensible, même avec des appareils bien construits.	3.	*Idem.* Omis au décret de 1810, et à l'ord. de 1815.
Charbon de bois, dans les villes (Les dépôts de).	Danger d'incendie, surtout quand les charbons ont été préparés à vases clos, attendu qu'ils peuvent prendre feu spontanément.	3.	*Idem.* Omis au décret de 1810, et à l'ord. de 1815.
Charbon de bois fait à vases clos.	Fumée et danger du feu	2.	14 févr. 1815. Omis au décret de 1810.

DÉSIGNATION des ateliers et établissemens.	INDICATION SOMMAIRE de leurs inconvéniens.	Leurs classes.	DATES des décrets et ordonnances de classement.
Charbon de terre (Épurage du), à vases ouverts.	Fumée et odeur très désagréables.	1.	*Idem.* Et déc. de 1810.
Charbon de terre épuré, lorsqu'on travaille à vases clos.	Un peu d'odeur et de fumée.	2.	*Idem.* Et déc. de 1810. Ce décr. ne distinguait pas le procédé.
Châtaignes (Dessiccation et conservation des).	Très peu d'inconvénient, attendu que c'est une opération de ménage.	2.	*Idem.* Omis au décret de 1810.
Chaux (Fours à) permanens, étaient primitivement rangés dans la 1re classe (par le décret de 1810).	Grande fumée.	2.	19 juillet 1818. Ordonnance spéciale.
Chaux (Fours à), ne travaillant pas plus d'un mois par année. (Le décret de 1810 ne faisait pas de distinction.)	Grande fumée.	3.	14 janv. 1815.
Chicorée - café (Fabriques de).	Très peu d'inconvénient.	3.	9 février 1815. Omis au décret de 1810, et à l'ord. de 1815.
Chiffonniers. (Primitivem. compris dans la 1re classe par le décret de 1810.)	Odeur très désagréable et insalubre.	2.	Décr. de 1810, et ordon. du 14 janvier 1815.
Chlore, *Acide muriatique oxigéné* (Fabrication du) quand ce produit est employé dans les établissemens mêmes où on le prépare.	Odeur désagréable et incommode quand les appareils perdent, ce qui a lieu de temps à autre.	2.	Ord. de 1815 et du 9 fév. 1825.
Chlorures alcalins. *Eau de Javelle* (Fabrication en grand des), destinés au commerce, aux fabriques.	*Idem.*	1.	9 février 1825. Omis au décret de 1810, et à l'ord. de 1815.
Chlorures alcalins, *Eau de Javelle* (Fabrication des), quand ces produits sont employés dans les établissemens mêmes où ils sont préparés.	Inconvéniens moindres que ci-dessus, les produits étant moins abondans.	2.	*Idem.* Omis au décret de 1810, et à l'ord. de 1815.
Chromate de plomb (Fabriques de).	Très peu d'inconvénient.	3.	*Idem.* Omis au décret de 1810, et à l'ord. de 1815.

DÉSIGNATION des ateliers et établissemens.	INDICATION sommaire de leurs inconvéniens.	Leurs classes.	DATES des décrets et ordonnances de classement.
Cire à cacheter (Fabriques de).	Quelque danger du feu.	2.	14. janv. 1815. Omis au décret de 1810.
Ciriers.	Danger du feu.	3.	Idem. Et déc. de 1810.
Colle forte (Fabriques de).	Mauvaise odeur.	1.	Idem. Et déc. de 1810.
Colle de parchemin et d'amidon (Fabriques de).	Très peu d'inconvénient.	3.	Idem. Et déc. de 1810.
Colle de peau de lapin (Fabriques de).	Un peu de mauvaise odeur.	2.	9 février 1815. Omis au décret de 1810, et à l'ord. de 1815.
Cordes à instrumens (Fabriques de).	Sans odeur, si les eaux du lavage ont un écoulement convenable, ce qui n'a pas lieu ordinairement.	1.	14 janv. 1815. Et déc. de 1810.
Corne (Travail de la), pour le réduire en feuilles. (Le décret de 1810 paraît aussi avoir compris ce travail dans la 5e classe, en disant : *Corne transparente.*	Un peu de mauvaise odeur.	3.	14 janv. 1815. Et déc. de 1810.
Corroyeurs.	Mauvaise odeur.	2.	Idem. Et déc. de 1810.
Couverturiers.	Danger causé par le duvet de laine en suspension dans l'air, odeur d'huile rance et de vapeurs sulfureuses, quand les soufroirs sont mal construits.	2.	Idem. Et déc. de 1810.
Cretonniers.	Mauvaise odeur et danger du feu.	1.	Idem. Et déc. de 1810
Cristaux (Fabriques de). Voir *Verre*.	Fumée et danger du feu.	1.	Idem. Omis au décret de 1810.
Cristaux de soude, *Sous-carbonate de soude cristallisé* (Fabrication de).	Très peu d'inconvénient.	3.	Idem. Omis au décret de 1810.
Cuirs vernis (Fabriques de).	Mauvaise odeur et danger du feu.	1.	Idem. Et déc. de 1810.
Cuirs verts (Dépôts de).	Odeur désagréable et insalubre.	2.	Idem. Et déc. de 1810.
Cuivre (Fonte et laminage du).	Fumée, exhalaisons insalubres et danger du feu.	2.	Idem. Omis au décret de 1810.

DÉSIGNATION des ateliers et établissemens.	INDICATION sommaire de leurs inconvéniens.	Leurs classes.	DATES des décrets et ordonnances de classement.
Débris d'animaux (Dépôts, etc. , de). Voir *Chairs.*	Odeur très désagréable.	1.	9 février 1825. Omis au décret de 1810, et à l'ord. de 1815.
Dégraisseurs. Voir *Teinturiers-Dégraisseurs.*	Très peu d'inconvénient.	3.	14 janv. 1815. Omis au décret de 1810.
Dégras ou huile épaisse à l'usage des tanneurs (Fabriques de).	Odeur très désagréable et danger d'incendie.	1.	9 février 1825. Omis au décret de 1810 , et à l'ord. de 1815.
Doreurs sur métaux.	On a à craindre les maladies des doreurs , le tremblement , etc., mais ce n'est que pour les ouvriers.	3.	14 janv. 1815. Et déc. de 1810.
Eau de javelle (Fabrication de l'). Voir *Chlorures alcalins.*	Odeur désagréable et incommode quand les appareils perdent , ce qui a lieu de temps à autre.	1. et 2.	9 février 1825.
Eau-de-vie (Distilleries d').	Danger du feu.	2.	Déc. de 1810 , et ord. du 14 janv. 1815.
Eau forte (Fabrication de l'). Voir *Acide nitrique.*	Odeur désagréable et incommode quand les appareils perdent , ce qui a lieu de temps à autre.	1. et 2.	Déc. de 1810, et ord. des 14 janvier 1815 et 9 février 1825.
Eau seconde (Fabrication de l'), des peintres en bâtimens , *Alcali caustique en dissolution.*	Très peu d'inconvénient.	3.	14 janv. 1815. Omis au décret de 1810.
Écarrissage.	Odeur très désagréable.	1.	*Idem.* Et déc. de 1810.
Échaudoirs ou cuisson des abatis des animaux tués pour la boucherie.	Mauvaise odeur.	1.	*Idem.* Et déc. de 1810.
Émaux (Fabrique d'). Voir *Verre.*	Fumée.	1.	*Idem.* Omis au décret de 1810.
Encre à écrire (Fabriques d').	Très peu d'inconvénient.	3.	*Idem.* Omis au décret de 1810.
Encre d'imprimerie (Fabriques d').	Odeur très désagréable et danger du feu.	1	*Idem.* Omis au décret de 1810.
Engrais (Les dépôts de matières provenant de la vi-	Odeur très désagréable et insalubre.	1.	9 février 1825. Omis au décret

DÉSIGNATION. des ateliers et établissemens.	INDICATION SOMMAIRE de leurs inconvéniens.	Leurs classes.	DATES des décrets et ordonnances de classement.
dange des latrines ou des animaux, destinés à servir d'). Voir *Poudrette*, *Urate*.			de 1810, et à l'ord. de 1815.
Essayeurs.	Très peu d'inconvénient.	5.	14 janv. 1815. Omis au décret de 1810.
Étain (Fabrication des feuilles d').	Peu d'inconvénient, l'opération se faisant au laminoir.	5.	*Idem.* Omis au décret de 1810.
Étoupilles (Fabriques d') préparées avec des poudres ou matières détonnantes et fulminantes. Voir *Poudres fulminantes.*	Tous les dangers de la fabrication des poudres fulminantes.	1.	25 juin 1825. Ord. spéciale.
Faïence (Fabriques de).	Fumée au commencement des fournées.	2.	14 janv. 1815. Omis au décret de 1810.
Fécule de pommes-de-terre (Fabriques de).	Mauvaise odeur provenant des eaux de lavage quand elles sont gardées.	5.	9 février 1825. Omis au décret de 1810, et à l'ord. de 1815.
Fer-blanc (Fabriques de').	Très peu d'inconvénient.	5.	14 janv. 1815. Omis au décret de 1810.
Fonderies au fourneau à la *Wilkinson.*	Fumée et vapeur nuisibles.	2.	9 février 1825. Omis au décret de 1810, et à l'ord. de 1815.
Fondeurs en grand au fourneau à réverbère. (Le décret de 1810 dit seulement : *Fonderie de métaux.*)	Fumée dangereuse, surtout dans les fourneaux où l'on traite le plomb, le zinc, le cuivre, etc.	2.	14 janv. 1815.
Fondeurs au creuset.	Un peu de fumée.	3.	*Idem.* Omis au décret de 1810
Fourneaux (hauts). La formation de ces établissemens est régie par la loi du 21 avril 1810, qui est spéciale.	Fumée épaisse et danger du feu.	1.	*Idem.* Omis au décret de 1810.
Fromage (Dépôts de).	Odeur très désagréable.	5.	*Idem.* Omis au décret de 1810.
Galipots ou résines du pin (Travail en grand des) soit pour la fonte et le	Danger du feu et odeur très désagréable.	1.	9 février 1825. Omis au décret de 1810, et à

DÉSIGNATION des ateliers et établissemens.	INDICATION SOMMAIRE de leurs inconvéniens.	Leurs classes.	DATES des décrets et ordonnances de classement.
puration de ces matières, soit pour en extraire la térébenthine.			l'ord. de 1815.
Galons et tissus d'or et d'argent (Brûleries en grand des).	Mauvaise odeur.	2.	14 janv. 1815. Omis au décret de 1810.
Gaz hydrogène (Tous les établissemens d'éclairage par le), tant les usines où le gaz est fabriqué, que les dépôts où il est conservé.	Odeur désagréable et fumée pour les seuls ateliers, mais qui s'étendent aux environs de temps à autre.	1.	20 août 1824. (Elle est spéc.)
Gaz (Ateliers pour le grillage des tissus de coton par le). La surveillance de la police locale établie par l'ordonn. du 20 août 1824, pour les ateliers d'éclairage par le gaz, est applicable aux ateliers pour le grillage.	Peu d'inconvénient, l'opération se faisant en petit.	3.	9 février 1815. Omis au décret de 1810, et à l'ord. de 1815.
Gélatine extraite des os (Fabrication de la) par le moyen des acides et de l'ébullition.	Odeur assez désagréable quand les matières ne sont pas fraîches.	3.	*Idem.* Omis au décret de 1810, et à l'ord. de 1815.
Genièvre (Distilleries de).	Danger du feu.	2.	14 janv. 1815. Omis au décret de 1810.
Glaces (Étamage des).	Inconvénient pour les ouvriers seulement, qui sont sujets au tremblement des doreurs.	3.	14 janv. 1815. Omis au décret de 1810.
Glaces (Fabriques des).	Grande fumée et danger du feu.	1.	Ord. de 1815. Omis au décret de 1810.
Goudron (Fabrication du).	Très mauvaise odeur et danger du feu.	1.	*Idem.* Omis au décret de 1810.
Goudron (Fabriques de) à vases clos. Étaient primitivement rangées dans la 2e classe.	Danger du feu, fumée et un peu d'odeur.	1.	Ord. de 1815, et du 9 fév. 1825.
Goudrons (Travail en grand des), soit pour la fonte et l'épuration de ces matières, soit pour en extraire la térébenthine.	Odeur insalubre et danger du feu.	1.	*Idem.* Omis au décret de 1810, et à l'ord. de 1815.
Grillage des tissus de coton par le gaz (Ateliers de),	Peu d'inconvén. l'opération se faisant en petit.	3.	*Idem.*

DESIGNATION des ateliers et établissemens.	INDICATION SOMMAIRE de leurs inconvéniens.	Leurs classes.	DATES des décrets et ordonnances de classement.
Voir *Gaz hydrogène* (ci-dessus).			
Hareng (Saurage du).	Mauvaise odeur.	2.	14 janv. 1815. Omis au décret de 1810.
Hongroyeurs.	*Idem.*	2.	*Idem.* Et déc. de 1810.
Huile de pied de bœuf (Fabriques d'). Le décret de 1810 ajoute : *Et de corne de bœuf.*	Mauvaise odeur causée par les résidus.	1.	*Idem.* Et déc. de 1810.
Huile de poissons (Fabriques d').	Odeur désagréable et danger du feu.	1.	*Idem.* Omis au décret de 1810.
Huile de térébenthine et huile d'aspic (Distillation en grand de l').	*Idem.*	1.	*Idem.* Omis au décret de 1810.
Huile de térébenthine et autres huiles essentielles (Dépôts d'). Doivent être isolés de toute habitation.	Danger du feu, d'autant plus grand, que l'huile peut se volatiliser dans les magasins ; et que l'approche d'une lumière détermine l'inflammation.	2.	9 février 1825. Omis au décret de 1810 et à l'ord. de 1815.
Huile épaisse à l'usage des tanneurs (Fabriques d'). Voir *Dégras* (ci-dessus).	Odeur très désagréable et danger d'incendie.	1.	*Idem.* Omis au décret de 1810, et à l'ord. de 1815.
Huile rousse (Fabriques d') extraite des cretons et débris de graisse à une haute température.	*Idem.*	1.	14 janv. 1815. Omis au décret de 1810.
Huiles (Epuration des) au moyen de l'acide sulfurique.	Danger du feu et mauvaise odeur produite par les eaux d'épuration.	2.	*Idem.* Omis au décret de 1810.
Indigoteries.	Cet art qu'on avait essayé en France, n'y existe plus.	2.	14 janv. 1815. Omis au décret de 1810.
Laques (Fabrication des).	Très peu d'inconvénient.	3.	*Idem.* Omis au décret de 1810.
Lard (Ateliers à enfumer le).	Odeur et fumée.	2.	*Idem.* Omis au décret de 1810.
Lavoirs à laine (Etablissement des).	Doivent être placés sur les rivières et ruisseaux, au-dessous des villes et villages.	3.	9 février 1825. Omis au décret de 1810, et à l'ord. de 1815.

DÉSIGNATION des ateliers et établissemens.	INDICATION SOMMAIRE de leurs inconvéniens.	Leurs classes.	DATES des décrets et ordonnances de classement.
Liqueurs (Fabrication des).	Danger du feu.	2.	14 janv. 1815. Omis au décret de 1810.
Litharge (Fabricat. de la).	Exhalaisons dangereuses.	1.	*Idem.* Omis au décret de 1810.
Machines à feu à haute pression, ou celles dans lesquelles la force élastique de la vapeur fait équilibre à plus de deux atmosphères, lors même qu'elles brûleraient complètement leur fumée. Voir *Pompe à feu.*	Fumée, attendu qu'il n'y en a jusqu'à présent aucune qui la brûle complètement; danger d'explosion des chaudières.	2.	29 octob. 1823. (Elle est spéc.)
Maroquiniers.	Mauvaise odeur.	2.	14 janv. 1815. Omis au décret de 1810.
Massicot (Fabrication du), première préparation du plomb pour le convertir en minium.	Exhalaisons dangereuses.	1.	*Idem.* Omis au décret de 1810.
Mégissiers.	Mauvaise odeur.	2.	*Idem.* Et déc. de 1810.
Ménageries.	Danger de voir les animaux s'échapper des cages.	1.	*Idem.* Et déc. de 1810.
Minium (Fabrication du), préparation de plomb pour les potiers, faïenciers, fabricans de cristaux, etc.	Exhalaisons moins dangereuses que celles du massicot.	1.	*Idem.* Et déc. de 1810.
Moulins à broyer le plâtre, la chaux et les cailloux.	Bruit. — Ce travail étant fait par la voie sèche, a des inconvéniens graves pour la santé des ouvriers, et même un peu pour le voisinage. *Nota.* Le broiement des caill. pourrait se faire par la voie humide.	2.	9 février 1825. Omis au décret de 1810, et à l'ord. de 1815.
Moulins à farine, dans les villes.	Bruit et poussière.	2.	9 février 1825. Omis au décret de 1810, et à l'ord. de 1815.
Moulins à huile.	Un peu d'odeur et quelque danger du feu.	3.	14 janv. 1815. Omis au décret de 1810.

DÉSIGNATION des ateliers et établissemens.	INDICATION SOMMAIRE de leurs inconvéniens.	Leurs classes.	DATES des décrets et ordonnances de classement.
Noir de fumée (Fabrication du).	Danger du feu.	2.	*Idem.* Et déc. de 1810.
Noir d'ivoire et noir d'os (Fabrication du), lorsqu'on n'y brûle pas la fumée. (Le décret de 1810 ne distinguait pas et disait simplement : *Noir d'os.*)	Odeur très désagréable de matières animales brûlées, portées à une grande distance.	1.	*Idem.* Et déc. de 1810.
Noir d'ivoire et noir d'os (Fabrication du), lorsqu'on brûle la fumée.	Odeur toujours sensible, même avec des appareils bien construits.	2.	*Idem.* Et déc. de 1810.
Ocre jaune (Calcination de l'), pour le convertir en ocre rouge.	Un peu de fumée.	3.	*Idem.* Omis au décret de 1810.
Or et argent (Affinage de l'), au moyen du départ et du fourneau à vent (Voir *ci-dessus Affinage*, *et la note*).	Cet art n'existe plus.	2.	*Idem.*
Orseille (Fabrication de l').	Odeur désagréable.	1.	*Idem.* Omis au décret de 1810.
Os (Blanchîment des) pour les évantaillistes et les boutonniers.	Très peu d'inconvénient, le blanchîment se faisant par la vapeur et par la rosée.	9.	*Idem.* Omis au décret de 1810.
Os d'animaux (Calcination d'). V. *Calcination d'os.*	Odeur très désagréable de matières animales brûlées, portées à une grande distance.	1. et 2.	9 février 1825. Omis au décret de 1810, et à l'ord. de 1815.
Papiers (Fabrique de).	Danger du feu.	2.	14 janv. 1815. Omis au décret de 1810.
Papiers peints et papiers marbrés (Fabriques de). Le décret de 1810 dit : *Papiers peints.*	*Idem.*	3.	*Idem.* Et déc. de 1810.
Parcheminiers.	Un peu d'odeur désagréable.	2.	*Idem.* Omis au décret de 1810.
Pipes à fumer (Fabrication des).	Fumée comme dans les petites fabriques de faïence.	1.	14 janv. 1815. Omis au décret de 1810.
Plâtre (Fours à) permanens ; étaient primitivement rangés dans la 1re classe par le décret de 1810, et l'ord. de 1815.	Fumée considérable, bruit et poussière.	2.	29 juillet 1818 (Spéciale).

DÉSIGNATION des ateliers et établissemens.	INDICATION SOMMAIRE de leurs inconvéniens.	Leurs classes.	DATES des décrets et ordonnances de classement.
Plâtre (Fours à) ne travaillant pas plus d'un mois par année.	*Idem*, dans la proportion du travail.	3.	14 janv. 1815. Omis au décret de 1810.
Plomb (Fonte du) et laminage de ce métal. Le décret de 1810 disait : *Plomberies*	Très peu d'inconvénient.	2.	*Idem.* Et déc. de 1810.
Plomb de chasse (Fabrication du).	*Idem.*	3.	*Idem.* Et déc. de 1810.
Plombiers et fontainiers.	Très peu d'inconvénient.	3.	*Idem.* Omis au décret de 1810.
Poêliers fournalistes. — Poêles et fourneaux en faïence et terre cuite (Fabrication des).	Fumée dans le commencement de la fournée.	2.	*Idem.* Omis au décret de 1810.
Pompes à feu à basse pression, ne brûlant pas la fumée. (Reportées implicitement par l'ord. du 9 oct. 1823, dans la 2ᵉ classe.) Voir *Machines à feu.*	Fumée par intervalles.	»	»
Pompes à feu à basse pression, brûlant leur fumée. (Le décret de 1810 comprenait dans la 2ᵉ classe ces *pompes à feu, sans distinction de procédés*).	Jusqu'à présent ne la brûlent pas complètement.	3.	*Idem.* Et déc. de 1810.
Porcelaine (Fabrication de la).	Fumée dans le commencement du *petit feu* et danger d'incendie.	2.	*Idem.* Omis au décret de 1810.
Porcheries.	Très mauvaise odeur et cris désagréables.	1.	Déer. de 1810. et ordon. du 14 janvier 1815.
Potasse (Fabriques de).	Très peu d'inconvénient.	3.	*Idem.* Omis au décret de 1810.
Potiers d'étain.	*Idem.*	3.	*Idem.* Omis au décret de 1810.
Potiers de terre.	Fumée au *petit feu.*	2.	*Idem.* Omis au décret de 1810.
Poudres ou matières détonnantes et fulminantes (Fabriques de). La fabrication d'allumettes, d'étoupilles ou autres objets	Explosion et danger d'incendie.	1.	25 juin 1823. Ordonn. spéc.

DÉSIGNATION des ateliers et établissemens.	INDICATION SOMMAIRE de leurs inconvéniens.	Leurs classes.	DATES des décrets et ordonnances de classement.
du même genre préparés avec ces sortes de poudres ou matières.			
Poudrette.	Très mauvaise odeur.	1.	Décret de 1810 et ordon. du 14 janvier 1815.
Précipité du cuivre (Fabrication de). Voir *Cendres bleues.*	Très peu d'inconvénient.	3.	*Idem.* Omis au décret de 1810.
Résines (Le travail en grand des), soit pour la fonte et l'épuration de ces matières, soit pour en extraire la térébenthine.	Mauvaise odeur et danger du feu.	1.	9 février 1825. Omis au décret de 1810, et à l'ord. de 1815.
Résineuses (Le travail en grand de toutes les matières), soit pour la fonte et l'épuration de ces matières, soit pour en extraire la térébenthine.	*Idem.*	1.	*Idem.* Omis au décret de 1820, et à l'ord. de 1815.
Rouge de Prusse (Fabriques de) à vases ouverts.	Exhalaisons désagréables et nuisibles à la végétation, quand il est fabriqué avec e sulfate de fer (couperose verte).	1.	14 janv. 1815. Omis au décret de 1810.
Rouge de Prusse (Fabriques de) à vases clos.	Un peu d'odeur nuisible et un peu de fumée.	2.	*Idem.* Omis au décret de 1810.
Sabots (Ateliers à enfumer les) dans lesquels il est brûlé de la corne ou d'autres matières animales, dans les villes.	Mauvaise odeur et fumée.	1.	9 février 1825. Omis au décret de 1810, et à l'ord. de 1815.
Sabots (Ateliers à enfumer les).	Fumée.	3.	14 janv. 1815. Omis au décret de 1810.
Salaison (Ateliers pour la) et le saurage des poissons.	Odeur très désagréable.	2.	9 février 1825. Omis au décret de 1810, et à l'ord. de 1815.
Salaisons (Dépôts de).	Odeur désagréable.	2.	14 janv. 1815. Omis au décret de 1810.
Salpêtre (Fabrication et raffinage du).	Fumée et danger du feu.	3.	*Idem.*
Sang des animaux, destiné à la fabrication du bleu de Prusse (Dépôts et ateliers pour la cuisson ou	Odeur très désagréable, surtout si le sang conservé n'est pas à l'état sec.	1.	9 février 1825. Omis au décret de 1810, et à l'ord. de 1815.

DÉSIGNATION des ateliers et établissemens.	INDICATION SOMMAIRE de leurs inconvéniens.	Leurs classes.	DATES des décrets et ordonnances de classement.
la dessication du). Savonneries.	Buée, fumée et odeur désagréable.	3.	Déc. de 1810, et ord. du 14 janv. 1815.
Sel (Raffineries de).	Très peu d'inconvénient.	3.	14 janv. 1815. Omis au décret de 1810.
Sel ammoniac ou *Muriate d'ammoniaque* (Fabrication du) par le moyen de la distillation des matières animales. (Le décret de 1810 disait seulement : *Sel ammoniac*).	Odeur très désagréable et portée au loin.	1.	*Idem.* Et déc. de 1810.
Sel de Saturne (Fabrication du). Voir *Acétate de plomb.*	Quelques inconvéniens, mais seulement pour la santé des ouvriers.	3.	*Idem.* Omis au décret de 1810.
Sel de soude sec) Fabrication du). *Sous-carbonate de soude sec.*	Un peu de fumée.	3.	14 janv. 1815. Omis au décret de 1810.
Sel ou muriate d'étain (Fabrication du).	Odeur très désagréable.	2.	*Idem.* Omis au décret de 1810.
Soude (Fabrication de la) ou décomposition du sulfate de soude.	Fumée (Art. 18, ordon. du 8 juin 1822.)	3.	*Idem.* Et ordon. du 8 juin 1822. Omis au déc. de 1810.
Soufre (Fabrication des fleurs de).	Grand danger du feu et odeur désagréable.	1.	9 février 1825. Omis au décret de 1810, et à l'ord. de 1815.
Soufre (Fusion du), pour le couler en canons, et épuration de cette même matière par fusion ou décantation.	*Idem.*	2.	*Idem.* Omis au décret de 1810, et à l'ord. de 1815.
Soufre (Distillation du).	*Idem.*	1.	14 janv. 1815. Omis au décret de 1815.
Sucre (Raffineurs de).	Fumée, buée et mauvaise odeur.	2.	*Idem.* Omis au décret de 1810.
Suif brun (Fabrication du).	Odeur très désagréable et danger du feu.	1.	*Idem.* Et déc. de 1810.
Suif en branche (Fonderies de), à feu nu. (Le décret de 1810 comprenait ces établissemens dans la 2e classe.)	Odeur désagréable, danger du feu.	1.	*Idem.* Et déc. de 1810.

DÉSIGNATION des ateliers et établissemens.	INDICATION sommaire de leurs inconvéniens.	Leurs classes.	DATES des décrets et ordonnances de classement.
Suif (Fonderies de) au bain-marie ou à la vapeur.	Quelque danger du feu.	2.	Idem. Omis au décret de 1810.
Suif d'os (Fabrication du).	Mauvaise odeur; nécessité d'écouler les eaux.	1.	14 janv. 1815. Omis au décret de 1810.
Sulfate d'ammoniaque (Fabrication du), par le moyen de la distillation des matières animales.	Odeur très désagréable et portée au loin.	1.	Idem Omis au décret de 1810.
Sulfate de cuivre (Fabrication du), au moyen du soufre et du grillage.	Exhalaisons désagréables et nuisibles à la végétation.	1.	Idem. Omis au décret de 1810.
Sulfate de cuivre (Fabrication du), au moyen de l'acide sulfurique et de l'oxide de cuivre ou du carbonate de cuivre.	Très peu d'inconvénient.	3.	Idem. Omis au décret de 1810.
Sulfate de potasse (Raffinage du).	Très peu d'inconvénient.	3.	Idem. Omis au décret de 1810.
Sulfate de soude (Fabrication du), à vases ouverts.	Exhalaisons désagréabl., nuisibles à la végétation, et portées à de grandes distances.	1.	Idem. Et ordon. du 8 juin 1822. Omis au déc. de 1810.
Sulfate de soude (Fabrication du), à vases clos.	Un peu d'odeur et de fumée.	2.	Idem. Et ordon. du 8 juin 1822. Omis au déc. de 1810.
Sulfate de fer et d'alumine; extraction de ces sels des matériaux qui les contiennent tout formés, et transformation du sulfate d'alumine en alun.	Fumée et buée.	3.	Idem. Omis au décret de 1810.
Sulfates de fer et de zinc (Fabrication des), lorsqu'on forme ces sels de toutes pièces avec l'acide sulfurique et les substances métalliques.	Un peu d'odeur désagréable.	2.	Idem. Omis au décret de 1810.
Sulfures métalliques (Grillage des), en plein air.	Exhalaisons désagréables et nuisibles à la végétation.	1.	Idem. Omis au décret de 1810.
Sulfures métalliques (Grillage des), dans les appareils propres à tirer le soufre et à utiliser l'acide sulfureux qui se dégage.	Un peu d'odeur désagréable.	2.	Idem.

DÉSIGNATION des ateliers et établissemens.	INDICATION SOMMAIRE de leurs inconvéniens.	Leurs classes.	DATES des décrets et ordonnances de classement.
Sirop de fécule de pommes-de-terre (Extraction du).	Nécessité d'écouler les eaux.	3.	9 février 1825. Omis au décret de 1810, et à l'ord. de 1815.
Tabac (Fabriques de).	Odeur très désagréable.	2.	14 janv. 1815. Et déc. de 1810.
Tabac (Combustion des côtes du) en plein air.	Odeur désagréable.	1.	14 janv. 1815. Omis au décret de 1810.
Tabatières en carton (Fabrication des).	Un peu d'odeur désagréable et danger du feu.	2.	Idem. Omis au décret de 1810.
Taffetas cirés (Fabriques de). Comprises dans la 2ᵉ classe par le décret de 1810.	Danger du feu et mauvaise odeur.	1.	Idem. Et déc. de 1810.
Taffetas et toiles vernis (Fabriques de).	Idem.	1.	Idem. Et déc. de 1810.
Tanneries.	Mauvaise odeur.	2	Idem. Et déc. de 1810.
Tartre (Raffinage du).	Très peu d'inconvénient.	3.	Idem. Omis au décret de 1810.
Teinturiers. (Compris dans la 2ᵉ classe par le décret de 1810).	Buée et odeur désagréable quand les afrais sont mal construits.	3.	Idem. Et déc. de 1810.
Teinturiers-dégraisseurs.	Très peu d'inconvénient.	3.	Idem. Omis au décret de 1810.
Térébenthine (Travail en grand pour l'extraction de la). Voir Goudrons.	Odeur insalubre et danger du feu.	1.	9 février 1815. Omis au décret de 1810, et à l'ord. de 1815.
Tissus d'or et d'argent (Brûleries en grand des). Voir Galons.	Mauvaise odeur.	2.	14 janv. 1815. Omis au décret de 1810.
Toile cirée (Fabriques de).	Danger du feu et mauvaise odeur.	1.	9 février 1815. Omis au décret de 1810, et à l'ord. dé 1815.
Toiles (Blanchiment des) par l'acide muriatique oxigéné.	Odeur désagréable.	2.	14 janv. 1815. Et déc. de 1810.
Toiles peintes (Ateliers de).	Mauvaise odeur et danger du feu.	3.	9 février 1815. Omis au décret de 1810, et à l'ord. de 1815.
Toiles vernies (Fabrication des) Voir Taffetas vernis.	Idem.	1.	14 janv. 1815. Et déc. de 1810.

DÉSIGNATION des ateliers et établissemens.	INDICATION SOMMAIRE, de leurs inconvéniens.	Leurs classes.	DATES des décrets et ordonnances de classement.
Tôle vernie.	Idem.	2.	9 février 1825.
Tourbe (Carbonisation de la) à vases ouverts Le décret de 1810 disait : *Tourbe carbonisée.*	Très mauvaise odeur et fumée.	1.	14 janv. 1815. Et déc. de 1810.
Tourbe (Carbonisation de la) à vases clos.	Odeur désagréable.	2.	*Idem.*
Tripiers.	Mauv. odeur et nécessité d'écoulem. des eaux.	1.	*Idem.*
Tueries, dans les villes dont la population excède 10,000 âmes.	Danger de voir les animaux s'échapper, mauvaise odeur.	1.	*Idem.* Omis au décret de 1810.
Tueries, dans les communnes dont la popul. est au-dessous de 10,000 hab.	*Idem.*	3.	14 janv. 1815. Omis au décret de 1810.
Tuileries et briqueries.	Fumée épaisse pendant le petit feu.	2.	*Idem.*
Urate (Fabricat. d'), mélange de l'urine avec la chaux, le plâtre et les terres.	Odeur désagréable.	1.	9 février 1825. Omis au décret de 1810, et à l'ord. de 1815.
Vacheries , dans les villes dont la pop. exc. 5000 h, (Comprises primitivement dans la 2ᵉ classe par le décret de 1810).	Mauvaise odeur.	3.	14 janv. 1815. Et déc. de 1810.
Verdet (Fabrication du). Voir *Vert-de-gris.*	Très peu d'inconvénient.	3.	*Idem.* — Omis au déc. de 1810.
Vernis (Fabriques de).	Très grand danger du feu et odeur désagréable.	1.	*Idem.* Et déc. de 1810.
Verre, cristaux et émaux (Fabr. de); l'établissem. des verreries proprement dites , usines destin. à la fabric. du verre en grand, est régi par la loi du 21 avril 1810.	Grande fumée et danger du feu.	1.	*Idem.*
Vert-de-gris et Verdet (Fabrication du).	Très peu d'inconvénient.	3.	*Idem.* — Omis au déc. de 1810.
Viandes (Salaison et préparation des).	Légère odeur.	3.	*Idem.*
Vinaigre (Fabrication du).	Très peu d'inconvénient.	3.	*Idem.*
Voiries et dépôts de boue ou de toute autre sorte d'immondices.	Odeur très désagréable et insalubre.	1.	9 février 1825.

APPENDICE.

Loi du 21 ventose an XI (12 mars 1803), relative au déplacement des Fabriques et Manufactures qui auraient favorisé la contrebande.

Art. 1er Le déplacement des fabriques et manufactures qui se trouveront dans la ligne des douanes, pourra être ordonné, lorsqu'elles auront favorisé la contrebande, et que le fait sera constaté par un jugement rendu par les tribunaux compétens.

Art. 2. Il sera accordé, pour effectuer ce déplacement, un délai qui ne pourra être de moins d'un an.

Loi du 22 germinal an XI (12 avril 1803), relative aux Manufactures, Fabriques et Ateliers.

Titre 1er — *Dispositions générales.*

Art. 1er Il pourra être établi, dans les lieux où le gouvernement le jugera convenable, des chambres consultatives de manufactures, fabriques, arts et métiers.

Art. 2. Leur organisation sera faite par un réglement d'administration publique.

Art. 3. Leurs fonctions seront de faire connaître les besoins et les moyens d'amélioration des manufactures, fabriques, arts et métiers.

Art. 4. Il pourra être fait, sur l'avis des chambres consultatives dont il est parlé en l'art. 1er, des réglemens d'administration publique, relatifs aux produits des manufactures françaises qui s'exporteront à l'étranger. Ces réglemens seront présentés en forme de projet de loi au Corps-Législatif, dans les trois ans à compter du jour de leur promulgation.

Art. 5. La peine de la contravention à ces réglemens sera d'une amende qui ne pourra excéder trois mille francs, et de confiscation des marchandises. Les deux peines pourront être prononcées cumulativement ou séparément, selon les circonstances.

Titre ii. *De la police des Manufactures, Fabriques et Ateliers.*

Art. 6. Toute coalition contre ceux qui font travailler des ouvriers, tendante à forcer injustement ou abusivement l'abaissement des salaires, et suivie d'une tentative ou d'un commencement d'exécution, sera punie d'une amende de cent francs au moins, de trois mille francs au plus; et, s'il y a lieu, d'un emprisonnement qui ne pourra excéder un mois.

Art. 7. Toute coalition de la part des ouvriers pour cesser en même temps de travailler, interdire le travail dans certains ateliers, empêcher de s'y rendre et d'y rester avant ou après de certaines heures, et en général, pour suspendre, empêcher, enchérir les travaux, sera punie, s'il y a eu tentative ou commencecement d'exécution, d'un emprisonnement qui ne pourra excéder trois mois.

Art. 8. Si les actes prévus dans l'article précédent ont été accompagnés de violences, voies de fait, attroupemens, les auteurs et complices seront punis des peines portées au Code de police correctionnelle ou au Code pénal, suivant la nature des délits.

Titre iii. *Des obligations entre les Ouvriers et ceux qui les emploient.*

Art. 9. Les contrats d'apprentissage consentis entre majeurs ou par des mineurs, avec le concours de ceux sous l'autorité desquels ils sont placés, ne pourront être résolus, sauf l'indemnité en faveur de l'une ou

de l'autre des parties, que dans les cas suivans :
1° d'inexécution des engagemens de part et d'autre ;
2° de mauvais traitemens de la part du maître ; 3° d'inconduite de la part de l'apprenti ; 4° si l'apprenti s'est obligé à donner, pour tenir lieu de rétribution pécuniaire, un temps de travail dont la valeur serait jugée excéder le prix ordinaire des apprentissages.

Art. 10. Le maître ne pourra, sous peine de dommages-intérêts, retenir l'apprenti au-delà de son temps, ni lui refuser un congé d'acquit quand il aura rempli ses engagemens. Les dommages-intérêts seront au moins du triple du prix des journées depuis la fin de l'apprentissage.

Art. 11. Nul individu employant des ouvriers, ne pourra recevoir un apprenti sans congé d'acquit, sous peine de dommages-intérêts envers son maître.

Art. 12. Nul ne pourra, sous les mêmes peines, recevoir un ouvrier s'il n'est porteur d'un livret portant le certificat d'acquit de ses engagemens, délivré par celui de chez qui il sort.

Art. 13. La forme de ces livrets et les règles à suivre pour leur délivrance, leur tenue et leur renouvellement, seront déterminées par le gouvernement, de la manière prescrite par les réglemens d'administration publique.

Art. 14. Les conventions faites de bonne foi entre les ouvriers et ceux qui les emploient seront exécutées.

Art. 15. L'engagement d'un ouvrier ne pourra excéder un an, à moins qu'il ne soit contre-maître, conducteur des autres ouvriers, ou qu'il n'ait un traitement et des conditions stipulées par un acte exprès.

TITRE IV. *Des Marques particulières.*

Art. 16. La contrefaçon des marques particulières que tout manufacturier ou artisan a le droit d'appliquer sur les objets de sa fabrication, donnera lieu,
1° à des dommages-intérêts envers celui dont la mar-

que aura été contrefaite; 2° à l'application des peines prononcées contre le faux en écritures privées.

Art. 17. La marque sera considérée comme contrefaite, quand on y aura inséré ces mots *façon de....* et à la suite le nom d'un autre fabricant ou d'une autre ville.

Art. 18. Nul ne pourra former action en contrefaçon de sa marque, s'il ne l'a préalablement fait connaître d'une manière légale, par le dépôt d'un modèle au greffe du tribunal de commerce, d'où relève le chef-lieu de la manufacture ou de l'atelier.

Titre v. *De la Juridiction.*

Art. 19. Toutes les affaires de simple police entre les ouvriers et apprentis, les manufacturiers, fabricans et artisans, seront portées à Paris devant le préfet de police, devant les commissaires-généraux de police dans les villes où il y en a d'établis, et, dans les autres lieux, devant le maire ou un des adjoints. Ils prononceront, sans appel, les peines applicables aux divers cas, selon le Code de police municipale. Si l'affaire est du ressort des tribunaux de police correctionnelle ou criminelle, ils pourront ordonner l'arrestation provisoire des prévenus, et les faire traduire devant le magistrat de sûreté.

Art. 20. Les autres contestations seront portées devant les tribunaux auxquels la connaissance en est attribuée par les lois.

Art. 21. En quelque lieu que réside l'ouvrier, la juridiction sera déterminée par le lieu de la situation des manufactures ou ateliers dans lesquels l'ouvrier aura pris du travail.

Ordonnance du 8 juin 1822, concernant la fabrication des soudes factices provenant du sel marin.

LOUIS, etc., Nous nous sommes fait rendre

compte des progrès de la fabrication des soudes factices provenant du sel marin. Nous avons reconnu que l'emploi de cette espèce de soude est devenu général en France; qu'il est essentiel de conserver une branche d'industrie aussi importante; qu'elle ne peut prospérer qu'en continuant à jouir de l'immunité des droits sur le sel; mais que l'abus de cette immunité a donné lieu à des fraudes également nuisibles aux fabricans de soude et au trésor, et contre lesquelles il faut créer des moyens suffisans de répression. A ces causes, nous étant fait représenter les décrets et réglemens concernant les fabriques de soude, et voulant les compléter; sur le rapport de notre Ministre des finances, notre Conseil d'Etat entendu, nous avons ordonné et ordonnons ce qui suit :

Art. 1er Les sels destinés pour la fabrication de la soude, dans les ateliers qui ne seront pas établis sur les lieux mêmes de la production du sel, ne pourront être expédiés en franchise pour cet usage, soit des marais salans, soit des entrepôts de l'intérieur, qu'après avoir été mélangés, sous la surveillance des agens des douanes, avec des matières qui en rendent l'usage impossible pour les besoins domestiques, et leur donnent une couleur propre à les faire distinguer et reconnaître à la vue.

Art. 2. Ce mélange aura lieu par l'addition, sur quatre-vingt-cinq kilogrammes de sel marin; d'un demi-centième de charbon de bois pulvérisé, d'un quart de centième de goudron, ou d'un demi-millième d'huile provenant de la dissolution de matières animales, et de 15 kilogrammes de sulfate à base de soude, résultant de quatre-vingts kilogrammes d'acide sulfurique et de cent kilogrammes de sel, et devant pouvoir produire de la soude à trente degrés au moins. Les agens chargés de la livraison des sels vérifieront les matières destinées au mélange, avant d'y procéder.

Art. 3. Le titre des soudes auxquelles s'appliquera l'immunité des droits sur les sels employés à leur fabrication, sera fixé, au *minimum*, à vingt degrés à l'épreuve ordinaire de l'alcalimètre, et sans déduction des sulfures. Les préposés à l'exercice assisteront à la dessaturation, qui aura lieu nécessairement par l'acide sulfurique; ils en vérifieront préalablement le degré, et feront verser, en leur présence, sur les sels, à l'instant même de leur livraison, et au commencement de la fabrication par l'action du feu, la quantité de cet acide nécessaire pour obtenir des soudes au titre prescrit.

Art. 4. Les mêmes préposés surveilleront la fabrication jusqu'à l'entière confection des soudes. En cas de doute sur leur titre, ils en rédigeront procès-verbal, et prélèveront de doubles échantillons pour être transmis, s'il y a lieu, par notre Ministre secrétaire d'Etat de l'intérieur, au comité consultatif des arts et manufactures.

Art. 5. L'immunité des droits sur les sels expédiés à destination de fabrique, étant exclusivement accordée pour la fabrication de la soude, tout fabricant qui ne pourra justifier que ceux qui lui ont été livrés ont été employés à la fabrication de la soude au titre de vingt degrés, sera passible des peines prononcées par l'art. 10 du décret du 15 octobre 1809 (1). Il ne pourra être toléré dans les fabriques aucun atelier destiné à l'emploi des soudes, à

---

(1) La peine portée par le décret est le paiement du droit, et la révocation de l'autorisation nécessaire pour exploiter la fabrique. Il n'est pas douteux que cette dernière peine ne détruit pas entièrement l'établissement, et que tout autre que le contrevenant peut obtenir l'autorisation de l'exploiter, en remplissant les formalités nécessaires.

l'extraction d'autres produits chimiques ou de sels de soude.

Art. 6. Les sels admis dans les fabriques, les soudes et tous les produits intermédiaires de fabrication, seront emmagasinés sous la double clé de l'administration et sous celle du fabricant, et portés en compte sur les registres. Il est expressément défendu d'extraire de la fabrique, des sels, des sulfates ou autres produits en état de fabrication, si ce n'est en vertu d'autorisation spéciale, et d'y importer des soudes déjà fabriquées, sous les peines dictées par l'art. 10 précités du décret du 13 octobre 1809.

Art. 7. L'administration des douanes est exclusivement chargée d'exercer, par ses agens, les fabriques de soude situées dans toute l'étendue du royaume; sauf les localités dans lesquelles notre Ministre des finances jugerait-nécessaire de confier, par exception, la surveillance desdites fabriques à l'administration des contributions indirectes.

Art. 8. Les fabriques de soudes seront exercées par deux employés qui auront chacun une clé distincte des magasins, et qui seront tenus de résider dans l'enceinte même de la fabrique.

Art. 9. Lorsqu'il s'agira de l'établissement d'une nouvelle fabrique de soude, notre directeur général des douanes sera consulté, quelle que soit la classe dans laquelle ces sortes de fabriques auront été rangées, soit par le décret du 15 octobre 1810, soit par notre ordonnance du 14 janvier 1815. Aucune permission ne pourra être accordée, si la fabrique n'est fermée par un mur d'enceinte à hauteur suffisante, dans lequel il ne pourra être pratiqué d'autre communication avec l'extérieur que celle de la porte d'entrée.

Art. 10. Conformément à l'art. 10 du décret du 13 octobre 1809, la franchise du sel destiné à la fabrication de la soude sera retirée immédiatement, par une décision de notre Ministre des finances, aux fabricans qui, par eux-mêmes ou par le fait de leurs ouvriers ou voituriers, auront vendu ou détourné du sel en fraude, soit dans les fabriques, soit dans le transport des lieux d'extraction aux fabriques de soude.

Art. 11. Toutes les formalités prescrites par les réglemens concernant les fabriques de soude, pour l'expédition des sels, leur transport, réception et emploi, sont et demeurent conservées et maintenues en tant qu'il n'y est pas dérogé par la présente.

Extrait de la loi du 21 avril 1810, sur les Mines, Houillières et Carrières, à laquelle se rattache la nomenclature de l'ordonnance de 1815. (1re classe.)

Section IV. — *Des permissions pour l'établissement des Fourneaux, Forges et Usines.*

Art. 73. Les fourneaux à fondre les minerais de fer et autres substances métalliques, forges et martinets pour ouvrer le fer et le cuivre, les usines servant de patouillets et bocards, celles pour le traitement des substances salines et pyriteuses, dans lesquelles on consomme des combustibles, ne pourront être établis que sur une permission accordée par un réglement d'administration publique.

Art. 74. La demande en permission sera adressée au préfet, enregistrée, le jour de la remise, sur un registre spécial à ce destiné, et affichée pendant quatre mois dans le chef-lieu du département, dans celui de l'arrondissement, dans la commune où sera situé l'établissement projeté, et dans le lieu du domicile du demandeur. Le préfet, dans le délai d'un mois, donnera son avis tant sur la demande que sur les oppositions et les demandes en préférence qui seraient survenues; l'administration des mines donnera le sien sur la quotité du minerai à traiter; l'admi-

nistration des forêts, sur l'établissement des bouches à
feu, en ce qui concerne le bois ; et l'administration des
ponts-et-chaussées, sur ce qui concerne les cours d'eau
navigables ou flottables.

Art. 75. Les impétrans des permissions pour les
usines, supporteront une taxe une fois payée, laquelle ne pourra être au-dessous de 50 fr. ni excéder 300 fr.

ARRETS OMIS DANS LA IIe PARTIE.

Ateliers de seconde classe. — Dommages.

L'ADMINISTRATION, en autorisant l'établissement
d'un atelier dangereux, insalubre ou incommode, im-
pose une sorte de servitude aux voisins. Il suit de là que
les tribunaux ne pourraient prononcer sur la moins-
value qu'on prétendrait résulter du voisinage et de
l'existence même de l'atelier, parce qu'ils se consti-
tueraient de fait juges de l'autorisation, et empiéte-
raient par conséquent sur le domaine de l'autorité
administrative. Ce principe a été établi, pour les ateliers de première classe, par l'ordonnance du 15 décembre 1824, rendue en faveur de *Paillard c. Lez,
Macey et cons.*; voyez ci-dessus, p. 97. — Voir
aussi l'arrêt du 11 juillet 1826, *Rigaud c. Bourgui-
gnon.* (*Dalloz*, Jurisp. de la Cour de cassat., 1826,
p. 424.)

Mais, lorsque le fabricant, en exploitant son établissement, cause aux voisins des dommages matériels dans leurs champs, fruits et récoltes, il y a
pour eux action civile qui est du ressort des tribunaux. Le juge-de-paix est seul compétent pour en
connaître, aux termes de la loi du 24 août 1790.
C'est ce qui résulte des trois arrêts suivans rendus,
par la Cour de cassation et le Conseil d'Etat.

(L'affaire que nous allons exposer se rattache à celle
que nous avons analysée ci-dessus, p. 90 et p. 153.)

(1ʳᵉ espèce.)

Le sieur Lebel exploitait, en 1820, un établissement d'affinage d'or et d'argent à Ménil-Montant, près de Paris, non autorisé par l'administration. Il fut cité devant le juge-de-paix de Pantin, par le sieur Graindorge, en réparation du dommage que celui-ci prétendait avoir été causé aux fruits de son jardin, par les exhalaisons qui émanaient de l'atelier. Le sieur Lebel déclina la compétence du juge-de-paix ; mais ce magistrat, sans s'arrêter au déclinatoire, nomma des experts pour constater le dommage soufert par Graindorge. Le dommage fut évalué à 2020 fr., et Lebel fut condamné à payer cette somme. — Appel devant le tribunal de première instance de Paris.—Lebel se pourvoit en même temps devant l'administration pour obtenir l'autorisation d'exploiter son établissement : cette autorisation lui est accordée ; mais le tribunal de première instance confirme la sentence du juge-de-paix, tout en réduisant néanmoins l'évaluation du dommage à 1000 fr.

Recours en cassation. — Moyens : 1° excès de pouvoirs ; 2° fausse application de la loi du 24 août 1790. — Sur le premier moyen, on soutenait que c'était attaquer les actes de l'administration et paralyser une industrie légitime, en admettant des demandes en dommages-intérêts contre un établissement jugé utile et sans inconvéniens par l'autorité compétente. — Sur le second moyen, on disait que la loi de 1790, en conférant aux juges-de-paix la connaissance des dommages causés aux champs, fruits ou récoltes, par le fait de l'homme ou des animaux, n'avait pu entendre que les dommages qui seraient le résultat immédiat de ces faits, et non pas ceux qu'on prétendait en résulter médiatement par l'influence lente et imperceptible du voisinage d'une manufacture.

Le défendeur répondait, sur le premier moyen, 1° que l'établissement n'était pas autorisé, lorsque la demande avait été formée ; 2° qu'il fallait distinguer entre le dommage ou moins-value, en quelque sorte moral, qui pourrait résulter de la dépréciation d'un immeuble, par le voisinage d'un atelier, et le dommage matériel causé aux fruits d'un voisin, par les exhalaisons qui en émanent ; que le premier était soustrait à la connaissance des tribunaux, ainsi que l'avait jugée l'ordonnance *Paillard* du 15 décembre 1824 ; que le second restait nécessairement dans leurs attributions ; qu'un établissement n'avait pu être autorisé que comme incapable de nuire aux champs, fruits ou récoltes ; que, s'il était nuisible, la présomption était que celui qui en dirigeait l'exploitation n'y apportait pas tout le soin nécessaire. — Sur le second moyen, on faisait observer que la loi de 1790 ne distinguait pas entre le dommage médiat et immédiat ; et que, dès-lors, par cela seul qu'il y avait dommage, le juge-de-paix devait prononcer la réparation.

Arrêt.—Après délibération en chambre du Conseil ;

La Cour, sur les conclusions conformes de M. de Vatimesnil, avocat-général ; — Attendu, sur le premier moyen, qu'il était question, dans la cause, de dommages-intérêts matériels causés par l'établissement de la fabrique du sieur Lebel, et qu'aux termes de la loi du 24 août 1790, l'autorité judiciaire était compétente pour en connaître ; que sa compétence, à cet égard, n'a été ni restreinte ni modifiée par le décret du 15 octobre 1810, ni par aucune autre loi ;—Attendu, sur le second moyen, que tout fait de l'homme qui porte dommage aux fruits et récoltes, rentre dans les attributions de la justice de paix, qu'il soit causé par son fait médiat ou immédiat, et que, dans l'espèce, c'était un fait de cette nature qui constistuait le litige ; rejette. — (du 19 juillet 1826.)

(2ᵉ espèce.)

Il a été jugé dans le même sens, dans la même audience, entre le sieur Porry et la veuve Arbaud.

(3ᵉ espèce.)

Le sieur Lebel a été de nouveau cité devant le juge-de-paix, par les sieurs Paris et Graindorge. Il a contesté de nouveau sa compétence, et le préfet de police de Paris a cru devoir, sur sa demande, revendiquer la cause à l'autorité administrative, sous le prétexte qu'il s'agissait réellement de statuer sur la diminution de valeur de la propriété : mais le conflit a été reconnu mal fondé par le Conseil d'Etat.

CHARLES, etc. — Vu l'article 10 du titre 3 de la loi du 24 août 1790, et l'article 5 du Code de procédure civile ; vu l'arrêté du 4 novembre 1801 (13 brumaire an x), et les ordonnances royales des 12 décembre 1821 et 15 décembre 1822 ;

Considérant qu'il ne s'agissait pas, dans la contestation portée devant le tribunal de paix du canton de Pantin, de la dépréciation des propriétés, résultant du voisinage d'un établissement autorisé par le gouvernement, mais seulement de dommages matériels causés aux arbres et récoltes par l'exploitation dudit établissement, et que les tribunaux sont seuls compétens pour apprécier ces dommages ; qu'ainsi, le juge-de-paix du canton de Pantin n'a point excédé les limites de sa compétence ;

Art. 1ᵉʳ L'arrêté de conflit pris, le 2 août 1826, par le préfet de police, est annulé. (du 27 décembre 1826.)

Iʳᵉ *Classe.* — *Recours contre l'ordonnance*
d'autorisation.

Une ordonnance royale qui, après une instruction

contradictoire et l'accomplissement de toutes les formalités prescrites par les réglemens, accorde à un particulier l'autorisation de former un atelier de première classe, n'est pas susceptible d'opposition par la voie contentieuse. (Voy. ci-dessus p. 97, 2ᵉ question, *Paillard*; p. 102, *Barlatier*; p. 104, *Tourraud.*)

(19 juillet 1826. — Pugh, Viel et cons. c. Martin.)

CHARLES, etc. Vu le décret du 15 octobre 1810; —Considérant, dans l'espèce, que la demande des sieurs Martin et fils avait pour objet l'établissement d'une fonderie de fer doux, et la construction, à cet effet, de deux fourneaux à coupelles et d'un four pour épurer le charbon de terre, à vase ouvert;—Considérant que cet établissement, à raison du fourneau à épurer le charbon de terre, constituait une manufacture de première classe, et que, dès-lors, il y avait lieu de statuer sur cette demande dans les formes prescrites par les articles 2, 3, 4 et 5 du susdit décret du 15 octobre 1810; — Considérant que notre ordonnance du 16 février 1823 a été rendue après une instruction contradictoire, dans laquelle toutes les formalités prescrites ont été remplies; qu'ainsi, ladite ordonnance n'est pas susceptible d'opposition;

Art. 1ᵉʳ — Les requêtes des sieurs *Pugh*, *Viel*, *Delamotte* et cons. sont rejetées.—Art. 2.—Les sieurs *Pugh*, *Viel*, *Delamotte* et cons. sont condamnés aux dépens.

IIᵉ *Classe.—Opposition.*

Le Conseil de préfecture ne peut prononcer sur les oppositions des voisins que lorsque l'autorisation a été accordée par le préfet. (Voyez ci-dessus p. 131, *Palangier*, et les arrêts qui y sont annotés.)

(2 août 1826. — De Roussy c. Raymond.)

CHARLES, etc. — Vu le décret du 15 octobre

1810 et l'ordonnance royale du 14 janvier 1815 , concernant les établissemens insalubres ou incommodes ;

Considérant que les tanneries appartiennent à la seconde classe des établissemens qui ne peuvent être autorisés que par les préfets ; — Considérant qu'il résulte de l'article 7 du décret du 15 octobre 1810 que le Conseil de préfecture ne doit connaître que des oppositions formées aux autorisations accordées par l'administration, et que , dans le cas dont il s'agit , aucune autorisation n'ayant été accordée , il n'y avait pas lieu , par le Conseil de préfecture , de statuer sur les oppositions qui ont précédé la décision du préfet ; — Considérant , sur l'arrêté du préfet, qu'aux termes dudit article 7 , le préfet était compétent pour accorder ou refuser l'autorisation demandée , et que si l'autorisation qu'il a accordée fait naître des oppositions , elles doivent être portées au Conseil de préfecture , sauf recours devant nous en notre Conseil d'Etat ;

Art. 1er L'arrêté du Conseil de préfecture du département du Gard, du 2 mai 1823 , est annulé. — Art. 2. Le pourvoi du sieur Marquis de Roussy contre l'arrêté du préfet du département du Gard, du 3 mai 1823 , est rejeté , sauf au requérant à porter son opposition devant le Conseil de préfecture , s'il s'y croit fondé.

Décidé dans le même sens , le 6 septembre 1826 , entre le sieur Lepricur de Blainvilliers et le sieur Ligny.

IIe *Classe.* — *Autorisation.* — *Conditions inexécutables.*

Lorsque aucune autorisation n'a été accordée , le Conseil de préfecture ne peut statuer sur les oppositions. — Voy. l'arrêt qui précède.

Le préfet ne doit imposer au fabricant que des

conditions dont l'exécution dépende de lui seul. Il excéderait ses pouvoirs s'il imposait au voisin l'obligation de recevoir un fermier qui ne serait pas de son choix.

(2 août 1826. — Curet c. Grangé.)

CHARLES, etc. — Vu le décret du 15 octobre 1810 et l'ordonnance royale du 14 janvier 1815, sur les manufactures, établissemens et ateliers qui répandent une odeur incommode ou insalubre ;

Considérant que les briqueteries appartiennent à la seconde classe des établissemens incommodes ou insalubres, et qu'aux termes de l'art. 7 du décret du 15 octobre 1810, c'est aux préfets à statuer sur les établissemens de seconde classe, sauf recours à notre Conseil d'Etat par toutes les parties intéressées ; que, s'il y a opposition, il y sera statué par le Conseil de préfecture, sauf le recours à notre Conseil d'Etat ; que, dans le cas dont il s'agit, aucune autorisation n'ayant été accordée antérieurement, il n'y avait lieu, par le Conseil de préfecture, de statuer sur les oppositions ;

En ce qui concerne l'arrêté du préfet :—Considérant que l'autorisation n'a été accordée par lui qu'à la condition, imposée au sieur Grangé, de prendre, à son compte, le bail de la buanderie du sieur Curet, dans le cas où, à raison du voisinage de la briqueterie, le fermier de la buanderie se verrait obligé de quitter cet établissement ; — Considérant que le préfet avait le droit d'imposer au propriétaire de la briqueterie des conditions dont l'exécution ne dépendait que de lui ; mais qu'il a excédé ses pouvoirs en imposant au propriétaire de la buanderie l'obligation de recevoir un fermier qui ne serait pas de son choix ;

Art. 1er L'arrêté du Conseil de préfecture du département des Bouches-du-Rhône, du 2 mai 1824, est annulé pour incompétence.—Art. 2. L'arrêté du préfet, du 25 mai 1824, est annulé pour excès de pouvoirs.

Nota. Il est bon de faire connaître que Grangé offrait de remplir les conditions suivantes, pour obtenir l'autorisation : 1° d'élever un mur de deux mètres de hauteur, du côté de la propriété de Curet ; 2° de recouvrir par certaines constructions les fourneaux de la briqueterie ; 3° et enfin, dans le cas où le fermier de la buanderie de Curet son voisin, quitterait le lavoir et l'étendage à cause de la briqueterie, de s'en charger lui-même, aux mêmes conditions et pour le même temps, conformément au bail existant. — Ces offres avaient déterminé le préfet à accorder l'autorisation.

Ateliers non compris dans la Nomenclature.

Les forges destinées à la fabrication ordinaire des enclumes et des essieux ne se trouvent pas comprises dans la nomenclature ; d'où il suit que leur existence est à l'abri des attaques des voisins. — Voy. toutefois l'ordonnance du 5 novembre 1826, ci-dessus pag. 67.

(2 août 1826. — Delveaux-Gouilliard.)

CHARLES, etc. — Vu le décret du 15 octobre 1810 ; vu l'ordonnance royale du 14 janvier 1815 ; vu le tableau dressé par notre Ministre de l'intérieur, dans le mois de mai 1825, pour l'exécution des décrets et ordonnance relatifs aux établissemens insalubres et incommodes ;

Considérant que les forges destinées à la fabrication ordinaire des enclumes et des essieux ne se trouvent comprises dans aucune des nomenclatures des établissemens insalubres et incommodes qui ne peuvent être formés sans autorisation préalable ; — Considérant que les forges du sieur Vermond ne constituent pas une industrie nouvelle, et que, dès-lors, les dispositions de l'art. 5 (voy. ci-dessus, p. 42.), de l'ordonnance royale du 14 janvier 1815, ne peuvent pas leur être appliquées ;

Art. 1er La requête de la dame Delveaux-Gouilliard est rejetée.

IIe *Classe. — Refus. — Oppositions. — Recours.*

Le préfet prononce, sauf le recours au Conseil d'Etat par toutes les parties intéressées, sur les demandes en autorisation relatives aux ateliers de deuxième classe.

Lorsque l'autorisation a été accordée, le Conseil de préfecture est compétent pour statuer sur les oppositions, sauf recours au Conseil d'Etat ; mais lorsque l'autorisation a été refusée, le Conseil de préfecture ne peut connaître de la demande du fabricant : celui-ci doit se pourvoir directement devant le Conseil d'Etat. (Voy. ci-dessus p. 151, le *Ministre de l'intérieur* c. *Herman.*)

(15 novembre 1826. — Reynard.)

CHARLES, etc. — Vu le décret du 15 octobre 1810, et l'ordonnance royale du 14 janvier 1815, sur les établissemens et ateliers incommodes et insalubres ;

Considérant que les tanneries et corroyeries sont rangées dans les établissemens de deuxième classe; qu'aux termes de l'art. 7 du décret de 1810, relatif à la deuxième classe, le préfet doit statuer, sauf le recours à notre Conseil d'Etat par toutes parties intéressées; que, s'il y a opposition, il y sera statué par le Conseil de préfecture, sauf le recours à notre Conseil d'Etat ; que, dans l'espèce, le préfet ayant refusé son autorisation, le cas d'opposition, prévu seulement en faveur des opposans à l'établissement, n'a pu avoir lieu; que le recours, pour cause de refus, aurait dû d'abord être formé par la partie intéressée, devant nous, en notre Conseil d'Etat; et qu'ainsi, le Conseil de préfecture a excédé ses pouvoirs, en statuant sur l'opposition irrégulièrement formée devant lui par le sieur Reynard ; — Considérant, sur l'arrêté du préfet, que le procès-verbal d'enquête, l'avis du maire du Puy et le plan des lieux démontrent que le préfet a eu de justes motifs pour refuser l'autorisation demandée, et que les moyens préservatifs, souscrits par le sieur Reynard, ne sont pas suffisans pour faire disparaître tous les inconvéniens qui résulteraient de l'établissement projeté;

Art. 1er L'arrêté du Conseil de préfecture de la Haute-Loire, du 28 novembre 1825, est annulé pour excès de pouvoirs. — Art. 2. — L'arrêté du préfet du même département, du 29 septembre de la même année, est confirmé.

TABLE CHRONOLOGIQUE

DES ARRETS.

TABLE DES MATIÈRES.

FIN DE LA TABLE.

sont aussi multipliés, pour lequel ils sont répan
sur toute la surface de la France, c'est qu'il faut que
méchans craignent de commettre leurs crimes, per:
dés qu'ils vont être saisis sur-le-champ. (*Discours*
orateurs du gouvernement en présentant le proje
ce Code au Corps législatif.)

Comme surveillans et comme officiers de police
diciaire, les gardes-champêtres et les gardes-forest
ont besoin de connaître les lois qui les concernent
Ils peuvent avoir besoin d'être aidés dans les a
qu'ils ont à rédiger. — Les gardes-pêche ont le mê
besoin de connaître les lois qui les concernent;
peuvent avoir aussi besoin d'être aidés dans leurs ac

Je me suis appliqué à présenter aux uns et aux au
les lois et les règlemens, dans des Instructions gé
rales, et les formules de leurs actes dans un ordre
phabétique, afin qu'ils pussent les trouver sans gra
recherche, sans aucune peine.

Cet ouvrage sera divisé en trois parties. Il sera tr
dans la première, des gardes-champêtres consid
comme gardes et comme officiers de police judicia

IMPRIMÉ CHEZ PAUL RENOUARD.